Raymond Saner   Verhandlungstechnik

Verhandlungs-technik

Strategie
Taktik
Motivation
Verhalten
Delegationsführung

Raymond Saner

Verlag Paul Haupt
Bern Stuttgart Wien

Zum Autor: Dr. Raymond Saner (1947) studierte Betriebs- und Volkswirtschaft, Soziologie, Pädagogik und Psychologie an den Universitäten Basel, Freiburg i. Br., Cambridge und UGS Cincinnati/Ohio, USA. Er hat Lehraufträge beim Wirtschaftswissenschaftlichen Zentrum der Universität Basel und der Management-Schule INSEAD, Paris, und ist gleichzeitig Präsident der Firma *Organisational Consultants Ltd.*, Hong Kong, und Direktor der Stiftung *Centre for Socio-Eco-Nomic Development* in Genf.

Dr. Saner ist Verhandlungsberater multinationaler Firmen und Regierungen. Er führt Verhandlungsseminare durch für Wirtschaftsführer und Diplomaten in Brüssel, Beijing, Bern, Bonn, Den Haag, Frankfurt, Genf, Hong Kong, Jakarta, Kuala Lumpur, Madrid, Manila, New York, Paris, Rom und Taipei und ist Autor vieler Fallstudien, Simulationen und Artikel im Bereiche der Verhandlungsführung.

Die Deutsche Bibliothek – CIP-Einheitsaufnahme:

Saner, Raymond:
Verhandlungstechnik: Strategie, Taktik, Verhalten, Motivation,
Delegationsführung / Raymond Saner. –
Bern; Stuttgart; Wien: Haupt, 1997
ISBN 3-258-05516-5

Satz und Gestaltung: Atelier Mühlberg Basel
Printed in Switzerland

Inhaltsverzeichnis

Vorwort

Zum Thema

Das Lösen von Konflikten gehört zum Menschen wie Geburt und Tod. Wir erleben Konflikte in uns selbst, sind manchmal unsicher, von der Qual der Wahl gefordert, manchmal entscheidungsgelähmt. Wir erleben auch Konflikte mit unseren Mitmenschen, als Gruppe mit anderen Gruppierungen, mit Sozialpartnern, Staaten.

Konflikte drängen auf Entscheidung und Handlung. Manchmal kommt es zum Streit, vielleicht sogar zum Krieg. Ein anderes Mal ergibt sich eine Öffnung in Richtung Verhandlung und Frieden. Beide Möglichkeiten sind immer latent vorhanden. In dieser Situation der Ambivalenz kann es dazu kommen, dass eine Verhandlung auseinander fällt, der unterschwellige Konflikt entlädt sich in eine kriegerische Auseinandersetzung, oder umgekehrt, nach kriegerischer Auseinandersetzung kommt es vielleicht zur gegenseitigen Erschöpfung, zu einer Pattsituation und darauf zum vorsichtigen Herantasten am Verhandlungstisch.

Die Verhandlung und der Konflikt gehören zueinander wie Siamesische Zwillinge, und beide zusammen bilden einen unabdingbaren Teil unserer existentiellen Wirklichkeit. Ein Leben ohne Konflikte ist undenkbar. Aus jedem Gleichgewicht heraus folgt das unweigerlich nächste Ungleichgewicht. Nach dem Essen kommt unweigerlich wieder der Hunger, der Zwang nach neuer Nahrungssuche, neuer Auseinandersetzung mit der Umwelt. Jede neue Auseinandersetzung wiederum drängt auf eine neue Lösung und jede neue Auseinandersetzung mit der Umwelt ergibt Möglichkeiten, die unweigerlich nächsten Konflikte so kreativ als möglich zu lösen.

Mensch zu sein bedeutet, gleichzeitig konfliktfähig und kooperationsfähig zu sein. Dieses Buch beleuchtet beide Möglichkeiten, konzentriert sich aber vor allem auf die Konfliktlösung durch Verhandlung. Streitbarkeit und Krieg sind wohl manchmal von Nöten, die Zerstörung wiedergutzumachen aber ist oft schwieriger und schmerzhafter. Warum nicht weiterverhandeln solange die Interessen der Konfliktparteien gewahrt sind?

Wie man konstruktiv und zum Vorteil aller Beteiligten Konfliktparteien vermittelt, das ist die Fragestellung dieses Buches.

Dank

Dieses Buch entstand über viele Jahre der eigenen Erfahrung mit Konflikten, in denen ich manchmal zu glücklichen Resultaten beitragen konnte, manchmal aber auch Niderlagen einstecken musste. Verhandeln zu lernen ist ein lebenslanges Dazulernen. Je grösser die Herausforderungen, je stärker der Druck zur Verbesserung. Gleich einer jungen Pflanze braucht jedes Lernen aber auch die richtige Mischung aus guter Erde, Dünger, Sonnenschein und Freiraum zum Wachsen wie auch Schutz vor existenzbedrohenden Widersachern.

Besonderen Dank gehört hier meinen Eltern und meinem Bruder, die mich schon früh in die Welt der Konflikte einführten und mich ermutigten, weder Konflikten auszuweichen noch Kooperation zu meiden. Diese Gratwanderung fortzusetzen, neuen Herausforderungen nicht auszuweichen und immer wieder dazu zu lernen, wäre ohne glückliche Umstände nicht möglich gewesen. So war es für mich äusserst befruchtend, im Jahre 1968 in Freiburg i. Br. Soziologie studiert zu haben und gleichzeitig von den Professoren von Hayek und Popitz zum Nachdenken über die Grenzen der Ratio und der Macht aufgefordert zu werden.

Ebenso nützlich war der Umstand, dass ich elsässische und welschschweizer Verwandte habe, ich in diesen Regionen leben und arbeiten durfte und dabei selber die unweigerlichen kulturellen Konflikte miterleben und mitlösen durfte. Zur Verhandlungskunst gehört auch eine gewisse Neugier, bestehende Lösungen zu hinterfragen und neue Ansätze auszuprobieren. Die Möglichkeit dazu hatte ich im Jahre 1980 in New York, wo ich dank meiner Kollegin Ellen Raider die ersten UN-Ausbildungskurse über Verhandlungsführung für UNO-Diplomaten mitkonzipieren und durchführen durfte. Ebenso konnte ich bei meinem Kollegen Thomas Gladwin auf der NYU Business School als Adjunct Professor die Forschung und Lehre der Verhandlungstheorie vertiefen.

Wichtig war auch meine spätere Tätigkeit als Delegierter und stellvertretender Ausbildungschef beim Internationalen Kommittee des Roten Kreuzes in Genf. Politische Häftlinge vor Übergriffen zu schützen bedeutete ständiges Verhandeln mit Widersachern, die zum Teil völlig unterschiedliche Wertvorstellungen hatten. Manchmal kam es zu erfolglosen Verhandlungen und ich musste lernen, auf meinen Gefühlen der Ohnmacht sitzenzubleiben und trotzdem nicht die langfristige Perspektive zu vergessen und den richtigen Moment abzuwarten, bis eine vernünftige Lösung machbar wurde.

Eine ausgezeichnete Lernmöglichkeit ergibt sich dann, wenn ein Kunde kritisch fordert und willens ist, neue Ansätze mitzutragen. Ich hatte das Glück, die ersten Verhandlungsseminare für das Bundesamt für Aussenwirtschaft in Bern zu entwerfen und durchzuführen. Die präzis formulierten Überlegungen von Staatssekretär Blankart über die Negoziationskunst haben mich angespornt, über die bestehende anglosächsische Literatur hinauszugehen und europäisches Gedankengut in meinen Verhandlungsansatz einzubringen.

Viele der Konzepte dieses Buches habe ich zuerst im Stillen mit meiner Kollegin und Lebensgefährtin Lichia Yiu besprochen und dann weiterentwickelt. Wir haben zusammen viele Seminare durchgeführt, und ohne ihre Kreativität, Geduld und kontinuierliche Unterstützung wäre dieses Buch nicht geschrieben worden.

Wertvolle Anregungen verdanke ich auch den Kollegen, für die die Verhandlung zum «Bread and Butter» gehören, nämlich Dr. Michael Schaefer, ehemaliger Leiter der Ausbildungsstätte des Auswärtigen Amtes in Bonn, und Drs. Paul Meerts und Drs. Roul Gans, beide in leitender Funktion beim Ausbildungsinstitut Clingendael in Den Haag. Die speziellen Bedürfnisse deutscher und niederländischer Negoziatoren vor allem auch im Bereich der EU-Verhandlungen haben mich immer wieder zu Innovationen angespornt.

Dank gehört auch Professor Werner Müller vom Wirtschaftswissenschaftlichen Zentrum der Universität Basel, an der ich seit 1988 regelmässig Blockseminare über Verhandlungsführung durchführe. Sein konstruktives

Hinterfragen der amerikanischen Management-Modelle war stets anregend und sein Hervorheben der Kooperationsfähigkeit ein gutes Gleichgewicht zur nutzenmaximierenden Spieltheorie.

Dieses Buch wäre nicht in dieser Form zustande gekommen ohne die hervorragende Mitarbeit von Christian F. Buck und Frau Christian Wolf, die ich beide von meinen Seminaren an der Universität Basel kenne. Als Ökonome mit mehrjähriger journalistischer Erfahrung verstanden sie es, mich redaktionell zu unterstützen und halfen mir dank kritischer Diskussionen, mich auf das Wesentliche zu konzentrieren.

Ohne Praxis keine Verbesserung der Theorie. Ich bin der Vielzahl meiner Kursteilnehmer aus aller Welt, seien dies Diplomaten oder Geschäftsführer, zu Dank verpflichtet. Ohne ihre ständigen Feedbacks wäre ich nie zum jetzigen Wissensstand gekommen.

1. Theorie und Praxis der Verhandlung

Alles reine Verhandlungssache!

Verhandlungen gibt es überall, jederzeit und auf jeder Ebene. Sie sind ein wichtiger Teil unseres täglichen Lebens, privat wie im Beruf. Nehmen wir ein einfaches Beispiel: In einer Ehe sollten beide Partner die Bereitschaft einbringen, gleichzeitig mit Gemeinsamkeiten und Gegensätzen zu leben – eine Situation der permanenten *Verhandlung*. Im Streit zwischen Nachbarn um den beleuchteten Gartenzwerg oder den Kirschbaum auf der Grundstücksgrenze wird dagegen nicht mehr verhandelt. Da will jeder nehmen und keiner geben. Wenn einer seine Forderung aber voll durchsetzen will, zwingt er den anderen in eine Verliererrolle. Oft genug endet vor Gericht, was bei einem Bier über den Gartenzaun hinweg leicht auszuräumen wäre – mit einer Verhandlung. Ich bekomme die Kirschen, er den Gartenzwerg. Nicht wegzudenken ist die Verhandlung auch aus dem Geschäftsleben: ebenso wie vor Gericht zählt dort weniger was einem zusteht, als was man aushandelt.

Verständnis statt Rezepte

Wie in vielen anderen Dingen ist Erfolg bei Verhandlungen oft kein Zufall, sondern das Ergebnis guter Planung und besonderer Fähigkeiten. Einige sind angeboren, andere erlernt. Geschickte Verhandlungsführung, so wird in diesem Buch aufgrund langjähriger Erfahrung als Verhandlungstrainer und Hochschullehrer dargelegt, besteht zu zwei Dritteln aus erlernbaren Fertigkeiten. Und dennoch wird fast niemand gezielt auf diese Alltagsaufgabe vorbereitet. Das vorliegende Buch soll einen Beitrag dazu leisten, diese Lücke zu schliessen. Der hier verfolgte Ansatz bietet, ohne auf wissenschaftliche Genauigkeit zu verzichten, eine leicht verständliche Anleitung. Die meisten Bücher zur Verhandlungsführung, insbesondere die in deutscher Sprache erhältlichen, lassen sich in zwei Sorten einteilen. Die eine beschäftigt sich ausschliesslich mit der akademischen Diskussion zum Thema, die andere bietet eine Unmenge viel zu einfach gestrickter Tips, wie man überall und mit jedem erfolgreich verhandeln kann. Letztere Gattung ist besonders häufig am Flughafenkiosk anzutreffen – etwa eine Kurzanleitung als Reiselektüre für den Flug nach Tokio, die angeblich verrät, *wie man mit den Japanern fertig wird.* Die Schriften beider Richtungen sind unbefriedigend: die eine geht an der Praxis vorbei, der anderen fehlt das System. Eine Mischung aus beiden Ansätzen wäre aber ebensowenig ratsam, denn ein « fauler Kompromiss » würde weder dem Akademiker noch dem Praktiker gerecht – und erst recht nicht dem bereits verhandlungserfahrenen Manager, der beide Ansprüche gleichzeitig stellt. Ganz entsprechend dem hier vorgestellten inhaltlichen Konzept sollen daher die Stärken beider Ansätze verknüpft werden, statt lediglich zwischen ihren Vor- und Nachteilen abzuwägen. Die Vielfalt der Verhandlungspraxis wird dabei so eingeteilt und untersucht, dass die allgemeinen Gesetzmässigkeiten nach und nach freigelegt werden. Ziel dieses Vorgehens ist es, gleichsam das Wesen der Verhandlung aus einer Vielzahl von Erfahrungen des Autors wie auch des Lesers herauszuschälen. Das Verständnis der Vorgänge bei einer Verhandlung steht dabei im Vordergrund. Dieses allgemeine Verständnis ist erheblich nützlicher für die Praxis als eine blosse Sammlung von Rezepten ohne theoretischen Hintergrund. Auf der anderen Seite wäre auch die beste Theorie ohne praktische Anwendung nur die Hälfte wert. Wo dies angebracht erscheint, enthält der Text daher eine Reihe anschaulicher Beispiele und Fallstudien. Manches mag uns dabei auf den ersten Blick ganz einfach und selbstverständlich vorkommen, und doch erkennen wir bei näherer Betrachtung völlig neue Zusammenhänge. Beginnen wir also mit einer eigentlich ganz einfachen Frage.

Was ist eine Verhandlung?

Natürlich haben wir eine Vorstellung davon, was eine Verhandlung ist. Aber wissen wir es genau? Einen so umfassenden Begriff wie den der Verhandlung zu definieren, ist bestimmt keine einfache Aufgabe. Eine einzelne Definition kann unmöglich allen Aspekten gleichermassen Rechnung tragen, fällt also entweder zu unvollständig oder zu allgemein aus. Jeder hat schon einmal verhandelt; wer dieses Buch liest, verhandelt vermutlich noch häufiger als andere. Gerade weil über fast alles verhandelt werden kann, hat jeder ein anderes Bild des Begriffs. Dennoch gibt es wichtige Gemeinsamkeiten, die sich gut als Ausgangspunkt für dieses Buch eignen. Hier also unser Vorschlag zur Definition:

Definition

Die Verhandlung ist ein Vorgang, bei dem zwei oder mehr Parteien eine Einigung darüber suchen, wer von ihnen in einer angestrebten Transaktion was leisten, empfangen, dulden oder unterlassen soll.

Wichtige Punkte dieser Definiton sind:

- zwei oder mehr Parteien
- gemeinsame sowie unterschiedliche Interessen
- freiwillige Entscheidung zur Verhandlung
- Verteilung, Austausch und gemeinsame Problemlösung
- schrittweiser Prozess mit Zeitbedarf
- meist unvollständige Informationen
- Positionsveränderung aufgrund neuer Umstände

Alle diese Eigenschaften und ihre Bedeutung für die Verhandlungsführung werden im Laufe der folgenden Kapitel ausführlich behandelt. Es erübrigt sich daher, an dieser Stelle näher darauf einzugehen. Dennoch können wir bereits anhand dieser kurzen Begriffsklärung erkennen, wie viele Ansatzpunkte uns zur Verfügung stehen. Wenn wir davon ausgehen, dass ein besseres Verständnis zunächst unsere Einstellung gegenüber Verhandlungen verändern und – mit einiger Übung – auch das eigene Verhalten perfektionieren kann, dann ist diese Definition ein hervorragender Ausgangspunkt. Bevor wir jedoch in die praktischen Details einsteigen, erscheint ein kurzer Blick auf die Geschichte der Verhandlungsführung recht nützlich. Obwohl sich so vieles über die Jahre und Jahrhunderte verändert hat, sind erstaunlich viele grundlegende Einsichten heute noch gültig. Es wird den Leser mit Vorkenntnissen nicht erstaunen, dass dies vor allem auf die grossen strategischen Vordenker aus Militär und Diplomatie zutrifft, von denen uns ausserdem umfangreiche Aufzeichnungen überliefert sind.

Verhandlung in Attika

Von den hochentwickelten Kulturen ausserhalb von Europa und Nordamerika wissen wir bedauerlicherweise wenig. Das erste dokumentierte System internationaler Beziehungen mit ausgefeilten Verhandlungen und Abkommen wurde in der Antike von den Griechen entwickelt. Wie der britische Historiker Harold Nicolson darlegt, hatten die Griechen erkannt, dass Warenhandel und politische Beziehungen zwischen Staaten am besten durch die Grundsätze und Methoden der Verhandlung bestimmt werden. Begriffe wie *Allianz, Friedensschluss* oder *Handelsabkommen* wurden in dieser Zeit ins Leben gerufen, ebenso wie ein feierlicher *Waffenstillstand* anlässlich der Olympischen Spiele. Die ersten diplomatischen Verhandlungen wurden, dem demokratischen Verständnis der Zeit entsprechend, öffentlich geführt. Geheime Vereinbarungen wurden erst während der anschliessenden Herrschaft der Mazedonier zu einem gebräuchlichen Instrument der Verhandlung. Die Römer entwickelten das griechische System noch weiter, indem sie zusätzliche Elemente einführten – etwa den Schlusstermin. Ausserdem prägten die Römer das bis heute gültige Verständnis, dass Verträge «heilig», also unter allen Umständen einzuhalten sind. Diese Einstellung wird der ausserordentlich hochentwickelten Rechtsordnung des Römischen Reiches zugeschrieben. Das römische Recht verlieh den Verträgen zusätzlichen Nachdruck; sein tief verankertes Wertesystem spiegelte den verbreiteten Sinn für organisatorische Ordnung und territoriale Macht wider. In vielen Fragen war das Römische Reich allerdings in einer so starken Position, dass es seinen schwächeren Nachbarn einen Grossteil der Bedingungen diktieren konnte.

Täuschung in Byzanz

Der allmähliche Verlust dieser Macht, und das Auftauchen einer Vielzahl von selbständigen und häufig angriffslustigen Stämmen versetzte Rom in eine völlig neue, wesentlich schwierigere Lage. Mehrere mehr oder weniger gleichstarke staatliche Einheiten standen sich nun im Wettbewerb um Allianzen und Handelspartner gegenüber. Als Erbe der römischen Zivilisation, jedoch ohne ihre Macht befand sich Byzanz in einer sehr schwachen Position gegenüber den hereindrängenden Nomadenstämmen. Als ein militärischer Sieg gegen den Ansturm der Nomaden aussichtslos erschien, erfanden die Byzantiner die Taktik vorgetäuschter Stärke – und überlebten. Zum Ausgleich ihrer militärischen Schwäche betrieben sie eine gekonnt angelegte Diplomatie. Erfahrene Verhandler wurden als Botschafter an ausländische Höfe entsandt. Ihre Aufgabe war es, die Stärke des Gegners zu beurteilen und darüber in chiffrierten Depeschen nach Konstantinopel zu berichten. Diese Rapporte wurden dort sorgfältig gelesen und bei allen aussenpolitischen Entscheidungen berücksichtigt. Ausländische Heerführer wurden nach Konstantinopel eingeladen, wo sie unter die Regeln eines strikten Protokolls gestellt und in besonders ehrenvollen, aber abgeschlossenen Wohnquartieren untergebracht wurden. Das erlaubte den Byzantinern, mit grosszügig dargebotenen Zeremonien raffiniert die Illusion ungeheurer Macht zu erzeugen. Die hohen Gäste waren im goldenen Käfig des Staatsbesuchs gefangen und hatten keine Chance, das Spiel zu durchschauen. So wurden ihnen in bester Theatermanier Militärparaden vorgeführt, bei denen die Soldaten durch ein Tor in die Stadt einmarschierten und durch ein anderes wieder heraus, nur um wenig später in anderer Uniform erneut von der anderen Seite aufzutreten. Diese Maskeraden trugen dazu bei, den Untergang des byzantinischen Reiches um 400 Jahre hinauszuschieben.

Chaos in Florenz

Die seefahrenden Venezianer brachten die byzantinische Kunst der Diplomatie und Verhandlungsführung schliesslich nach Europa und verfeinerten sie weiter. So schickte Venedig seinen Gesandten regelmässige Rundbriefe, um sie über die jüngsten Entwicklungen und Entscheidungen

1.1 Klassiker der Verhandlungsliteratur

Nicolo Machiavelli	Der Fürst (1520)
Carl von Clausewitz	Vom Kriege (1830)
De Caillère	De La Manière de Négocier avec le Souverain (1716)
Balthazar Gracian	Hand-Orakel und Kunst der Weltklugheit (1647)
Sun Tze	Die Kunst des Krieges (490 v. Chr.)
Miyamoto Musashi	Das Buch der fünf Ringe (1645)

daheim auf dem Laufenden zu halten. Ausserdem richteten sie erstmals ein systematisch geführtes Archiv ein, das die Jahre 883 bis 1797 beinahe lückenlos abdeckte. Ansonsten zwang die schwindende Autorität des Papstes als Streitschlichter im späteren Mittelalter die jungen italienischen Stadtstaaten zum ausgiebigen Gebrauch byzantinischer Täuschungsmanöver. Langfristige Strategien und dauerhaftes Vertrauen in den Verhandlungspartner waren in diesen Zeiten endloser politischer Umstürze und Gebietsstreitigkeiten nicht aufrechtzuerhalten. Kurzfristige Allianzen und riskante Verhandlungen waren an der Tagesordnung.

Der Florentiner Staatssekretär, Diplomat und Fürstenberater Niccolò Machiavelli (1469–1527) rechtfertigte Täuschung und Wortbruch bei Verhandlungen als Tugend in dem Sinne, dass dieses als wenig tugendhaft geltende Verhalten den schwächeren Stadtstaaten im heftigen und oft unberechenbaren Überlebenskampf sehr hilfreich war: *Die Sicherheit und Interessen des Staates haben Vorrang vor allen ethischen Grundsätzen.* (Der Fürst, 1520). Die Italiener fügten der ihnen überlieferten Verhandlungskunst ausserdem die Methode der vorläufigen Einigung hinzu. Sie besteht aus einer Liste von Punkten, über die sich beide Parteien einig geworden sind, die aber in der Regel nicht unterzeichnet, sondern allenfalls paraphiert wird. Ferner wurde in zahlreichen Handelsabkommen vorsorglich ein Schiedsgericht zur Streitbeilegung bestellt. Solche Klauseln können als Vorläufer der heute viel ausführlicheren juristischen Details von Vertragswerken betrachtet werden.

Diplomatie in Paris

Im 17. Jahrhundert erlebte Europa den Aufstieg eines stark zentralisierten Frankreich unter der politischen Führung des Armand Jean du Plessis, Kardinal von Richelieu. Der überzeugte Nationalist und Realist wollte Ordnung in die chaotische und auf den kurzfristigen Nutzen ausgerichtete Diplomatie italienischen Stils bringen. Richelieu betonte bei Verhandlungen stets den langfristigen Aspekt; er sah darin mehr eine dauerhafte, sich fortentwickelnde Verpflichtung als eine Chance auf den schnellen Gewinn. Aus diesem Grund achtete er auch auf äusserste Präzision beim Verfassen von Abkommen, um Missverständnisse oder spätere Ausflüchte von vornherein zu vermeiden. Richelieu begriff die Bedeutung der öffentlichen Meinung, und er verstand es auch, sie durch meisterhaft inszenierte Propaganda zu beeinflussen. Die von ihm geprägte Art der französischen Diplomatie des 17. und 18. Jahrhunderts wurde zur wichtigsten Strömung in Europa und von anderen Staaten weitgehend übernommen. Französisch setzte sich als internationale Sprache der Diplomatie durch, und französische Amtsbezeichnungen wurden in nahezu allen diplomatischen Diensten eingeführt. Ein ausgezeichnetes Handbuch der Staatskunst wurde 1716 von dem französischen Diplomaten François de Caillère (1645–1717) geschrieben. Darin betont er die Bedeutung von Aufrichtigkeit und Vertrauen, um dem schädlichen Einfluss von Böswilligkeit und Betrug entgegenzuwirken. Die gemeinsame Suche nach den wirklichen Interessen beider Verhandlungsparteien betrachtete er als das wahre Geheimnis einer guten Verhandlung. Er stimmt darin mit dem Jesuiten Balthazar Gracian (1601–1658) überein, der ausserdem die Bedeutung der Ehre des Gegenübers für die Verhandlung betont. Auch de Caillères idealistische Sichtweise einer ehrlichen und fruchtbaren Zusammenarbeit war sicher vom Zustand des Machtgleichgewichts geprägt, das zu seinen Lebzeiten in Europa herrschte. Der Aufstieg von England, Preussen und Russland zu Grossmächten brachte das alte Gleichgewicht zwischen Frankreich und Österreich später durcheinander. Dennoch hielt sich das klassische, französische System des formellen und abgestuften Protokolls bis zur Entstehung der parlamentarischen Demokratien und Industriestaaten des 19. Jahrhunderts. Es lohnt sich daher, einen kurzen Moment bei diesem bemerkenswerten Text zu verweilen.

Der Diplomat

Der Diplomat sollte so biegsam sein wie eine Weide und so hart wie ein Fels. Er muss schnell und fähig sein, ein guter Zuhörer, höflich und angenehm. Er sollte sich nicht als gewitzt darstellen, noch sollte er so streitbar sein, dass er bei seiner Argumentation geheime Information preisgibt. Vor allem muss er als guter Verhandler genug Selbstbeherrschung besitzen, um der Versuchung zu widerstehen, schneller zu sprechen, als er seine Gedanken zu formulieren imstande ist. Er darf auch nicht dem Irrtum verfallen, dass der Hauch des Mysteriösen, der aus allem Geheimnisse macht und kleinste Kleinigkeiten gleich zur Staatsaffäre aufspielt, etwas anderes ist als ein Anzeichen eines kleinen Geistes. Er sollte Frauen gegenüber aufmerksam sein, aber nie sein Herz verlieren. Er muss imstande sein, Würde zu vermitteln, selbst wenn er sie nicht besitzt, aber gleichzeitig jedes geschmacklose Zurschaustellen vermeiden. Mut ist ebenfalls eine entscheidende Eigenschaft, da kein zögerlicher Mann eine vertrauliche Verhandlung zum Erfolg führen wird. Der Verhandler muss die Geduld eines Uhrmachers besitzen und frei von persönlichen Vorurteilen sein. Er muss von ruhiger Natur sein, um selbst vollkommene Trottel freudig zu ertragen, und er darf nicht dem Trunke, dem Spiel oder den Frauen erlegen oder durch besondere Erregbarkeit oder sonstige Launen belastet sein. Der Verhandler sollte darüberhinaus die Geschichte sowie die Memoiren wichtiger Persönlichkeiten studieren, mit fremden Institutionen und Gebräuchen vertraut und in der Lage sein, den wahren Ort der Macht in jedem beliebigen Land zu erkennen. Er sollte ausserdem einige Kenntnis der Literatur, Wissenschaften, Mathematik und der Rechte haben. Schliesslich sollte er ein netter Unterhalter sein. Ein guter Koch ist oft ein ausgezeichneter Vermittler.

(aus: François de Caillère: *The Art of Diplomacy.* [Originaltitel: *De la manière de négocier avec les Souverains.* Paris: 1716] New York, 1983, S. 75f)

Propaganda in Brest-Litowsk

Die russische Revolution und der Erste Weltkrieg sowie später die Weltwirtschaftskrise und die gesellschaftlichen Umstürze veränderten nicht nur die Zusammensetzung von Regierungen, sondern auch die zwischenstaatlichen Beziehungen ganz allgemein. Völlig neue Formen des Verhandlungsverhaltens traten plötzlich auf. Der sowjetische Stratege Trotzki etwa benutzte die deutsch-russischen Friedensverhandlungen von Brest-

Litowsk (1918) dazu, das deutsche Proletariat in Propagandareden zum Klassenkampf anzustacheln. Sein Benehmen bei diesen Störmanövern war absichtlich grob; es sollte einen Gegensatz zur bourgeoisen Klasse darstellen. Diplomatie und die Mittel der Revolution vermischten sich, und Vertrauensbruch sowie Drohungen und Gewalt wurden zu üblichen Instrumenten der Verhandlung. Eine ähnliche Entwicklung hin zu rücksichtsloser, machiavellistischer Machtpolitik nahm Deutschland unter Hitler und Italien unter Mussolini. Dabei benutzte vor allem Hitler die Verhandlungen mit anderen Staaten als Hinhaltetaktik, um genug Zeit für seine grossangelegten Kriegsvorbereitungen zu gewinnen. Die diplomatische Verhandlung, bislang ein angesehenes Instrument der friedlichen Konfliktlösung, wurde in der Folge zum blossen Vorspiel, wenn nicht sogar zur Vorbedingung des Krieges. Gespräche über den Frieden wurden auf diese Weise zum blossen Zwischenspiel zwischen zwei Kriegen abgewertet. Das Verhalten bei Verhandlungen fiel auf die Stufe des Feilschens oder der harten Konfrontation zurück. Die Ablehnung konventionell geführter Verhandlungen durch die totalitären Staaten mündete in die Katastrophe des Zweiten Weltkriegs.

Handelskrieg in Washington

Die Nachkriegszeit in den 1950er und 60er Jahren brachte eine Wiederbelebung der konventionellen Verhandlung mit sich. Die nukleare Aufrüstung der beiden Supermächte schuf ein Gleichgewicht des Schreckens, das trotz aller Kritik für erhebliche Stabilität in Europa und der Welt sorgte. Traditionelle Verhaltensregeln wurden wieder zur allgemeinen Grundlage zivilisierter Verhandlungen. Am Konferenztisch, und nicht auf dem Schlachtfeld, würden die strategischen Entscheidungen der nächsten Jahrzehnte fallen, so war man in Washington überzeugt. Eine Reihe umfangreicher Forschungsvorhaben wurde in den USA angestossen und finanziert. Besondere Beachtung fand, der angelsächsischen Tradition entsprechend, die Beobachtung und Erklärung des Verhaltens. Wichtige Erkenntnisse über die Verhandlungsführung lieferten vor allem die Gebiete der Psychologie, Sozialpsychologie und Soziologie, der Wirtschaftswissenschaften und der Spieltheorie, der Prozessanalyse sowie der Verhaltensforschung. Unser heutiges Wissen über Verhandlungen auch in Wirtschaft und Gesellschaft

1.2 Verhandlungsforschung (1955–1979) (nach Dupont, 1986)

	Psychologie, Sozialpsychologie, Soziologie	Wirtschafts- und Spieltheorie	Prozesstheorie	Fallbeispiele aus Diplomatie, Jurisprudenz und Management
1955–1959	Stevens (1958, 1966)	Nash (1950) Douglas (1957, 1962)		
1960–1964	McGrath (1963, 1966)	Schelling (1960, 1966) Siegel & Fouraker (1960) Rapoport (1960) Harsanyi (1962)		
1965–1969	Serraf (1965) Vidmar (1967)	Coddington (1968) Cross (1969)	Sawyer-Guetzkow (1965) Walton-McKersie (1966)	Lall (1966)
1970–	Van Bockstacle-Schien (1971) Deutsch (1974) Anzieu (1974) Loureau (1974) Rubin & Brown (1975) Spector (1975) Sellier (1976) Launay (1977) Louche (1977) Crozier & Friedberg (1977) Morphey & Stephenson (1977) Touzard (1977) Mastenbrock (1977) Adam & Reynaud (1978) Strauss (1978)	Bartos (1974) Young (1976) Ponssard (1977) Dupont (1986)	Zartmann (1977, 1978) Druckmann (1973, 1977)	Constantin (1971) Nierenberg (1973) Karras (1970, 1974) J. C. Fauvet (1973, 1975) Bourdoiseau (1977) Calero (1979)

1.3 Verhandlungsverhalten über die Jahrhunderte (Saner, 1991)

	Antike Griechen	Römisches Reich	Byzanz	Italien Stadt-staaten	Mittel-alterliches Frankreich	Europa zwischen den Weltkriegen	Kalter Krieg (bis 1992)	EU EFTA
Nicht-konventionelles Verhandlungs-verhalten			Macht-**Ungleich**-gewicht	Macht-**Ungleich**-gewicht		Macht-**Ungleich**-gewicht		
Konventionelles Verhandlungs-verhalten	Macht-gleich-gewicht				Macht-gleich-gewicht			Macht-gleich-gewicht
«Diktat»		PAX Romana					PAX Americana und PAX Sovietica	

verdanken wir zu einem erheblichen Teil diesen empirischen Studien. Was diese Untersuchungen jedoch ebensowenig berücksichtigen wie die überlieferten Schriften zu Strategie und Taktik, sind multilaterale Verhandlungen. Die Bedeutung solcher Strukturen – etwa der Vereinten Nationen, der Europäischen Union oder einer Vielzahl von internationalen Organisationen – ist nach dem Ende des Kalten Krieges erheblich gestiegen. Entsprechend gewachsen ist daher auch der Bedarf an neuen Ansätzen zur Problemlösung unter solchen Bedingungen.

Das strategische Gleichgewicht der beiden Supermächte, das eine völlig neue, aber immer noch bilaterale Gipfel- und Abrüstungsdiplomatie hervorgebracht hatte, ging mit dem Zerfall der Sowjetunion und – schleichend bereits zuvor – dem zunehmend selbstbewussten Auftreten vieler Staaten der Dritten Welt zu Ende. Der Vietnamkrieg, das Geiseldrama von Teheran, die nach mittelalterlicher Art geführten Bürgerkriege im Libanon und im ehemaligen Jugoslawien sowie der Golfkrieg waren deutliche Zeichen der Auflösung. Im Rückblick lässt sich eine recht deutliche Beziehung zwischen Verhandlungsverhalten und Macht herstellen. Stabile Machtverhältnisse scheinen konventionelle und auf Prinzipien aufgebaute Arten der Verhandlung zu fördern, während eine unklare oder leicht veränderliche Lage eher zu unkonventionellem Verhandlungsverhalten wie etwa Terror oder Krieg führt. Was die gegenwärtige Lage angeht, so können wir das wirtschaftliche Ungleichgewicht zwischen der nördlichen und der südlichen Erdhalbkugel kaum ausser Acht lassen. Multinationale Konzerne und Industrieländer werden von Entwicklungsländern vornehmlich im Licht ihres Machterhalts gesehen und häufig mit den alten Kolonialherren verglichen. Es ist daher nicht erstaunlich, dass die Konfrontation – oft genug mit Waffengewalt – zu neuer Beliebtheit gelangt ist. Schliesslich geben selbst die bedeutendsten Industriemächte der Welt, die USA, Japan und Europa, auch kein besseres Beispiel, wenn sie sich regelmässig gegenseitig mit Handelskrieg bedrohen.

Krieg und Frieden

Dies ist eine ausgesprochen bedenkliche Entwicklung, besonders wenn man bedenkt, wieviele explosive Konflikte in der Welt jedes Jahr hinzukommen. Die stark gestiegene Mobilität der Menschen, freiwillig oder in

Form von Flüchtlingsströmen, kann an vielen Ecken der Welt Feuer legen und den Frieden gefährden. Friedliche Lösungen der Migrationsfrage am Konferenztisch erscheinen in Genf noch am ehesten machbar, wo drei unmittelbar mit den Problemen befasste Organisationen so nahe beieinander liegen – das UN-Hochkommissariat für Flüchtlinge (UNHCR), die Welthandelsorganisation WTO (früher Allgemeines Zoll- und Handelsabkommen GATT) sowie das Internationale Komitee vom Roten Kreuz (IKRK). Der Verhandlung schon weniger zugänglich, aber mit dem soeben erwähnten Problem unlösbar verbunden, scheinen Nationalismus und religiöser Fanatismus zu sein, die sich ebenfalls wieder ausbreiten. Der Krieg in Jugoslawien zeigt dies überdeutlich. Doch was ist an dieser Stelle unser Anliegen? Ein Wort der Vorsicht erscheint angebracht, um übertriebene Erwartungen an die Verhandlung als Allheilmittel zurechtzurücken. Eine Konfliktlösung kann grundsätzlich durch Konfrontation (Krieg) oder Kooperation (Verhandlung) gesucht werden. Ebensowenig wie der Krieg heute ganz selbstverständlich als Fortsetzung der Politik mit anderen Mitteln betrachtet wird, wie es der preussische General Carl von Clausewitz (1780–1832) in seinem Lebenswerk *Vom Kriege* festgehalten hat, sollte die Verhandlung keinesfalls schon mit dem Frieden gleichgesetzt werden. Sie ist vielmehr ein vorübergehender und sehr instabiler Schwebezustand zwischen Krieg und Frieden. Aus dieser Lage kann der Konflikt jederzeit zur einen oder anderen Seite kippen (oder gekippt werden!); er mündet schliesslich in einem der beiden Zustände. Auch diese Lektion musste die Welt in Jugoslawien lernen, allerdings zu einem hohen Preis. Ein ebenso tragisches wie erschreckendes Beispiel dafür, dass Verhandlungen nicht immer das geeignete Mittel zur Verhinderung eines Krieges sind, ist auch die Münchener Konferenz von 1938. Die folgende Analyse stammt von Karass (1970).

Beispiel: Die Münchener Konferenz

Der britische Premierminister Chamberlain machte seine Sache bei der Münchener Konferenz von 1938 unglaublich schlecht. Drei Jahre lang hatte Hitler ein gewagtes Spiel gespielt und immer gewonnen. Gegen den Rat seiner Generäle hatte er Deutschland wiederbewaffnet, die Kriegsmarine wieder aufgebaut und eine schlagkräftige Luftwaffe eingerichtet. Hitler vermutete richtig, dass England und Frankreich den Frieden um jeden Preis erhalten wollten, schliesslich waren sie bereit gewesen, über deutsche Aufrüstung und Expansion hinwegzusehen. Von diesem Erfolg beflügelt, setzte Deutschland wenig später Österreich unter Druck und besetzte es Anfang 1938. Als nächstes war die Tschechoslowakei an der Reihe.

Hitler war mit seinen früheren Siegen nicht ganz zufrieden, denn sie waren unblutig gewesen. Es drängte ihn danach, der Welt Deutschlands neue Macht in einem richtigen Krieg vorzuführen, den er schliesslich durch unannehmbare Forderungen an die tschechische Regierung nach deutschen Minderheitsrechten provozierte. Zudem stellte er auch noch ein lächerlich kurzes Ultimatum bis zum 1. Oktober 1938. Es war ein groteskes Spiel.

Wie weiter unten gezeigt wird, besassen die Alliierten am 27. September 1938 eine **deutlich überlegene** Verhandlungsposition. Hitler war sich seiner Schwäche bewusst und versuchte in Verhandlungen das zu erreichen, was er im Krieg nicht gewinnen konnte. Die folgenden Ereignisse ermutigten ihn dazu:

1. Am 13. September kündigte Chamberlain seine Bereitschaft zu grossen Zugeständnissen an, wenn Hitler zu Gesprächen in der Sache bereit wäre.

2. Am 15. September nahm der betagte britische Premierminister die äusserst beschwerliche Reise zu Hitlers Ferienhaus in Bayern auf sich. Der Gastgeber hatte ein Treffen auf halber Strecke abgelehnt.

3. Hitler eröffnete die Konferenz mit einer Demütigung Chamberlains und neuen, völlig unzumutbaren Gebietsforderungen, die der Sprecher der westlichen Welt **sofort annahm**.

4. Hitler wusste, dass Chamberlain die nächsten vier Tage damit verbrachte, Frankreich von der Vertrauenswürdigkeit Deutschlands zu überzeugen. Den Tschechen wurde klipp und klar gesagt, sie sollten doch nicht unvernünftig sein und sich etwa wehren.

5. Am 22. September flog Chamberlain wieder nach Deutschland und bot Hitler **noch mehr** an, als dieser ohnehin schon gefordert hatte. Hitler war erstaunt, aber reagierte darauf nur noch selbstbewusster. **Er erhöhte seine Forderungen.**

6. Chamberlain kehrte nach Hause zurück und vertrat Hitlers Position, während der deutsche «Führer» öffentlich erklärte, dass der Krieg am 1. Oktober beginnen würde, wenn seine **bescheidenen Forderungen** nicht erfüllt würden.

Als sich die beiden am 29. September erneut trafen, zweifelte Hitler nicht an seinem Sieg. Kein anderer als Mussolini trat als Vermittler auf (man stelle sich das einmal vor!) und schlug geringfügige Zugeständnisse vor, die beide Seiten schnell akzeptierten. Nur wenige Monate später gab es die Tschechoslowakei nicht mehr. Chamberlain, der zum Politiker avancierte Geschäftsmann, hatte die wichtigste Verhandlung aller Zeiten verloren. 25 Millionen Menschen bezahlten diesen Irrtum mit ihrem Leben. Wie falsch Chamberlains Einschätzung war, zeigt ein Blick auf die Verhandlungspositionen beider Seiten.

Die deutsche Position

1. Deutsche Generäle berichteten, dass die Tschechen zum Kampf entschlossen seien. Sie meldeten Hitler, dass die tschechische Verteidigung selbst ohne militärische Hilfe aus Frankreich oder England stark genug wäre, um einen deutschen Angriff abzuwehren.
2. Die deutsche Aufklärung berichtete, dass Franzosen und Tschechen zusammengenommen der Wehrmacht im Verhältnis zwei zu eins überlegen seien.
3. Der Generalstab meldete, dass nur zwölf deutsche Divisionen an einer Westfront gegen Frankreich verfügbar seien.
4. In Berlin wurde eine massive Militärparade abgehalten. Berichten zufolge gab es weniger als 200 deutsche Zuschauer. Hitler persönlich nahm die Parade ab und war wütend über das offensichtlich fehlende Interesse.
5. Der deutsche Nachrichtendienst berichtete, dass Mussolini sich insgeheim dazu entschlossen habe, Hitler im Krieg nicht beizustehen.
6. Deutsche Diplomaten kabelten nach Berlin, dass die Sympathie der Weltöffentlichkeit überwiegend der Tschechoslowakei gelte.

Die Position der Alliierten

1. Eine Million Tschechen standen kampfbereit in starken Bergstellungen.
2. Die Franzosen waren darauf vorbereitet, ihre gesamten Divisionen ins Feld zu schicken.
3. Regimekritische Generäle in Deutschland waren zum Putsch gegen Hitler bereit, falls die Alliierten eine Sicherheitsgarantie für die Tschechoslowakei abgeben würden.

4. Die britische und französische Öffentlichkeit verhärtete ihre Haltung gegenüber den anmassenden deutschen Forderungen.

5. Die britische Flotte, die grösste der Welt, war vollständig für den Ernstfall mobilisiert.

6. Präsident Roosevelt versprach den Alliierten amerikanische Unterstützung.

Im Licht dieser Lage wäre es sicher besser gewesen, wenn die Tschechoslowakei nicht kampflos preisgegeben worden wäre. Hitler war für den totalen Krieg noch nicht gerüstet und hätte vermutlich mit einem Bruchteil des Blutvergiessens gestoppt werden können. In keinem Fall hätte es schlimmer kommen können, als es dann kam.

(aus: Karass, Chester L.: *The Negotiating Game*. New York, Crowell 1970, S. 8ff, sowie Pfaff, William: Munich 1938 – What Might Have Been. *International Herald Tribune*, 22. 9. 1988)

Der Verhandlungszyklus

Wir haben eben an einem eindrucksvollen Beispiel gesehen, dass die Verhandlung kein Allheilmittel zur Konfliktlösung ist. Besonders ungeeignet ist sie, wenn der Verhandler entscheidende Faktoren nicht kennt, unterschätzt oder einfach übersieht. Wenn er erst am Tisch erfährt, worum es bei der Verhandlung eigentlich geht, sind seine Erfolgsaussichten sehr gering. Beides kam in diesem Fall zusammen, und beide Fehler hätten sich vielleicht durch eine sorgfältigere Vorbereitung vermeiden lassen.

Überhaupt scheint nach allen bisherigen Erkenntnissen die Planung einer der wichtigsten Teile der Verhandlung zu sein, auch wenn er bei weitem nicht so spektakulär ist wie der sichtbare Teil. Was sich einprägt, sind die verqualmten Sitzungszimmer, vor denen die Reporter und Fernsehteams tage- und nächtelang ausharren, um schliesslich ein paar bleiche und unrasierte Gestalten nach dem Fortgang der Gespräche zu befragen, oder am besten gleich die strahlende Gewerkschaftsvorsitzende ihren Sieg verkünden zu lassen. Übersehen werden dabei die Tage und Wochen der mühsamen Kleinarbeit im Hinterzimmer, die endlose Zeit der Vorgespräche und Datensammlung, der Einschätzung und Formulierung von Positionen sowie deren Abstimmung mit verschiedenen Anspruchsgruppen. Sind

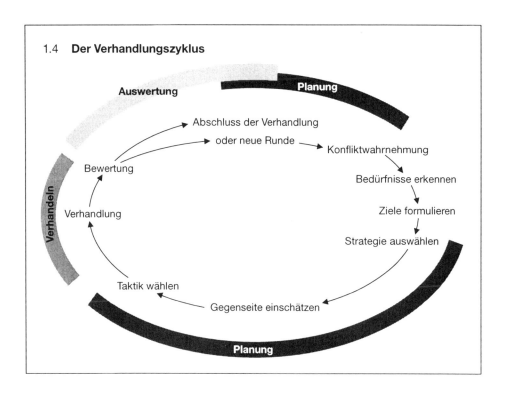

1.4 Der Verhandlungszyklus

diese mühsamen und zeitraubenden Hausaufgaben nicht eigentlich ein Job für Sachbearbeiter? Ist die knappe Zeit der leitenden Verhandler – das sind wir, die wir anschliessend noch in den Ring steigen sollen – dafür nicht viel zu schade? Keineswegs! Selbst so herausragende Verhandler wie der ehemalige US-Aussenminister und Sicherheitsberater Henry Kissinger verwenden die Hälfte der für eine Verhandlung verfügbaren Zeit auf Vorbereitung und Planung. Das heisst natürlich nicht, dass sie dabei ohne Hilfe arbeiten, aber nichts kann eben die Kenntnis des gesamten Falls durch den Verhandler ersetzen. Nach Abschluss (oder Abbruch!) der Verhandlung kommt noch eine abschliessende Bewertung hinzu. Auch in dieser Phase wird oft mit Zeit gespart, aber auch hier am falschen Ort. Wie sollte man denn sonst dazulernen, wenn nicht aus seinen eigenen Fehlern und Erfolgen? Grund genug, uns näher mit der sorgfältigen Vor- und Nachbereitung einer Verhandlung zu beschäftigen. Das folgende Modell einer vollständigen Verhandlungsrunde soll uns dabei helfen, unser Vorgehen in eine geordnete Reihenfolge zu bringen.

Die einzelnen Phasen der in Grafik 1.4 dargestellten Verhandlungsrunde werden in den folgenden Abschnitten kurz mit konkreten Empfehlungen ergänzt.

Planung

Die Forschung zeigt, dass allein die Planung mehr als die Hälfte des Erfolgs oder Misserfolgs einer Verhandlung ausmacht (Winham 1979). Ein näherer Blick auf die einzelnen Aufgaben und Phasen der Vorbereitung scheint daher angebracht.

Konfliktwahrnehmung

Das Problem ist erkannt. Jetzt geht es darum, mehrere Alternativen auszuarbeiten, selbst wenn eine bereits als perfekte Lösung erscheint. Gerade diese Möglichkeit kann im letzten Moment wegfallen oder zu kostspielig werden. Ausserdem erhöht eine Auswahl unsere Flexibilität in der Verhandlung. Jetzt empfiehlt sich auch eine langfristige Sichtweise: was bringt uns eine erfolgreiche Lösung der gegenwärtigen Aufgabe für die Zukunft? Was wollen wir mindestens ereichen? Was will die andere Seite erreichen? Gemeinsamkeiten sind jetzt wichtiger als Unterschiede, und doch werden sie leichter übersehen oder vernachlässigt. Dabei bringen gerade sie uns einer Lösung näher.

Bedürfnisse

Wer die Wünsche und Bedürfnisse beider Seiten kennt, besitzt Macht am Verhandlungstisch. Das beginnt bei den eigenen Bedürfnissen – wer sich selbst nicht kennt, ist eine leichte Beute für den Gegner. Kaum etwas eignet sich besser zur Manipulation als die gezielte Erfüllung oder Verweigerung von Wünschen. Fragen wir uns also zunächst selbst: warum gehe ich in die Verhandlung? Worum werde ich kämpfen? Und dann: weshalb will die andere Seite verhandeln? Worauf will sie hinaus? Was kann ich tun, um ihre Wünsche mit möglichst geringen Zugeständnissen zu erfüllen? Eine ständige Überprüfung und Korrektur dieser Einschätzung während der laufenden Verhandlung bringt uns in eine sehr vorteilhafte Lage.

Ziele

Wir kennen unsere Bedürfnisse jetzt und fassen sie in Zielen zusammen. Was genau wollen wir erreichen, wieviel ECU, Deutsche Mark oder Schweizer Franken, wieviel Prozent Marktanteil? Welche Lieferbedingungen? Hier sollten wir daran denken, dass wir in der Verhandlung auch etwas anbieten müssen, das die andere Seite interessiert. Es kommt jetzt darauf an, die wichtigen von den unwichtigen Zielen zu trennen. Wo ist ein Kompromiss möglich, wo nicht? Was können wir geben, und wieviel davon? Was auf keinen Fall? Vielleicht können wir auch noch zusätzliche Geschenke für die Gegenseite vorbereiten, die uns nicht viel kosten. Ein Erfolg bei der Verhandlung hängt am Ende davon ab, ob beide Seiten zustimmen. Wir haben also ein Interesse daran, auch die Wünsche der Gegenseite zu erfüllen. Daran sollten wir schon jetzt denken, sonst müssen wir die Zustimmung später vielleicht viel teurer erkaufen.

Strategie

Die Wahl einer Strategie hängt vor allem von vier Faktoren ab. Zunächst kommt es auf die Verteilung der Macht zwischen den Teilnehmern der Verhandlung an. Ist eine Seite mächtiger, oder sind beide auf einer Ebene? Dann spielt auch eine Rolle, wie wichtig die Verhandlung für uns sowie für die andere Seite ist. Geht es um ein freies Wochenende oder um die Zukunft des Unternehmens? Steht – wie in unserem Beispiel von vorhin – gar der Frieden in Europa oder der Welt auf dem Spiel? Die nächste Frage ist die nach unserer Beziehung zur anderen Seite. Sind wir Freunde (und möchten es auch bleiben), oder sind wir uns noch nie begegnet? Werden wir uns wieder einmal gegenübersitzen? Je enger die Beziehung, desto vorsichtiger werden wir mit unserer Strategie sein. Schliesslich fragen wir uns, wieviele gemeinsame Interessen uns mit der Gegenseite verbinden. Ziehen wir am gleichen Strang, oder wird es ein Tauziehen? Wie können wir unnötige Konfrontation vermeiden? Können wir stattdessen unsere Beziehungen verbessern, gemeinsame Interessen finden und zusammen an einer Lösung arbeiten?

Die andere Seite

Es ist nicht genug (auch wenn es schon ein guter Anfang ist), wenn wir uns selbst kennen und unter Kontrolle haben. Wer die Verhandlung beherrschen will, muss sein Gegenüber ebensogut kennen wie sich selbst. Dessen Einschätzung haben wir in den vorigen Absätzen bereits angesprochen. Sie ist eine ständige Aufgabe, die jeden eigenen Schritt wie ein Spiegelbild begleiten sollte.

Taktik

Die bei einer Verhandlung eingesetzte Taktik ist nur ein Hilfsmittel, mit dem die gewählte Strategie verfolgt wird. Das sollte sie auch bleiben. Wir leben nicht vom Applaus, sondern vom Ergebnis. Es gibt bei Verhandlungen auch nur sehr selten ein Publikum, für das sich das Risiko einer Sondervorstellung lohnt. Selbstverständlich ist die Beherrschung möglichst vieler Taktiken erstrebenswert; sie sind die Waffen der Verhandlungsführung. Ungleich wichtiger ist jedoch, ebenso wie im bewaffneten Kampf, ihr zweckmässiger Einsatz. Persönliche Vorlieben oder Eitelkeiten des Verhandlers haben hier keinen Platz. In den Worten des wohl bekanntesten japanischen *Samurai*, Miyamoto Musashi (1996, 71): *Schwert und Kurzschwert, Speer und Hellebarde sollten, statt allerlei Zierat zu tragen, vor allem schneiden, Bogen und Gewehr robust und genau sein. Es ist nicht richtig, eine Waffe zu bevorzugen. Benutzt man sie über ihre Notwendigkeit, taugt sie so gut wie nichts. Nie ahme man andere im Gebrauch der Waffen nach, sondern wähle diejenigen, die zu handhaben einem leicht fällt.*

Verhandlung

Taten zählen mehr als Worte. Nichts ist deshalb am Verhandlungstisch wichtiger, als das eigene Verhalten mit den Zielen und der gewählten Strategie in Einklang zu bringen. Ein einziger Wortbruch kann das zuvor mühsam aufgebaute Vertrauen zerstören. Ein guter Gegner wird uns während der Verhandlung scharf beobachten – oder von seiner Delegation beobachten lassen. Er wird uns an unseren Taten messen, nicht an unseren Worten. Die Zeit zur Vorbereitung ist vorbei; jetzt muss alles stimmen. Diese Phase ist in unserem Schema die kürzeste; sie ist wie die Ernte. Jetzt muss sich die viele Vorarbeit auszahlen. Doch eine gewisse Zurückhaltung ist auch nach perfekter Vorbereitung geboten, denn wir wollen ja möglichst viel von der anderen Seite erfahren. Fragen sind also besser als lange Erklärungen, freundliche Worte geeigneter als Drohungen. Es ist selbstverständlich, dass

wir im Brennpunkt unserer gesamten Bemühungen um eine Lösung geistig und körperlich zur maximalen Leistung bereit sind. Unser Verhandlungsteam haben wir natürlich rechtzeitig vorher zusammengestellt und
sorgfältig für die Aufgabe trainiert. Mit anderen Worten: jetzt überrascht
uns nur noch das, was wir vorher unmöglich planen konnten.

Auswertung

Die Auswertung einer Verhandlungsrunde lässt sich als Entscheidungs-
hilfe in zwei Phasen einteilen: die Bewertung des bisher Erreichten und die
Entscheidung über einen Abschluss.

Bewertung

Die erste Verhandlungsrunde ist vorbei. Bevor wir unterschreiben, nehmen
wir uns noch einmal die Zeit zur Bewertung der vorgeschlagenen Lösung.
Ein Vergleich mit unseren zuvor objektiv festgelegten Zielen ist hier sehr
nützlich. Kommt an dieser Stelle das böse Erwachen, dann ist immer noch
Zeit für eine weitere Verhandlungsrunde. Nach dem Abschluss kommt
meist jede Reue zu spät. Wir sollten aber nicht nur den Inhalt der Vereinbarung untersuchen, sondern auch unser Verhalten, das dazu geführt hat.
Was war erfolgreich, was muss verbessert werden? Dies ist der Zeitpunkt,
um auch persönlich einen Vorteil aus der Verhandlung zu ziehen – selbst
(oder gerade) wenn sie gescheitert sein sollte. Langfristig können auch Nie-
derlagen sehr wertvoll sein, vorausgesetzt man nimmt ihre Lektionen ernst.

Abschluss

Der bessere Fall ist natürlich der erfolgreiche Abschluss einer möglichst für
beide Seiten gewinnbringenden Vereinbarung. Auch hier ist es aber interessant, sich nach den Ursachen zu fragen. Lag es an unserer guten Ausgangslage, oder haben wir eine schlechte Position durch geschickte Strategie und Verhandlungstaktik in einen Sieg verwandelt? Oder war es einfach
nur Glück? Eine ehrliche Selbsteinschätzung bringt hier am meisten, vor
allem in Hinblick auf künftige Verhandlungen. Aus diesem Grund sollten
wir auch das Vorgehen der anderen Seite schriftlich festhalten, denn wir
sitzen ihm vielleicht bald wieder gegenüber. Ein Blick in die Kartei kann
beim nächsten Mal den entscheidenden Hinweis für unsere Planung geben.

... und in der Praxis?

Der eben beschriebene Ablauf einer Verhandlung, von der ersten Planung bis zum erfolgreichen Abschluss, ist natürlich stark vereinfacht. Als Hilfsmittel gedacht, könnte das Modell den falschen Eindruck vermitteln, dass Verhandeln eine eher technische Angelegenheit sei, die nach einem vorgefertigten Schema abgewickelt werden könne. Auch wenn technische Fähigkeiten – die wir hier vermitteln wollen – unersetzlich sind, so wird die Wirklichkeit der Verhandlung doch zu einem guten Teil von unwägbaren Faktoren bestimmt. Vergessen wir nicht, dass es dabei um das Zusammenspiel von Menschen geht. Sie kennen sich vielleicht nicht einmal – es geht dann auch noch um eine erste Begegnung. Ausserdem haben sie vermutlich ganz unterschiedliche Ansichten, Interessen oder Aufträge.

Schwebezustand

Eine Verhandlung ist daher immer ein Schwebezustand. Zu Anfang wissen beide zu wenig voneinander, um die Situation richtig einzuschätzen. Sie bewegen sich wie in einem dunklen Raum, tasten sich vorsichtig von Wand zu Wand und begegnen dem anderen dabei ab und zu. Bewegen sie sich zu schnell und unvorsichtig, dann stossen sie irgendwann bestimmt einmal zusammen. Bewegt sich keiner von beiden, dann werden sie nie erfahren, wo der andere gerade steht. Vielleicht gibt es auch einen verborgenen Ausgang, aus dem der andere plötzlich verschwindet? Allmählich machen sich beide mit der Umgebung und dem anderen vertraut; der Raum ist zwar noch dunkel, aber sie finden sich nun zurecht. Einer zündet ein Streichholz an; beide erkennen eine Lampe an der Decke. Gemeinsam machen sie sich nun auf die Suche nach dem Lichtschalter – einem erfolgreichen Abschluss der Verhandlung, der alles auf einmal erhellt.

Gültigkeit der Vereinbarung

Ein ganz anderes Problem der Verhandlungspraxis ist die Gültigkeit von Vereinbarungen. Selbst schriftliche Verträge sind nicht immer das Papier wert, auf dem sie geschrieben sind – denken wir nur an die unzähligen Abkommen über einen Waffenstillstand in Jugoslawien. Ein Abschluss hat

aber nur dann einen Wert, wenn er auch eingehalten wird – sonst ist er nur
ein Scheinerfolg. Dazu bedarf es entweder der gegenseitigen Bereitschaft
oder einer Institution zur Überwachung und Durchsetzung. In diesem
Punkt unterscheiden manche Kulturen stark zwischen schriftlicher und
persönlicher Vereinbarung, wobei dieser Unterschied ganz gegensätzliche
Bewertungen erfährt. In Asien, vor allem in China, gilt die persönliche Zu-
sicherung weit mehr als der geschriebene Vertrag. Der wird häufig erneut
zur Verhandlung gestellt, während ein persönliches Vertrauensverhältnis
kaum einmal enttäuscht wird. Das hat nichts mit Geringschätzung der ge-
troffenen und feierlich besiegelten Abmachung zu tun, sondern mit der
Auffassung, dass sich so unpersönliche Dinge wie schriftliche Verträge den
Gegebenheiten anpassen sollten. Ändert sich die Lage, dann gibt man eher
den Vertrag auf als die gute Beziehung. Bestimmt lässt sich eine neue Vereinbarung finden, die beiden Seiten unter den neuen Umständen gerecht
wird. Eine solche Haltung wäre in Europa und besonders in den USA
schwer vorstellbar. Auf beiden Seiten des Atlantik herrscht die vom römischen Recht geprägte Ansicht vor, dass Verträge unter allen Umständen
einzuhalten sind. Dies gilt insbesondere unter veränderten Bedingungen,
denn anderenfalls wäre ein Vertrag nach westlichem Verständnis ja gar
nicht notwendig gewesen. Wird ein Vertrag dennoch gebrochen, so kann
man ihn vor Gericht einklagen. In Ostasien tut man das nur in ausser-
gewöhnlichen Fällen: zuerst kommt die Beziehung, dann erst der Vertrag.
Kein Wunder, dass westliche und besonders amerikanische Geschäftsleute
sowie Diplomaten an solchen kulturellen Unterschieden manchmal schier
verzweifeln. Viele uns bekannte Beispiele zeigen sie jedoch weniger als
Opfer der andersartigen Kultur; ihnen mangelte es vielmehr an Kenntnis
dieser Kultur. Gegen Ende dieses Buches wird daher ein eigenes Kapitel
auf diese Schwierigkeiten eingehen.

Verhandlungsstress

Ebenso verdient der Einfluss von Stress und Ermüdung auf die Verhandlungsführung die ausführliche Behandlung in einem eigenen Kapitel.
Wichtige Verhandlungen ziehen sich oft durch die Nacht, und einen
Durchbruch gibt es vielmals erst im Morgengrauen – oder auch nicht. Man
geht völlig erschöpft, aber erleichtert zum gemeinsamen Frühstück und

fällt dann todmüde ins Bett – oder auch nicht. Diese mühsame Prozedur kann sich bei längeren Verhandlungen über Tage und Wochen hinziehen. Irgendwann wird schliesslich jeder weich und will einfach nur nach Hause. Der einzige Weg aus der Verhandlung ist aber meist ein Abschluss. Also macht man Zugeständnisse, die man sonst nicht angeboten hätte – vielleicht auch Fehler. Je länger die Verhandlung dauert und je mehr Stress sie verursacht, desto leichter wird das Verhalten des Verhandlers emotional; er entfernt sich damit vom Idealbild eines vollständig rationalen und effektiven Unterhändlers.

Logistik und Kommunikation

Aber das ist bei weitem noch nicht alles, was die Praxis von der Theorie unterscheidet. Bei Verhandlungen ausserhalb der eigenen Umgebung können es ganz alberne Dinge sein, die einen am Ende den Erfolg kosten. Die Verständigung mit der eigenen Zentrale, mit dem Auftraggeber oder dem Vorgesetzten ist so ein Punkt. Die technische Übermittlung von Nachrichten, ob mündlich oder per Fax und Modem, darf weder Zeit noch Nerven kosten, die beide für die Verhandlung selbst unbedingt notwendig sind. Im Zeitalter der Mobiltelefone und ISDN-Leitungen ist die Kommunikation zwar einfacher geworden, aber wie steht es mit Verhandlungen in der Mongolei? Vielleicht hat auch die digitale Datenleitung unseres Verhandlungspartners zum falschen Zeitpunkt ein bedauerliches kleines Problem ... Dem Einfallsreichtum sind hier keine Grenzen gesetzt. Oder, viel harmloser, der Auftrag erfordert ständige Abstimmung mit mehreren Stellen. In einem der vier beteiligten Ministerien ist der zuständige Abteilungsleiter bestimmt gerade nicht zu erreichen, hat einen Termin, Mittagspause oder Feierabend. Von den Schwierigkeiten mit unterschiedlichen Zeitzonen oder Fremdsprachen wollen wir schon gar nicht reden. Auch das beste Handy hilft hier wenig.

Veränderte Umwelt – neue Positionen

Zum Abschluss dieses Kapitels noch ein letzter Aspekt der Verhandlungsführung: je mehr Zeit verstreicht – bei der letzten, sogenannten Uruguay-Runde des allgemeinen Zoll- und Handelsabkommens GATT/WTO waren es immerhin fast acht Jahre – desto mehr verändern sich auch die Ansichten, Ziele und Positionen der beteiligten Parteien. Regierungen wechseln, Verhandler werden ausgetauscht, Allianzen bilden sich und zerfallen wieder. Immer wieder muss neu bewertet und geplant werden, fliesst neue Information in Positionen und Verhalten aller Seiten ein. Kurz gesagt: es wird nie langweilig. Diese optimistische Sichtweise wird natürlich nicht von allen Beteiligten geteilt, besonders nicht von denen, die gerne mit einer Einigung vorankommen würden. Auch sind Bereitschaft und Fähigkeit zur erfolgreichen Einigung nicht immer auf allen Seiten gleichermassen vorhanden. Dennoch ist eine positive Einstellung allen diesen Unwägbarkeiten gegenüber sehr hilfreich. Verhandeln sollte keine lästige Pflicht sein. Es ist auch ein Spiel, das sich mit einiger Übung meisterhaft beherrschen lässt. Wie alle Spiele macht es allerdings erst richtig Spass, wenn man öfter gewinnt als verliert. Dabei soll dieses Buch behilflich sein.

Literatur zu diesem Kapitel

Alle in diesem Buch zitierten fremdsprachlichen Quellen sind, sofern nicht anders angegeben, in eigener Übersetzung deutsch wiedergegeben.

Quelle zum ersten Abschnitt

Schneider, Susanne: Alles reine Verhandlungssache: Interview mit Raymond Saner, *Süddeutsche Zeitung Magazin* 7/96, 16. 2. 96, S. 11–16.

Diplomatische Verhandlungen

Clausewitz, Carl von: *Vom Kriege*. Reinbek/Hamburg: Rowohlt 1987.

De Caillère, François: *De la manière de négocier avec les Souverains*. 1716. Hier zitiert aus der englischen Fassung: *The Art of Diplomacy*. New York, Leicester University Press 1983.

Gracian, Balthazar: *Hand-Orakel und Kunst der Weltklugheit*. Übersetzt von Arthur Schopenhauer. Leipzig, Brockhaus 1862. (Originaltitel: *Oráculo manual y arte de prudencia*, 1647)

Karass, Chester L.: *The Negotiating Game*. New York, Crowell 1970.

Kissinger, Henry A.: *Diplomacy*. New York, Simon & Schuster 1994.

Lall, Arthur S.: *Multilateral Negotiation and Mediation, Instruments and Methods*. Pergamon Press, 1985.

Machiavelli, Niccolò: *Der Fürst*. (Originaltitel: *Il Principe*, 1520)

Musashi, Miyamoto: *Das Buch der fünf Ringe* (Originaltitel: *Gorin no Sho*, 1645). Düsseldorf, Econ 1996.

Nicolson, Sir Harold: *The Evolution of Diplomatic Method*. London, 1954, sowie Ders.: Diplomacy, London: Oxford University Press, 1963. Neu aufgelegt Washington: Institute for the Study of Diplomacy, Georgetown University 1988.

Schmitt, Carl: Der Begriff des Politischen. In: J. Huizinga: *Homo Ludens*. Hamburg, 1933

Sun Tze: *Die Kunst des Krieges*. (Originaltitel: Sun-Tze Bing Fa, ca. 490 v. Chr) Herausgegeben von James Clavell. München, Droemer 1988.

US Committee on Foreign Affairs: *Soviet Diplomacy and Negotiating Behavior*. Washington, Special Studies Series on Foreign Affairs Issues 1984.

Winham, Gilbert R.: Practitioner' Views of International Negotiation. *World Politics*, October 1979, S. 111–135.

Verhandlungen zwischen Arbeitgeber und Arbeitnehmer

Atkinson, Gerald G.: *The Effective Negotiator, the Practical Guide to the Strategies and Tactics of Conflict Bargaining*. London, Quest Research Publications 1975.

Wirtschaftsverhandlungen

Gladwin T. N./Walter, Ingo: *Multinationals under fire: lesons in the management of conflict.* New York, 1980.

Bazerman, M./Lewicki, R: *Negotiating in Organizations.* New York: Sage Publications 1983.

Wissenschaftliche Untersuchungen

Pruitt, Dean: *Negotiation Behavior.* Academic Press 1981.

Raiffa, Howard: *The Art & Science of Negotiation.* Harvard University Press, Cambridge MA, 1982.

2. Distributive Verhandlung

Verhandlung bedeutet oft Verteilung. Es geht, bildlich gesprochen, um die Aufteilung des Kuchens. Daher nennen wir diesen Vorgang auch *distributive Verhandlung*. Wenn etwa der Kaufpreis für ein Auto ausgehandelt wird, dann gewinnt der eine Partner, was der andere verliert. Die Positionen sind gegensätzlich und stehen im Wettbewerb zueinander. Wir sprechen daher gewöhnlich von Gewinner und Verlierer, selbst wenn letztlich beide Partner mit einem (meist freiwilligen) Abschluss zufriedener sind als ohne. Diese Rollen sind relativ zu verstehen: Gewinner ist, wer seinen Zielen näher kommen konnte als der andere. Die Grösse des zu verteilenden Kuchens ist bei der distributiven Verhandlung vorgegeben und unveränderlich. In unserem Beispiel geht es immer um dasselbe Auto, egal wieviel schliesslich bezahlt wird. Käufer und Verkäufer feilschen um den Preis – auf Französisch heisst das *marchander*, auf Englisch *to bargain*. Wer hier geschickt ver*handelt*, kann für sich einen Vorteil erringen – allerdings immer auf Kosten der anderen Seite. In der Spieltheorie wird ein solches Arrangement auch *Nullsummenspiel* genannt, weil Gewinne und Verluste sich immer genau ausgleichen, sich also in der Summe zu Null addieren. Das ist der entscheidende Unterschied zur vereinbarenden oder *integrativen Verhandlung*, mit der sich Kapitel vier beschäftigen wird. Deren Prinzip ist einfach in der Theorie, aber anspruchsvoll in der Praxis: indem mehrere Themen gleichzeitig behandelt werden, kann jede Seite in einigen Punkten gewinnen und dafür in anderen nachgeben. Die Kreativität und Geschicklichkeit beider Partner eines solchen Tauschgeschäfts bestimmt am Ende die Grösse des zu verteilenden Kuchens. Im Idealfall bekommt jede Seite die für sie wichtigen Dinge. Ein guter Abschluss der Verhandlung bedeutet daher für beide einen Gewinn.

Gegner oder Partner?

Es ist einleuchtend, dass diese beiden grundlegend verschiedenen Arten der Verhandlung ebenso verschiedene Ansätze erfordern. Die Nichtbeachtung dieser Tatsache kann für das Ergebnis verheerend sein, dennoch ist sie nicht selten anzutreffen. Weil der distributive Ansatz auf einen Verteilungskampf ausgerichtet ist, kann es – innerhalb gewisser Grenzen – durchaus angebracht sein, die andere Seite mehr als Gegner denn als Partner zu betrachten und etwas härter vorzugehen. Beim Aushandeln einer für beide Seiten optimalen Vereinbarung wäre dies hingegen wenig hilfreich. Sollen beide gewinnen, geht es erst in zweiter Linie darum, wer den grösseren Nutzen hat. Ein guter Abschluss ist nicht maximal, sondern optimal. Das heisst nun keinesfalls, eigene Vorteile ohne weiteres preiszugeben. Regelmässig wird sich aber eine kooperative Haltung bezahlt machen. Der Gewinn entsteht schliesslich nicht *auf Kosten* des anderen, sondern *mit ihm*. Doch dazu mehr in Kapitel 4.

Der Einigungsbereich

Auch der härteste Verteilungskampf, von dem hier zunächst die Rede sein soll, beginnt jedoch mit einem gemeinsamen Interesse. Solange nicht beide Seiten an einem Abschluss interessiert sind, gibt es nichts zu verteilen. Soll es überhaupt zu einem Ergebnis kommen, so dürfen die gegensätzlichen Interessen nicht unvereinbar sein, sondern müssen sich mindestens in einem Punkt überschneiden. Regelmässig wird es sogar einen ganzen Bereich geben, in dem eine Einigung prinzipiell möglich wäre. Diesen Bereich wollen wir hier *Einigungsbereich* nennen (englisch: *Zone of Possible Agreement*, abgekürzt *ZOPA*) (Walton, McKersie, 1965). Er ist der sprichwörtliche Kuchen, der verteilt werden kann.

Das grössere Stück erhält derjenige, der am Ende mehr als die Hälfte des Einigungsbereichs für sich behaupten kann. Doch wie geht das? Ein guter Verhandler wird zunächst versuchen, diesen Bereich so genau wie möglich zu ermitteln. Erst diese Information verschafft ihm ein klares Bild der Lage. Sein erstes Anliegen wird regelmässig die Frage sein, ob es überhaupt einen Einigungsbereich gibt. Manchmal liegen die Vorstellungen der Parteien so weit auseinander, dass eine Verhandlung reine Zeitverschwendung wäre.

2.1 **Einigungsbereich** (Zone of possible Agreement, ZOPA)

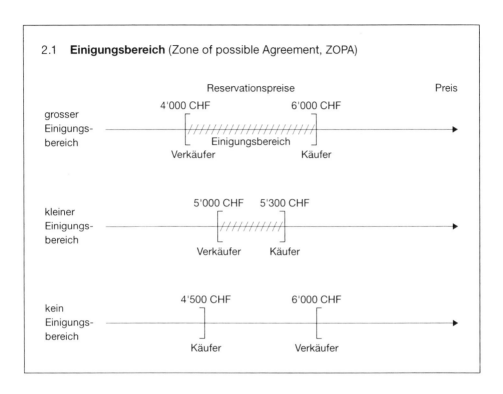

Vielleicht sind die Positionen auch nur vorläufig unvereinbar und könnten sich im Laufe mehrerer Verhandlungsrunden annähern – etwa wenn die Vertreter beider Seiten nach und nach mehr Spielraum oder weitergehende Vollmachten erhalten. Wenn eine Einigung aber ganz ausgeschlossen erscheint, sind andere Verhaltensweisen vermutlich geeigneter als die Verhandlung – zumindest vorübergehend. An die Stelle der Konfliktlösung tritt entweder die Konfliktvermeidung (die unversöhnlichen Gegner gehen sich aus dem Weg) oder – im anderen Extrem – der offene Krieg.

Vom Kriege

Der Begriff *Krieg* beschreibt hier nicht nur die militärische Auseinandersetzung, sondern alle Arten der feindseligen Konfrontation. Streik, Aussperrung, Boykott, Preiskrieg, Handelskrieg oder Kalter Krieg sind uns geläufige Beispiele, ebenso wie der gelegentliche Kleinkrieg zwischen Lebenspartnern. In den Worten von Carl von Clausewitz (1780–1832), dem preussischen General und Strategen: *Der Krieg ist ... ein Akt der Gewalt, um den Gegner zur Erfüllung unseres Willens zu zwingen.* (Clausewitz 1987, 13). Verhandlung wirkt durch Überzeugung; Krieg bedeutet Zwang. Es muss dabei nicht einmal sein, dass die Parteien den Krieg einer Einigung am Verhandlungstisch vorziehen. Sollte diese aber nicht zu akzeptablen Bedingungen zu erzielen sein, dann ist eine harte Auseinandersetzung manchmal besser geeignet. Deren Ziel muss gar nicht unbedingt die Unterwerfung des Gegners sein – oft reicht eine gezielte Verschiebung der Machtpositionen, um den anderen *an den Verhandlungstisch zu zwingen.* Wir wollen hier beileibe nicht dem Krieg, erst recht nicht dem militärischen, das Wort reden. Dennoch ist es entscheidend, bei jeder Verhandlung auch alle Alternativen ins Kalkül zu ziehen. Dazu gehört fast immer auch der Krieg, ob militärisch oder ökonomisch, mit allerdings meist erheblichen und oft unberechenbaren Kosten und Konsequenzen. Wir dürfen nicht vergessen, dass der Krieg selbst Ressourcen verbraucht und damit den zu verteilenden Kuchen verkleinert. Aber selbst wenn wir, weil wir dies ethisch besser oder auch nur zweckmässiger finden, jede Form von Krieg als Instrument unseres Handelns ablehnen wollten – warum sollte die Gegenseite dies ebenso halten? Wir sollten auch nicht die bittere Lektion aus der Münchener Konferenz vergessen, die wir im ersten Kapitel vorgestellt haben: unter Umständen lässt sich ein grosser Krieg durch einen kleineren eher verhindern als durch Verhandlungen.

Kenne dich ...!

Auch wenn es nicht gerade um den Weltfrieden geht, gehört es daher zum Pflichtprogramm des versierten Verhandlers, sich ein möglichst genaues Bild von den Interessen und Möglichkeiten der Gegenseite zu verschaffen. Ebenso wird er selbstverständlich seine eigenen Interessen und Positionen präzise untersuchen und ständig im Auge behalten. Wir könnten zu diesem Thema keinen besseren Lehrmeister bemühen als den ehrwürdigen chinesischen General Sun Tze, der im 5. Jahrhundert vor Christus das noch heute in China und Japan meistgelesene Standardwerk der Strategie geschaffen hat: *Kennst du deinen Gegner und dich selbst, so brauchst du hundert Schlachten nicht zu fürchten. Kennst du dich, aber nicht den Gegner, so wirst du für jeden errungenen Sieg eine Niederlage erleiden. Kennst du weder den Gegner noch dich selbst, dann verlierst du jede Schlacht.* (Sun Tze: *Die Kunst des Krieges*, ca. 490 v. Chr.)

Beginnen wir also mit der einfacheren Seite. Der Verhandler kennt seine eigene Mindestposition. Sie bestimmt, wann eine Verhandlung für ihn zwecklos wird, weil er entweder Verluste erleiden würde oder anderswo eine attraktivere Transaktion abschliessen könnte. Diese absolute Untergrenze wird er stets im Kopf behalten. Bei einer Preisverhandlung nennen wir sie *Reservationspreis*. Niemals wird ein guter Verhandler sich dazu verleiten lassen, diese Grenze zu überschreiten (Käufer) oder unterschreiten (Verkäufer), nur um zu einem Abschluss zu kommen. Es ist meistens besser, kein Geschäft zu machen als ein schlechtes. Die eigene Position ist im Licht neuer Erkenntnisse zwar stets zu überprüfen und gegebenenfalls einer veränderten Lage anzupassen. Dabei sollte man sich aber keinesfalls auf die einseitige Darstellung des Gegenübers verlassen. Seine Interessen sind schliesslich den unseren genau entgegengesetzt: er gewinnt, was wir verlieren. Wir werden später noch sehen, wie nützlich es sein kann, den Gegner in dessen eigener Position zu erschüttern. Bevor wir jedoch zu solchen taktischen Manövern greifen, müssen wir erst wissen, wo der Gegner eigentlich steht.

... und deinen Gegner!

Dieser Schritt der Planung ist schon ein Stück schwieriger als der erste. Nun geht es darum, die Mindestposition des Gegenübers zu schätzen. Sie begrenzt den Einigungsbereich und legt damit gleichzeitig den höchsten Gewinn fest, der für uns aus einem Geschäft herauszuholen wäre. Was möchte die andere Seite gerne erreichen, was muss sie unbedingt? An welchem Punkt wird das Geschäft für sie uninteressant? Ebenso wie wir hat auch die Gegenseite einen Reservationspreis. Ihn herauszubekommen ist vielleicht die wichtigste Aufgabe bei einer Preisverhandlung. Es ist schliesslich fast unmöglich, einen Kuchen aufzuteilen, den man nicht sieht. Woher sollten wir wissen, wie gross unser Stück sein könnte? Reine Glückssache! Ganz ohne Information über die Absichten des Gegner in die Verhandlung zu gehen, wäre ein wenig wie Blindflug ohne Instrumente. Aber woher bekommen wir diese Information? Die andere Seite wird sie uns wohl kaum freiwillig geben, ebenso wie wir alles daransetzen werden, unsere wahre Position zu verbergen. Was uns zur Verfügung steht, ist im Grunde von den Hilfsmitteln eines Piloten bei der Navigation nicht sehr weit entfernt. Der Pilot liest sorgfältig seine Instrumente ab, wir untersuchen die Umgebung, in der wir verhandeln, nach Anzeichen und Hinweisen aller Art. Der Pilot hat verschiedene Karten: für den Sichtflug, für den Landeanflug, für den Linienverkehr. Durchaus vergleichbares Material können wir uns ebenfalls besorgen, etwa wenn wir ein Auto kaufen oder verkaufen wollen – der Fachbuchhandel führt aktuelle Listen, die den üblichen Marktpreis für jedes gängige Modell sowie einen Überblick von Angebot und Nachfrage enthalten. Ähnliche Marktstudien sind auch für viele Investitionsgüter sowie Immobilien erhältlich, zum Beispiel in Form eines Boden- oder Mietpreisspiegels, wie ihn jede Stadt oder Gemeinde regelmässig veröffentlicht. Solche Schriften geben uns in der Regel recht präzise Informationen, die für die Einschätzung der Verhandlungssituation sehr nützlich ist. Ähnliches gilt für Broschüren und Tabellen, die von Handelskammern, Verbänden, Behörden und Ministerien herausgegeben werden. Eine Durchsicht von Pressearchiven ist oft ebenso ergiebig wie die Suche nach Aufsätzen des Verhandlungspartners in Fachblättern sowie seinen Reden bei Verbandstagen oder Konferenzen, die seine Absichten meist am genauesten widerspiegeln. Viele Daten sind heute schon schnell, bequem und vor allem aktuell per Internet abzurufen. Nicht vergessen sollten wir auch, dass es in unserer Organisation oder Firma sicher irgendjemanden gibt, der bereits Erfahrung mit der anderen Seite besitzt. Natürlich können wir hier nicht auf alle denkbaren Informationsquellen eingehen, denn die sind ebenso vielfältig wie die Anlässe für Verhandlungen selbst. Es geht hier auch nur darum, die Bedeutung genauer Informationen für den Verlauf einer Verhandlung zu verdeutlichen. Doch leider können auch die besten Datenquellen meist nicht die ganze Wahrheit ans Licht bringen.

Fast immer bleibt zumindest ein Rest von Unsicherheit, der nur durch Erfahrung, vorsichtiges Einschätzen und geschicktes Abklopfen des Verhandlungspartners verringert werden kann.

Unsicherheit

Wenn wir also bei der Vorbereitung nichts unversucht gelassen haben, was uns die Position der anderen Seite erhellen würde, dann müssen wir es auf einen Versuch ankommen lassen. Doch Vorsicht: mit jedem Schritt geben wir der Gegenseite auch neue Information über uns. Vorschnell gemachte Angebote legen uns ausserdem auf eine Position fest, bevor wir selbst mehr erfahren haben. Jetzt kommt es also darauf an, ins Gespräch zu kommen ohne dabei viel zu sagen. Aber wie soll das gehen? Irgendwann kommt schliesslich die Stunde der Wahrheit, und wir müssen ein erstes Angebot oder eine Forderung auf den Tisch legen. Um es gleich vorwegzunehmen: mit Wahrheit muss diese Stunde nicht allzu viel zu tun haben. Es gibt eigentlich nur zwei sehr einfache Bedingungen, die unsere erste Position erfüllen muss: sie sollte nicht völlig abwegig, aber auf keinen Fall zu bescheiden sein. Es hat einfach keinen Sinn, einen Volkswagen zum Preis eines Ferrari anzubieten – es sei denn, der Volkswagen hätte zuvor Charlie Chaplin gehört, oder wir wollten eigentlich unseren Ferrari verkaufen. Viel verhängnisvoller wäre es jedoch, gleich mit dem tatsächlichen Marktpreis anzufangen. Der Abschluss läge dann garantiert darunter.
Fassen wir diese wichtige Lektion noch einmal zusammen. Fordern wir zu viel, riskieren wir, den anderen zu verprellen oder gar die Verhandlung abzubrechen – der Kunde verabschiedet sich dankend und geht zu einem anderen Anbieter. Fordern wir hingegen zu wenig, lacht er sich ins Fäustchen und macht ein gutes Geschäft. Selbst wenn wir unsere Fehleinschätzung sofort bemerken, können wir nicht mehr zurück. Wir haben die Gelegenheit zu einem besseren Abschluss endgültig verpasst. An dieser Stelle wird ein wichtiger Unterschied deutlich: während wir zu hohe Forderungen in der Regel korrigieren können – aber auch nicht immer, wie wir im nächsten Abschnitt sehen werden – gelingt uns dies bei zu niedrigen nie. Es mag sich also trotz aller Bedenken lohnen, im Zweifel das Risiko eines vielleicht zu dreist wirkenden Angebots einzugehen. Das Gegenteil ist in jedem Fall ungünstiger.

Wir haben nun also unser Eröffnungsangebot unterbreitet. Wie geht es jetzt weiter? Eigentlich nicht viel anders als zuvor. Jeder weitere Schritt sollte eigentlich einfacher werden, denn die Position der Gegenseite sowie Art und Tempo ihrer Reaktionen geben uns neue Information und verringern damit die Unsicherheit. Dennoch scheint es in der Praxis manchmal genau umgekehrt zu sein, und eine gute Eröffnung wird im Laufe der Verhandlung einfach verspielt. Zwei Dinge spielen hier eine Rolle: Verhandlungstechnik und Selbstvertrauen. Beides hängt eng zusammen. Ein technisch überlegener Gegner kann das Vertrauen in unsere eigene Position mit einem geschickten Satz erschüttern, auch wenn er eigentlich in der schlechteren Lage ist. Als beste Lösung erscheint dann oft, zu retten, was noch zu retten ist. Ein gutes Beispiel dafür bietet der folgende Fall.

Beispiel: Schadenersatz

Eines Nachmittags fuhren Bill und Connie Jones mit ihrer zweijährigen Tochter Betty nach Hause. Es regnete ein wenig und das Ehepaar unterhielt sich während der Fahrt, als das Auto in einer leichten Linkskurve plötzlich von der Fahrbahn abkam und gegen einen Baum schleuderte. Über die Ursache gibt es unterschiedliche Aussagen. Während Bill behauptet, dass ein entgegenkommendes Auto auf seine Fahrbahnseite hinübergeschwenkt war, konnten sich seine Frau sowie andere Zeugen daran nicht erinnern. Bill und Connie waren jedenfalls angeschnallt und kamen mit ein paar Schrammen davon. Leider hatte Betty nicht so viel Glück – ihr Kindersitz war zwar ebenfalls angegurtet, doch der Sicherheitsgurt riss, und Betty wurde durch die Windschutzscheibe geschleudert. Sie wurde vom Notarzt sofort ins Krankenhaus eingeliefert, wo ihr ein Arm amputiert wurde und die Ärzte monatelang um ihr Leben kämpften. Sie blieb zwar am Leben, hatte aber so schwere Schädelverletzungen davongetragen, dass sie für den vermutlich sehr begrenzten Rest ihres Lebens geistig behindert bleiben und sehr wahrscheinlich ständige ärztliche Betreuung benötigen würde; ihr Gesicht war ausserdem durch die Narben der vielen Schnittwunden für immer entstellt. Nach einem Jahr gründlicher Überlegungen, als der erste Schock überwunden war, wandte sich das Paar an einen Rechtsanwalt, um den Hersteller des schadhaften Sicherheitsgurts auf Schadenersatz zu verklagen. Wie es in den USA vielfach üblich ist, gaben sie dem Anwalt ein risikofreies Mandat mit Erfolgsbeteiligung: bei einem aussergerichtlichen Vergleich wäre er mit 30 Prozent der ausbezahlten Summe beteiligt, bei einem Gerichtsurteil mit 50 Prozent. Sollte er den Fall verlieren, bekäme er hingegen kein Honorar. Der Anwalt klagte auf drei Millionen Dollar Schadenersatz. Nach neun weiteren Monaten kam der Fall zur Anhörung vor Gericht. In der Beweisaufnahme wurden die unstrittigen Punkte festgehalten (der Unfall fand statt, der Gurt riss, das Kind flog durch die Scheibe, ein Arm wurde amputiert, …) sowie die unterschiedlichen Positionen geklärt. So bestritt der Hersteller erwartungsgemäss, dass Betty einen dauerhaften Hirnschaden erlitten habe, behauptete eine Beschädigung des Sicherheitsgurtes vor dem Unfall, aber nach der Herstellung, und machte einen Fahrfehler für den Unfall verantwortlich.

Der Richter gab beiden Parteien dann die Gelegenheit zu einer aussergerichtlichen Einigung. In den USA werden auf diese Weise 90 Prozent, im Staat Kalifornien sogar 97 Prozent der Zivilklagen ohne Urteil erledigt. Wenn sich beide Parteien einigen können, bestimmt eine private Verhandlung zwischen ihnen den Ausgang des Verfahrens. Beim anberaumten Termin verlangte der Anwalt der Kläger erwartungsgemäss drei Millionen Dollar als Entschädigung vom Gurthersteller. Schliesslich hätte der Sicherheitsgurt nicht einmal ein Kleinkind gehalten. Der Hersteller solle nun auch für die teuren Folgen dieses Materialfehlers aufkommen. Der gegnerische Anwalt eröffnete mit einem Gegenangebot von 50'000 Dollar. Er wolle zwar eine gewisse Mitverantwortung seines Mandanten nicht leugnen, der Unfall sei aber eindeutig von Bill Jones verursacht worden, der Gurt sei zuvor bereits beschädigt gewesen, und ein blebender Hirnschaden des Kindes sei noch nicht erwiesen. Der Anwalt wies anschliessend darauf hin, dass Kläger üblicherweise weit mehr verlangten als sie vernünftigerweise erwarten könnten, und dass die Verhandlung durch die Nennung der tatsächlich angestrebten Summe erheblich beschleunigt werden könne. Der Anwalt der Kläger halbierte seine Forderung daraufhin auf 1,5 Millionen Dollar. Der Verteidiger des Herstellers zitierte einige vergleichbare Verfahren, bei denen wesentlich geringere Summen zugesprochen wurden. Nach einigem Hin und Her legte der Anwalt der Kläger eine Mindestforderung von einer Million Dollar auf den Tisch. Die Verhandlung kam zum Stillstand, und der Richter schlug den beiden Anwälten vor, sich nach Beratung mit ihren Mandanten am nächsten Tag erneut zu treffen.

Bei diesem nächsten Treffen stellten beide Seiten zunächst ihre hervorragende Position für eine Gerichtsverhandlung heraus. Der Vertreter der Anklage wies darauf hin, dass die Geschworenen leicht für einen solch dramatischen Fall einzunehmen seien und in der Hauptverhandlung bestimmt eine Million Dollar Schadenersatz zusprechen würden. Die Verteidigung brachte vor, dass ihre Zeugen und vor allem Gutachter genug Zweifel an der Verantwortung des Herstellers wecken könnten, um eine Verurteilung auszuschliessen. Die Kläger stünden in diesem Fall mit leeren Händen da. Beide Seiten hörten aufmerksam zu und machten erste Zugeständnisse. Die Klägerseite ging unter ihre vorherige Grenze von einer Million, und die Verteidigung des Herstellers bot 75'000 $ an. An diesem Punkt bat einer der Anwälte einen Richter, der mit ähnlichen Fällen zu tun hat, um seine Einschätzung. Der Richter sagte, er fände 100'000 $ eine angemessene Entschädigung und riet beiden Anwälten, diese Summe mit ihren Mandanten zu diskutieren. Nach dieser Rücksprache nahmen beide Seiten an, und der Fall kam nicht vor Gericht. Ein vertrauliches Gespräch mit dem Anwalt des Herstellers enthüllte später eine erstaunliche Tatsache: er hatte verbindliche Anweisung von seinem Mandanten, in einem Vergleich einen Schadenersatz bis zu einer Million Dollar zu gewähren.

(Nach: J. Wall, 1985)

Fehler

Was hat der Kläger falsch gemacht? Auch 100'000 $ sind bei unsicherer Beweislage zwar ein gewisser Erfolg, aber – wie wir jetzt wissen – eben nur zehn Prozent der theoretisch erreichbaren Summe von einer Million Dollar. Der Einigungsbereich wurde nicht ausgeschöpft; ganz sicher hätten die Kläger mit einer geschickteren Verhandlung mehr bekommen können. Überlegen Sie einen Moment, bevor Sie weiterlesen – was hätten Sie anders gemacht? Führen wir uns das Geschehen noch einmal bildlich vor Augen:

2.2 Verlauf der Schadenersatz-Verhandlung

Anwalt Jones	Anwalt Gurthersteller	Begründung
3 Mio USD		Schadenersatz für Materialfehler
	50'000 USD	Jones hat Unfall verursacht;
		Forderung sei überzogen
1,5 Mio USD		Zweite Forderung nach Konzessionen
	50'000 USD	zitiert vergleichbare Fälle
		mit niedriger Vergleichssumme
1 Mio USD		wird als Mindestforderung erklärt
	75'000 USD	erhöht, zitiert aber die Gutachter,
		die Millionenklage demontieren
1 Mio USD	75'000 USD	Verhandlung festgefahren
* *	* *	beigezogener Richter
		schlägt 100'000 USD vor
100.000 USD	**100.000 USD**	**beide Seiten nehmen an**

Eine ganze Reihe von Verhaltensweisen waren hier sehr ungünstig für die Klägerseite und sollten bei Verhandlungen allgemein vermieden werden:

Kein Reservationspreis

Das Ehepaar Jones hat seinem Anwalt in diesem Fall keine Vorgabe gemacht, wieviel Schadenersatz er bei einer aussergerichtlichen Einigung mindestens erzielen muss. Stattdessen haben Sie ihm *carte blanche* gegeben, also völlig freie Hand während der Verhandlung. Das entspricht einem Reservationspreis von Null. Dieses Versäumnis lässt sich leicht auf mangelnde Vorbereitung zurückführen. Die Folgen haben wir gesehen: für den Anwalt war es immer noch besser, 30'000 $ (also 30% von 100'000 $) gesichertes Honorar zu bekommen als die Hälfte einer unsicheren, durch Gerichtsurteil zugesprochenen Entschädigung. Schliesslich bestand durchaus die Möglichkeit, vor Gericht alles zu verlieren. Für den vergleichsweise geringen Aufwand des Anwalts bei der aussergerichtlichen Verhandlung waren 30'000 $ kein schlechtes Ergebnis, auch wenn vielleicht noch mehr zu holen gewesen wäre. Warum sollte er also ablehnen? Ganz anders sah die Situation für das Ehepaar Jones aus, das tatsächlich einen immensen persönlichen und finanziellen Schaden erlitten hatte. In dieser Lage sind 70'000 $ eine ungenügende Abfindung. Sie hätten ihrem Anwalt von vornherein eine Untergrenze setzen sollen, die in einem vernünftigen Verhältnis zur Höhe des Schadens sowie zu vergleichbaren Fällen steht – vielleicht 800'000 $. Eine Untergrenze von Null führt unweigerlich dazu, dass jedes noch so schlechte Angebot akzeptabel wird: es ist immer besser als nichts!

Übertriebene Forderung

Die erste Forderung war völlig überzogen. Drei Millionen Dollar lag weit über den bei vergleichbaren Fällen gezahlten Summen. Eine weit höhere Forderung, noch dazu bei einer recht schwachen Beweislage, spricht nicht gerade von Sachkenntnis. Der Eindruck entsteht, dass man nicht richtig vorbereitet war, etwa durch das Studium von vergleichbaren Fällen, und es einfach einmal probieren wollte. Funktioniert das nicht gleich, wird die Position beim ersten Widerstand aufgegeben. Genau darauf setzt aber ein erfahrener Gegner – in diesem wie in vielen anderen Fällen mit Erfolg. Eine Forderung von 1,5 Millionen $ wäre sicher geeigneter gewesen.

Zu grosse Zugeständnisse

Eine übertriebene Forderung führt, sofern sie nicht erfüllt wird, zwangsläufig zum nächsten Problem: um von dort in einen halbwegs vernünftigen Bereich zu kommen, sind sehr grosse Zugeständnisse erforderlich. Es macht keinen besondes guten Eindruck, wenn man seine Forderung auf einmal halbiert. Das zeigt dem Gegner, wie unverschämt die erste Forderung war, und deutet gleichzeitig die Bereitschaft zu weiteren Konzessionen an. Wenn so grosse Schritte möglich sind, dann ist auch noch mehr Spielraum vorhanden. Ein solches Verhalten untergräbt, wenn es erkannt wird, unweigerlich die eigene Position. Im weiteren Verlauf der Verhandlung war es tatsächlich schwierig, auf kleinere Schritte umzusteigen. Allerspätestens am zweiten Tag, als die Anklage unter eine Million Dollar ging, hätte sie ihre Zugeständnisse nur noch scheibchenweise machen sollen – wie die andere Seite in Schritten von 25'000 $. Eine Annäherung in der Mitte, also bei 525'000 $, wäre dann vielleicht noch möglich gewesen.

Einseitige Konzessionen

In unserem Fall ging es jedoch mit grossen Schritten weiter: der Anwalt der Kläger sah sich dazu veranlasst, einseitig auf eine Million Dollar und am nächsten Tag noch weiter herunterzugehen. Der nächste Fehler: keine Reziprozität! Denn für diese Zugeständnisse hat er nicht einmal ein winziges Entgegenkommen der anderen Seite erreicht. Eine Verhandlung ist ein Tauschgeschäft, bei dem jeder dem anderen für seine Forderung auch etwas anbieten muss. Wer sich da leisten kann, einseitige Geschenke zu machen, der muss buchstäblich etwas zu verschenken haben. Warum sollte der Gegner uns glauben, dass wir an der Untergrenze sind, wenn wir ihm sogar ohne Gegenleistung noch etwas geben? Das gilt auch umgekehrt: bis wir tatsächlich unseren Reservationspreis erreichen, ist unsere Glaubwürdigkeit längst dahin. Unser Verhalten hat seinen Wert als wichtigster Informationsträger verloren.

Falscher Vermittler

Auch der letzte Fehler unseres Rechtsanwalts ist keineswegs selten: um zu einer Einigung zu kommen oder den Vorgang zu beschleunigen, wird irgendein Vermittler eingeschaltet. Die Frage nach seiner Eignung für den vorliegenden Fall wird häufig gar nicht gestellt. Der Richter in unserem Beispiel wäre für eine eventuelle Gerichtsverhandlung – also das einzige, worauf es wirklich ankäme – überhaupt nicht zuständig. Warum wird er dann eigentlich um seine Meinung gefragt? Wer könnte ein Interesse daran haben? Werfen wir noch einmal einen Blick auf das Muster der Konzessionen, auf die Abfolge von Forderungen und Angeboten, denn genau das wird auch der Vermittler als erstes tun. Die Pfeile in Grafik 2.3 zeigen den Verlauf der Positionen auf beiden Seiten.

Der Vermittler weiss, dass beide Seiten den Fall vor Gericht bringen könnten, wenn sie gutes Beweismaterial hätten. Er nimmt ausserdem an, dass beide Anwälte die Interessen ihrer Mandanten bestmöglich vertreten. Diese Annahmen lassen angesichts der grossen Konzessionen des Klägers aber nur den Schluss zu, dass dieser keine guten Beweise besitzt. Das Ergebnis der Verhandlung, die vom Richter empfohlenen 100'000 $, drängt sich vor diesem Hintergrund als logische Fortsetzung der Offerten geradezu auf. Ein geübter Verhandler erkennt eine solche Sachlage sofort und bemüht einen Vermittler auch nur dann, wenn seine voraussichtliche Empfehlung

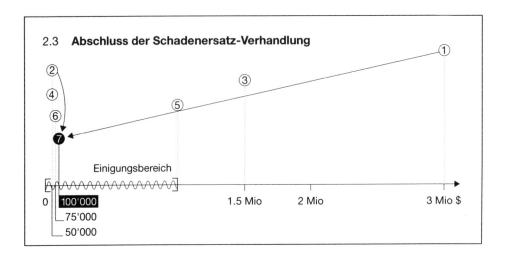

2.3 **Abschluss der Schadenersatz-Verhandlung**

ihm nützt. Es ist also nicht schwer zu erraten, welche Seite in diesem Fall den Richter um Vermittlung gebeten hat. Es sei denn, der klageführende Anwalt wäre wirklich so naiv gewesen, einfach so auf eine bessere Lösung zu hoffen. Warum sollte der Richter plötzlich 850'000 $ vorschlagen? Seine Aufgabe ist es schliesslich nur, die Parteien zu einer Einigung zu bewegen, um die Gerichte mit unnötigen Verfahren zu verschonen. Wir haben es eingangs schon betont: in einer Verhandlung bekommt man nicht, was einem zusteht, sondern was man aushandelt.

Erfahrungswerte

Nachdem wir nun einige der häufigsten Fehler bei der Verhandlungsführung gesehen haben, drehen wir den Spiess doch einmal um: wie sollte sich ein guter Verhandler denn verhalten? Die meisten Untersuchungen bestätigen ein paar grundlegende Regeln, an die wir uns halten können.

Zielpunkt definieren

Den Reservationspreis als Orientierung und psychologische Hilfestellung während der Verhandlung haben wir schon kennen- und schätzengelernt. Genau so wichtig ist es, einen Zielpunkt anzupeilen. In Anbetracht der unweigerlichen Ambiguität ist es nützlich, einen unteren und oberen Punkt festzulegen. Reservations- und Zielpreise geben uns eine Orientierung und

Zielsetzung. Ohne diese Stützen wären wir schneller dem Druck der anderen Seite ausgesetzt.

Einigung oft in der Mitte

Der Abschluss einer Verhandlung liegt erstaunlich häufig in der Mitte zwischen beiden Eröffnungspreisen. Diesen Erfahrungswert können wir nutzen. Wenn zum Beispiel die andere Seite mit der Eröffnung beginnt, dann wählen wir unser Angebot so, dass die Mitte zwischen beiden genau in unserem Zielbereich liegt. Mit diesem Signal erhöhen wir die Chance, dass wir am Ende tatsächlich dort ankommen, wo wir es gerne haben wollen. Ist die Reihenfolge der Eröffnung umgekehrt, können wir immerhin die Mitte zwischen beiden Positionen als Informationsquelle benutzen. Liegt sie ausserhalb des Einigungsbereichs, dann hat es vielleicht gar keinen Sinn zu verhandeln. Ein Abbruch der Verhandlung ist zu diesem Zeitpunkt wesentlich leichter und weniger folgenreich als später, wenn bereits zahlreiche Angebote ausgetauscht wurden und eine persönliche Beziehung entstanden ist. Wollen wir dennoch weiter verhandeln, so müssen wir mit unseren Konzessionen ordentlich auf die Bremse treten. Die einzige Chance, den Einigungsbereich noch zu treffen, ist der anderen Seite mehr Zugeständnisse abzuverlangen, als wir selbst gewähren. Der Anwalt des Gurtherstellers bietet ein hervorragendes Beispiel für dieses Vorgehen.

Eröffnung ausserhalb des Einigungsbereichs!

Unsere Eröffnung muss unbedingt ausserhalb des Einigungsbereichs liegen, also über (oder unter) dem Reservationspreis der Gegenseite. Anderenfalls schöpfen wir für die Verhandlung nicht den gesamten Einigungsbereich aus und fangen zu schnell schon innerhalb des Einigungsbereiches an, was uns nur noch ein paar Schritte (Konzessionen) erlauben würde. Um diese Bedingung zu erfüllen, müssen wir allerdings die Position unseres Gegners kennen oder zumindest ahnen. Unser Ziel sollte also hoch sein, aber nicht allzu hoch. Eine nicht ganz einfache Forderung! Zudem haben unterschiedliche Kulturkreise noch ganz verschiedene Vorstellungen davon, was *zu hoch* (oder zu tief) denn wohl bedeute. Während in Japan bereits der Versuch einer Preisverhandlung als Beleidigung verstanden werden kann, gilt in arabischen Ländern das genaue Gegenteil. Für unsere Zwecke erscheint das arabische Verständnis allerdings mehr Lektionen zu enthalten. Auf die Besonderheiten der asiatischen Kultur wollen wir später noch zurückkommen. Zunächst folgt daher ein Beispiel aus dem arabischen Kulturkreis, in dem das Feilschen um einen Preis nicht als lästige Pflicht, sondern als unabdingbares Vorspiel des Kaufens oder Verkaufens verstanden wird.

Beispiel: Arabischer Basar

Kaum ein Ort, an dem mehr und mit mehr Hingabe um Geld gefeilscht wird als auf einem arabischen Basar. Die Souks sind sprichwörtlich bekannt für ihre meisterhaften Händler, die mit einem würdigen Gegenüber über einem Glas frischem Pfefferminztee oder Kaffee genüsslich um den Preis ihrer Waren feilschen – egal, ob sie nun Teppiche oder Tomaten verkaufen. Mancher Araber wird die Frage nach der Summe von zwei und zwei mit einem Lächeln beantworten: *Zum Kaufen oder zum Verkaufen?* Auch wenn das Feilschen um Geld im deutschsprachigen Raum nicht gerade üblich ist, sollte man den Versuch unternehmen, es ein wenig zu geniessen. Es kann eine regelrechte Kunst sein. Ausserdem ist es ja nicht so, dass in Nordeuropa nicht gehandelt wird – nur geht es dann meist um andere Dinge als Geld, wie etwa Liefer- und Zahlungsbedingungen oder andere Nebenabsprachen. Selbst die Durchsetzung von geschriebenen Texten kann Verhandlungssache sein, im Extremfall vor Gericht. Doch betrachten wir nun das Beispiel eines arabischen Basars, auf dem wir ein Kilo Tomaten kaufen wollen. Wie Grafik 2.4 zeigt, liegt der Marktpreis diese Woche bei sechs Piaster.

Kein Händler, der seine Tomaten bis zum Abend verkaufen will, wird mehr als acht Piaster für das Kilo verlangen. Eine erste Forderung von zehn Piaster wäre in diesem Kulturkreis (der sich von einem deutschen Flohmarkt oder dem Handel mit Gebrauchtwagen nur unwesentlich unterscheidet!) ein Hinweis darauf, dass der Händler die verbleibenden Tomaten gerne selbst zu Abend essen möchte. Ein sensibler Kunde merkt dies sofort und geht. Ein Preis von zwölf Piaster würde ihn am Gesundheitszustand des Händlers zweifeln lassen. Acht Piaster, also etwa 50 % über dem tatsächlichen Marktpreis, ist hingegen ein machbarer Vorschlag. Weniger wird der Händler nur dann verlangen, wenn er um die Ecke noch drei Anhänger voll Tomaten hat, die er unbedingt loswerden muss. Wie sollen wir

2.4 Preise und ihre Bedeutung auf dem arabischen Basar (Hall 1989)

Piaster für ein Kilo Tomaten	Bedeutung von Forderung oder Angebot im arabischen Kulturkreis
12 oder mehr	Verkäufer hat überhaupt keine Ahnung oder will mit dem Käufer nichts zu tun haben
10	Verkäufer will den Käufer beleidigen oder abwimmeln
8	hohe, aber machbare Forderung; die Verhandlung kann beginnen
7	Verkäufer hat noch drei Anhänger voll Tomaten und muss unbedingt verkaufen
6	**gängiger Marktpreis**
5	Käufer will unbedingt kaufen und ist bereit, mehr als den Marktpreis zu bezahlen
4	machbares Angebot zeugt von Marktkenntnis; Verhandlung kann beginnen
2	Käufer will Verkäufer beleidigen oder zum Streit anstacheln
1 oder weniger	Käufer zeigt seine völlige Unkenntnis der Marktlage; Verkäufer wendet sich mit Verachtung ab

uns nun aber als Käufer verhalten? Die Araber sind als harte Verhandler bekannt; sollen wir also aufs Ganze gehen und ganz tief anfangen? Das ist gefährlich. Ein Gebot von einem Piaster zum Beispiel würde dem Händler unsere vollkommene Unkenntnis der Marktverhältnisse zeigen. Er würde sich voller Verachtung von uns abwenden. Zwei Piaster wären fast ebenso falsch, nur dass sich der Händler vielleicht beleidigt fühlt und eine unfreundliche Auseinandersetzung mit uns beginnt. Kennen wir ungefähr den Marktpreis, dann sollten wir mit dem Händler gleichziehen und etwa 50 % unter diesem Preis bieten. Bieten wir mehr, dann zahlen wir am Ende garantiert mehr als den Marktpreis. Bei den Eröffnungen von acht und vier Piaster hingegen ist das Ziel beider Seiten recht klar. In einem freundlichen, vielleicht sogar gegenseitig anerkennenden Gespräch nähern sich Käufer und Verkäufer einer Einigung in der Nähe des Marktpreises an. Es hängt vom jeweiligen Verhandlungsgeschick ab, welche Seite einen halben Piaster mehr oder weniger herausschlagen kann.

Hall, Edward T. / Hall, Mildred Reed: *Understanding cultural differences: keys to success in West Germany, France, and the United States.* Yarmouth, Maine 1989.

Taktik

Die richtige Eröffnung einer Verhandlung kann entscheidend sein, wie das Beispiel des arabischen Basars gezeigt hat. Für diesen ersten Schritt stehen mehrere Varianten zur Verfügung. Welche in einer bestimmten Situation am besten geeignet ist, hängt vor allem von der relativen Macht und dem Informationsstand des Verhandlers ab. Die Kapitel 5 (Strategie) und 6 (Taktik) werden darauf noch näher eingehen, doch sollen in diesem Zusammenhang schon einmal die wichtigsten Möglichkeiten zur Eröffnung und Führung einer distributiven Verhandlung gezeigt werden.

Starke Eröffnung

Wer hoch (aber nicht zu hoch!) zielt, der schiesst auch weit. Diese einfache Regel aus der Artillerie gilt auch für die Verhandlung. Eine hohe Forderung schlägt schon einmal weit draussen einen Pfahl ein und steckt damit den Rahmen der Verhandlung ab. Die andere Seite hat es dann schwer, diese Position völlig zu übersehen. Es sei denn, sie wäre völlig und offensichtlich überzogen. Kehren wir noch einmal zum Vergleich mit der Artillerie zurück: jede Waffe hat dort ihre maximale Reichweite und einen entsprechenden Winkel. Zielen wir noch höher, dann trifft der Schuss wieder kürzer. Es lohnt sich also, die Stärke der eigenen Position realistisch einzuschätzen. Wir sollten unsere Reichweite ausschöpfen; überziehen wir aber, dann erreichen wir unser Ziel nicht. Wir verschenken nur unsere Kraft.

Rahmen setzen/Verankern

Eine psychologisch sehr wirksame Massnahme ist es auch, den Gegner durch geeignete Darstellung der Wirklichkeit von Anfang an an einem bestimmten Punkt zu verankern. Eröffnungsgebot und weitere Information (oder auch gezielte Desinformation) setzen dann den Rahmen für das weitere Vorgehen des Gegners. Es geht darum, dem anderen die Botschaft zu vermitteln: *Dies ist möglich, jenes nicht,* selbst wenn dies gar nicht zutrifft. Hauptsache, es nützt uns! Ein praktisches und in Seminaren beliebtes Beispiel für dieses Vorgehen ist der Auftrag an zwei getrennte Gruppen, das Ergebnis einer einfachen Multiplikation zu schätzen. Die eine Gruppe erhält die Aufgabe, das Produkt $1 \times 2 \times 3 \times 4 \times 5 \times 6 \times 7 \times 8$ zu schätzen, die andere Gruppe dasselbe Produkt $8 \times 7 \times 6 \times 5 \times 4 \times 3 \times 2 \times 1$ – nur in umgekehrter Reihenfolge. Die zweite Gruppe präsentiert nach unserer bisherigen Erfahrung *immer* weit höhere Werte!

Keine Eröffnung

Das Gegenteil einer sehr weitgehenden Eröffnung ist gar keine Eröffnung. Ein nettes Gespräch, schweigen, warten, lächeln – alles ist erlaubt, was den anderen dazu bringt, die Verhandlung zu eröffnen. In Asien erfreut sich diese Taktik grosser Beliebtheit; sie bringt westliche Partner, die ihren Rückflug knapp terminiert haben, häufig unter Zugzwang. Was steckt hinter dieser zurückhaltenden Taktik? Wer den anderen zum ersten Schritt herausfordert, gibt doch die Initiative aus der Hand! Es scheint nur so. Im Gegenzug bekommt er nämlich wertvolle Informationen, die das eigene Vorgehen genau ins Ziel lenken können. Er nagelt den anderen ausserdem auf einen Punkt fest. Die eigene Antwort muss dann nur noch so gewählt werden, dass die Mitte zwischen beiden Positionen genau im eigenen Zielbereich liegt. Bei einigermassen geschicktem Vorgehen kann dieses Ziel erreicht werden, falls dieser Bereich auch für die andere Seite akzeptabel ist. Anderenfalls kann auch die beste Taktik nicht viel ausrichten – es sei denn, wir bringen den anderen dazu, seinen Reservationspreis zu ändern.

Erstes und letztes Wort

Aus einer klar überlegenen Position heraus lässt sich auch ein erstes und letztes Angebot machen – *take it or leave it,* friss oder stirb. Keine Diskussion. Eigentlich können wir auch nicht mehr von Verhandlung sprechen, wenn eine Seite auf ihrer Forderung besteht und nicht mit sich reden lässt. Es gibt dann zwei Möglichkeiten: entweder der andere nimmt an, oder er verzichtet unter solchen Bedingungen auf eine Einigung. Manchmal gibt es auch noch eine dritte Möglichkeit: die eigentliche Forderung wird doch zur Diskussion gestellt, wenn die knallharte Tour fehlgeschlagen ist. Glaubwürdigkeit und Verhandlungsposition sind dann aber dahin, was jeder halbwegs gute Gegner sofort ausnutzt. Einlenken zerstört hier alles. Ein riskantes Spiel, wenn die eigene Macht nicht zur Durchsetzung ausreicht oder ein Abschluss dringend gewünscht wird. Auch ein guter Bluff kann durchschaut werden. Diese Taktik wird daher leicht zur Sackgasse ohne Wendemöglichkeit.

Überzeugen oder Beeinflussen

Die meisten Verhandler versuchen mehr oder weniger offen, die andere Seite von ihrer Position zu überzeugen. Es gibt dafür eine ganze Palette von möglichen Tonlagen, von der sachlichen Argumentation des Finanzexperten bis zum Wortschwall des Vertreters an der Haustür. Welche besonderen Erfolg verspricht, hängt wiederum vom Kulturkreis ab, in dem man sich bewegt. Während in Nord- und Mitteleuropa meist der betont sachliche Ton angebracht ist, bevorzugen arabische oder indische Verhandlungspartner eine weit blumigere Sprache. Viele Inder sind im fein abgestuften Gebrauch der englischen Sprache ausgesprochen gewandt und beherrschen ausserdem die Kunst der Seelenmassage. Das nächste Kapitel wird sich mit diesen Themen eingehender befassen. Ein Wort der Vorsicht sei hier aber angemerkt, wenn es um die Anwendung psychologischer Tricks geht. Natürlich lassen sich Menschen zuweilen beeinflussen oder auch manipulieren. Wenn aber ein solches Manöver oder, ebenso schlimm, eine glatte Lüge herauskommt, dann geht der Schuss nach hinten los: aus einer peinlichen Situation kommt man am besten mit den Zugeständnissen heraus, die gerade vermieden werden sollten.

Salamitaktik

Wer wenig von seiner Position preisgeben und dennoch nicht völlig unbeweglich dastehen will, der greift meist auf die bewährte Salamitaktik zurück. Von Zeit zu Zeit, wenn es sich gar nicht mehr vermeiden lässt, werden dabei kleine Zugeständnisse gemacht, um die andere Seite für eine

Weile zu besänftigen. Der eigene Verlust ist dabei recht gering, und es wird viel Zeit für strategische Manöver gewonnen. Die japanische Handelspolitik ist ein Paradebeispiel für scheibchenweise Konzessionen, besonders wenn es um den Import landwirtschaftlicher Produkte geht. Dasselbe Vorgehen eignet sich aber auch für die allmähliche Durchsetzung eigener Ziele: anstatt die andere Seite frontal anzugreifen und gleich einen grossen Teil seiner Forderungen durchzusetzen, werden diese in kleine, kaum wahrnehmbare Scheiben zerteilt. Solche kleinen Zwischenziele lassen sich viel einfacher erreichen, doch irgendwann summieren sie sich auch zum Gesamtziel. In dieser Richtung ist die Salamitaktik so etwas wie eine langsame Unterwanderung des Gegners. Wir handeln zum Beispiel einen komplizierten Deal mit einem Computerhändler aus, bei dem wir für alle Einheiten (es geht um ein lokales Netz mit sechs Arbeitsplätzen) bereits den äussersten Rabatt herausgeschlagen haben – kein schlechtes Geschäft. Im letzten Moment verlangen wir von unserem schon etwas genervten Händler dann noch ein Softwarepaket als letzte Zugabe. Um den gesamten Auftrag nicht zu gefährden, legt der Händler die Software auch noch dazu – was er niemals getan hätte, wenn wir von vornherein über das Gesamtpaket verhandelt hätten.

Verhandlungsmuster beachten

Ein weiteres Hilfsmittel zur Steuerung der Verhandlung ist es, die eigenen Konzessionen und jene des Gegners mitzuschreiben und in eine Tabelle oder sogar eine kleine Grafik zu übertragen – etwa wie im Beispiel der Schadenersatz-Verhandlung aus diesem Kapitel. Jede Bewegung enthält Information, aber erst das Muster der Bewegungen lässt auf Strategie und Taktik der Gegenseite schliessen.

In Grafik 2.5 sind verschiedene Muster von Zugeständnissen eingezeichnet. Mit welchem dieser Verhandlungsgegner würden Sie am besten zurechtkommen? Der erste Verhandler ist eine harte Nuss, die erst geknackt werden will. Der zweite wendet die Salamitaktik an – auch damit kann man leben. Der dritte Verhandler hingegen ist ein Rätsel: seine Konzessionen werden immer grösser und fordern damit zu immer mehr heraus. Wohin will er uns führen, und warum? Nummer vier verhält sich dagegen viel voraussehbarer: seine abnehmenden Zugeständnisse sagen uns deutlich, wo Schluss ist. Der letzte Verhandler handelt offenbar völlig planlos,

2.5 Verschiedene Muster von Zugeständnissen

Verhandler	1	2	3	4	5
Zugeständnis 1	0	100	60	200	50
Zugeständnis 2	0	100	70	150	0
Zugeständnis 3	0	100	90	100	430
Zugeständnis 4	0	100	120	40	0
Zugeständnis 5	500	100	170	10	20
Summe	500	500	500	500	500

jedenfalls erkennen wir keine Absicht. Ganz ähnliche Überlegungen wird auch unser Gegenüber anstellen – wir können ihn daher durch eine ganz gezielte Abfolge unserer Schritte in eine für uns günstige Richtung lenken. Dieses wirksame Mittel der Kommunikationsanalyse sollte nicht ungenutzt bleiben.

Verhandlungsmacht

Ein wichtiges Element im Verteilungskampf ist die Machtverteilung. Um sie zu ermitteln, müssen wir aber erst einmal verstehen, wie Verhandlungsmacht zustande kommt. Sie entsteht zunächst aus der Situation heraus durch

- eine möglichst grosse Anzahl von **Alternativen**: wer nicht auf den Abschluss mit einem bestimmten Partner angewiesen ist, kann glaubwürdig mit dem Abbruch der Verhandlung drohen (und dann auch tatsächlich gehen!)

- **vorgeschobene Verpflichtungen** und Beschränkungen: wer über grössere Kompetenzen verfügt als er nach aussen vorgibt, gewinnt Bewegungsfreiheit und Spielraum

- **Glaubwürdigkeit** und Integrität: nur wer glaubhaft ist, kann eine Taktik so überzeugend anwenden, dass sie ihm zusätzliche Kontrolle über die Verhandlung verleiht. Zuviele Widersprüche zwischen Wort und Tat untergraben die eigene Glaubwürdigkeit

- Zugang zu **Informationen**: Wissen ist Macht – sei es nun die genaue Kenntnis der Gegenseite (Reservationspreis, gewählte Strategie, Anzahl und Qualität ihrer Alternativen) oder der Marktverhältnisse (gängiger Preis, Angebot und Nachfrage, Umsatz und Sättigung)

- **Definition der Wirklichkeit**: wer die Wahrnehmung oder Einstellung seines Gegenübers durch geschickte Darstellung zu beeinflussen vermag, kann die Verhandlung von vornherein in eine für ihn günstige Richtung lenken

Ausserdem besitzen die Teilnehmer einer Verhandlung natürlich persönliche Macht durch

- **Fachwissen** und Sachverstand: wer sein Gebiet kennt, kann in der Verhandlung die besseren Argumente vorbringen und die des Gegners parieren

- **Legitimität** und formelle Autorität: Amtsbefugnisse sind eine Tatsache, die von der anderen Seite weder geleugnet noch wegdiskutiert werden kann – allerdings nur im oft engen Bereich ihrer Zuständigkeit

- Recht zur **Belohnung oder Bestrafung**: ob formell oder nicht – wer andere für ihr Verhalten mit wirksamen Sanktionen zusetzen kann, hat Macht über sie

- **Ansehen** und Respekt: eine hohe gesellschaftliche Stellung gibt persönlichen Rückhalt und verstärkte Druckmöglichkeiten

Die langfristige Sicht

Wir haben in diesem Kapitel die wichtigsten Grundsätze der distributiven Verhandlungsführung vorgestellt. Es ging dabei um Verteilung, also darum, ein möglichst grosses Stück des Kuchens zu bekommen. In vielen Fällen wird die beschriebene Verhandlungstechnik sehr nützlich sein und bessere Ergebnisse erzielen. In anderen Fällen, und davon gibt es nicht wenige, ist von einer allzu harten Gangart bei der Verhandlung jedoch abzuraten – nicht einmal aus reiner Menschenfreundlichkeit, sondern aus wohlverstandenem Eigeninteresse. Insbesondere bei langfristigen Wirtschaftsbeziehungen lohnt es sich, auch die Interessen der anderen Seite zu berücksichtigen. Was bringt es uns, wenn wir heute gewinnen, dafür aber den Rest des Jahres verlieren? Eine langfristig ausgewogene Verteilung oder, noch besser, eine integrative Lösung, die beide Seiten zufriedenstellt, ist in diesen Fällen klar vorzuziehen. Warum sollten wir zwischen kurz- und langfristigen Gewinnen wählen, wenn wir beide haben können? Die folgenden Kapitel werden zeigen, wie dies in der Praxis zu erreichen ist. Doch zunächst soll dieser wichtige Punkt anhand eines Beispiels verdeutlicht werden.

Beispiel: Fernsehgeräte

Die Herstellung von Fernsehgeräten, einst der Stolz jedes Elektronikkonzerns, ist heute in wenigen Händen konzentriert. Die japanische Exportoffensive war über viele Jahre so erfolgreich, dass die USA heute keinen einzigen nennenswerten Hersteller von TV-Geräten mehr aufzuweisen haben. In Europa haben sich nur noch die Konzerne Philips (NL) und Thomson (F) gehalten. Auch diese Firmen kaufen jedoch bis zu 80 % der

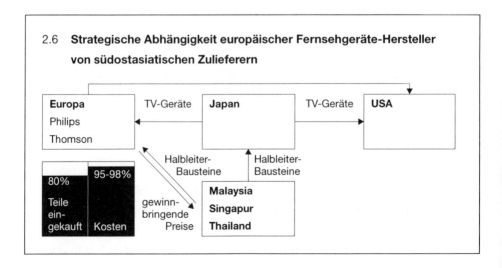

2.6 **Strategische Abhängigkeit europäischer Fernsehgeräte-Hersteller von südostasiatischen Zulieferern**

benötigten Bauteile und Komponenten ein, vor allem in Malaysia und Singapur. Die dortigen Halbleiter-Produzenten liefern ihre Teile auch nach Japan, wo Fernsehgeräte ebenfalls weitgehend aus importierten Teilen gefertigt werden.

Die europäischen Elektronikkonzerne haben gegenüber ihren südostasiatischen Zulieferern erhebliche Verhandlungsmacht, doch ein allzu aggressives Drücken der Preise würde sie früher oder später selbst treffen. Philips und Thomson haben nämlich ein erhebliches Interesse daran, dass ihre Zulieferer gewinnbringend arbeiten können. Ein Bankrott, ausgelöst etwa durch Kostendruck aus Europa, würde sie mit Sicherheit in die Arme der japanischen Konkurrenz treiben. Wenn die Japaner aber zugleich Zulieferer und Konkurrenten wären, sähe die strategische Lage für die europäischen Hersteller schlecht aus. Bei einer Gewinnmarge von nur 2–5% wäre bereits ein geringfügiger Anstieg der Kosten das Ende der europäischen Fernsehgeräte. Es wäre für die Japaner dann eine leichte Übung, die europäische Konkurrenz durch eine Preiserhöhung der Halbleiterbausteine endgültig aus dem Feld zu schlagen. Eine harte Preisverhandlung mit den Zulieferern wäre für Philips und Thomson ein taktischer Erfolg, aber ein strategischer Selbstmord.

Literatur zu diesem Kapitel

Clausewitz, Carl von: *Vom Kriege*. Reinbek/Hamburg: Rowohlt 1987.

Musashi, Miyamoto: *Das Buch der fünf Ringe* (Originaltitel: *Gorin no Sho*, 1645). Düsseldorf, Econ 1996.

Porter, Michael E.: *Wettbewerbsstrategie: Methoden zur Analyse von Branchen und Konkurrenten* (Originaltitel: *Competitive Strategy*). Frankfurt am Main, Campus 1995.

Sun Tze: *Die Kunst des Krieges*. (Originaltitel: *Sun-Tze Bing Fa*, ca. 490 v. Chr) Herausgegeben von James Clavell. München, Droemer 1988.

Walton, Richard E./McKersie, Robert B.: *A Behavioral Theory of Labor Negotiations*. New York, McGraw-Hill 1965.

3. Bedürfnisse und Motivation

Jede Verhandlung beginnt mit einem Wunsch. Zumindest einer der Beteiligten möchte etwas erreichen, was er noch nicht erreicht hat. Warum sollte
er sonst verhandeln wollen? Oft ist das Motiv ganz offensichtlich zu erkennen, etwa bei einem Kauf oder Verkauf. Auch dann gibt es aber bereits
Unterschiede: wie dringend möchte der andere kaufen oder verkaufen?
Hat er andere Alternativen? Die Aufteilung der Verhandlungsmacht hängt
entscheidend von den Antworten auf diese Fragen ab. Mehr Macht hat
immer die Seite, die über mehr Zeit und Auswahl verfügt. Das wissen wir
alle. Doch diese Macht ist bei weitem nicht der gesamte Einfluss, den Wünsche und Bedürfnisse der Beteiligten auf den Verlauf und Ausgang einer
Verhandlung ausüben können. Werden die Bedürfnisse der anderen Seite
richtig erkannt und berücksichtigt, dann ist ein Übergang vom reinen
Verteilungskampf zum gegenseitig vorteilhaften Tauschgeschäft möglich.
Die Verhandlung wird so von einem Thema (etwa dem Preis) auf mehrere
Themen (den anderen Wünschen) erweitert; sie bewegt sich vom Verhalten
her von der Konfrontation zur Kooperation. Damit ein solcher Tausch aber
funktioniert, müssen beide Seiten noch andere unerfüllte Wünsche besitzen – seien es nun echte oder eigens zu diesem Anlass geweckte. Die Frage
lautet also: ist der andere nur am Hauptgegenstand der Verhandlung interessiert oder hat er noch weitere Bedürfnisse?
Eine sorgfältige Vorbereitung, aufmerksame Beobachtung sowie geschickte Fragen vor und während der Verhandlung oder, noch besser, beim gemeinsamen Essen können dies sicher bald beantworten. Ein Mindestmass
an Menschenkenntnis und Einfühlungsvermögen ist für diese Aufgabe
natürlich erforderlich, ebenso wie ein wenig Phantasie. Die wichtigsten
Beweggründe haben nämlich oft keine sichtbare Verbindung mit der Verhandlung und müssen erst in den richtigen Zusammenhang gestellt wer-

3.1 Die Verhandlung im Spannungsfeld von Bedürfnissen, Themen und Positionen (Saner/Yiu 1984)

den. Das gleiche gilt für Werte, was ich und der Gegenüber als gut oder schlecht, ethisch oder unmoralisch, richtig oder falsch halten. Wenn wir die tatsächlichen Interessen, Bedürfnisse und Werte unseres Gegenübers aber schliesslich herausgefunden haben, stellt sich erst die allerwichtigste Frage: wie lassen sie sich für unsere Verhandlung nutzen? Möglichst auch noch zum Vorteil beider Seiten? Dieses Kapitel schlägt einige Antworten vor.

Was brauche ich?

Jeder Mensch hat Bedürfnisse – zunächst einmal nach lebensnotwendigen Dingen wie Luft, Wasser und Nahrung. Ohne sie kann er nicht überleben. Ebenso grundlegend ist sein Verlangen nach Ruhe, Kleidung sowie einem Dach über dem Kopf, und nicht zuletzt auch nach Sexualität. Erst wenn diese Grundbedürfnisse gedeckt sind, legte der Sozialpsychologe Maslow (1954) dar, wendet sich der Mensch anderen, weniger unmittelbaren Wünschen zu. In den Worten von McGregor (1960): *Der Mensch lebt allein für sein Brot, wenn es kein Brot gibt. Wenn er aber regelmässig und ausreichend zu essen hat, ist Hunger keine bedeutende Motivation mehr.* In dieser Sichtweise lässt sich eine Rangfolge von menschlichen Bedürfnissen aufstellen, die nach abnehmender Bedeutung für das schiere Überleben geordnet ist. Maslow teilte diese Bedürfnisse in fünf Klassen ein, die er in der zeichnerischen Darstellung zu einer Pyramide zusammenfügte.

3.2 Die Bedürfnispyramide (nach Maslow, 1954)

Die Bedürfnispyramide	Beispiele für die Erfüllung der Bedürfnisse durch umsichtige Verhandlungsführung
Selbstverwirklichung Das eigene Potential wird durch kreative Leistungen ausgeschöpft	Übertragung herausfordernder beruflicher Aufgaben, Verantwortung, Beteiligung an kreativer Lösungsfindung
Respekt, Status und Ansehen Berufliche Leistung, Anerkennung der erreichten Position; Prestige	Verleihung von Ehrentiteln, Ehrerbietung, Roter Teppich, Statussymbole (Wagen mit Chauffeur) zur Verfügung stellen
Soziale Bedürfnisse Einbindung in die Gesellschaft, Anerkennung als Mensch und Gruppenmitglied; Liebe	Beteiligung des Verhandlungspartners am gesellschaftlichen Leben; Einladungen, Empfänge; USA/GB: Übergang zum Vornamen
Schutz und Sicherheit Schutz vor Gefahr, willkürlichen Bedrohungen und Angst	Personenschutz, falls nötig gepanzertes Auto mit Leibwache, Unterbringung und Verhandlung an einem sicheren Ort
Grundbedürfnisse Lebenswichtige Dinge: Luft, Wasser, Nahrung, Unterkunft und Sex	Regelmässige und gute Verpflegung und Getränke, Klimaanlage in den Tropen/Sommer, (Geld-)Geschenke, Begleiter/innen für den Abend

Jede Stufe der Pyramide wird in diesem bekannten Modell erst erreicht, wenn die Bedürfnisse der niedrigeren Ebenen einigermassen befriedigt sind. Auf der anderen Seite verlieren die bereits erfüllten Wünsche ihre Wirkung auf das Verhalten des betreffenden Menschen. Nach diesem Konzept kommt es also entscheidend darauf an, auf welcher Stufe der Pyramide der Mensch sich gerade befindet.

Die zweite Stufe ist nach Maslow das Bedürfnis nach Schutz und Sicherheit. Der Mensch möchte auch morgen noch etwas zu essen haben und sich nicht bedroht fühlen. Es geht ihm darum, seine Angst vor einer unsicheren Zukunft zu verringern. Das heisst allerdings nicht, dass jeder Mensch ein völlig risikofreies Leben anstrebt. Jeder hat eine unterschiedliche Vorstellung davon, wieviel Risiko er eingehen möchte. Ist diese persönliche Risikogrenze einmal überschritten, dann wird Sicherheit zu einer bedeutenden Motivation. In die Begriffe des täglichen Lebens übertragen, geht es auf dieser Stufe um ein gesichertes Einkommen, die Sicherheit des eigenen Arbeitsplatzes oder eine faire Behandlung durch Vorgesetzte. Eine krasse Verletzung des Schutzbedürfnisses wäre etwa der Eindruck, einer willkürlichen Macht hilflos ausgeliefert zu sein. Insofern bezieht sich diese Stufe wieder auf die unterste Ebene der lebenswichtigen Bedürfnisse, nur ist die Bedrohung hier nicht mehr ganz so unmittelbar.

Ist das körperliche Wohlbefinden im Moment und auf absehbare Zeit gesichert, dann richten sich die Bedürfnisse in der Theorie von Maslow auf das soziale Umfeld. Jeder möchte mit anderen Menschen in Kontakt treten, Freundschaft und Liebe erfahren und von anderen akzeptiert werden. Gerade die Zugehörigkeit zu einer Gruppe ist ein wichtiges Ziel, das wir alle – bewusst oder unbewusst – verfolgen. Selbst der hartnäckigste Einzelgänger und Egoist möchte irgendwo dazugehören, und sei es nur in der Gruppe der hartnäckigen Egoisten und Einzelgänger. Die einzelnen Ausprägungen des Verlangens nach sozialer Bindung sind vielfältig und in bestimmten Kulturkreisen stärker als in anderen. In Japan etwa gilt der Einzelne nicht viel; erst in der Gruppe findet er seine Identität. Doch auch in Gesellschaften, die von der persönlichen Entfaltung des Einzelnen geprägt sind, wie etwa den USA, möchte niemand gerne auf Dauer allein sein. Nicht ohne Grund gilt längere Isolierungshaft überall als Folter.

Der nächste Schritt nach der Einbindung in die Gesellschaft – auf der vierten Stufe der Bedürfnispyramide – ist das Streben nach einer angesehenen

Rolle. Der Anerkennung als Mensch soll nun die Anerkennung der eigenen Leistungen und Fähigkeiten folgen. Respekt, Status, ein guter Ruf – die Ziele auf dieser Ebene haben viele Namen, doch eines haben sie alle gemeinsam: die Achtung durch andere erhöht die Selbstachtung. Sie ist die eigentliche Triebkraft hinter den vielfältigen Bemühungen um Ansehen. Wir fühlen uns besser, wenn wir Erfolg hatten und deshalb befördert werden, uns ein neues Auto oder eine grössere Wohnung leisten können. Geld und Macht spielen hier eine Rolle, denn sie verleihen Prestige. Natürlich legt nicht jeder Wert darauf, seinen Wohlstand oder die Bedeutung seiner beruflichen Position durch sichtbare Statussymbole zur Schau zu tragen. Selbst ein bescheidenes und von einer Schweizer Bank diskret verwaltetes Vermögen vermittelt dem Inhaber jedoch in jedem Fall eine gewisse Zufriedenheit und Selbstachtung, auch wenn es der Nachbar nicht sieht. Ein Werbeslogan der Juwelierbranche trifft den Nagel auf den Kopf: Zu wissen, es ist Platin.

Noch eine Stufe höher, ganz an der Spitze der Pyramide, finden wir ähnlich persönliche Motive, die sich jedoch nicht mehr auf die Gesellschaft, sondern ausschliesslich auf die eigene Person beziehen. Die Messlatte ist dort nicht mehr die Gruppe, sondern das eigene Potential. Auf dieser Stufe seiner Bedürfnisse strebt der Mensch nach Selbsterfüllung und Selbstverwirklichung. Er will alles erreichen, was er sich selbst zutraut, und vielleicht noch ein bisschen mehr. Er möchte persönlich wachsen, vielleicht sogar über sich oder sein Lebensende hinaus. Am schönsten wäre es daher, wenn er mit seinem Leben ein bleibendes Zeichen setzen könnte, eine Botschaft an die Nachwelt. Auch ein Denkmal wäre nicht schlecht, obwohl viele schon nach wenigen Jahren wieder gestürzt werden. Möglicherweise soll dieses Zeichen auch gar nicht sichtbar sein, ebensowenig wie der grosse Dienstwagen mit dem Stern im vorigen Beispiel. Das Publikum für diese letzte Selbstdarstellung kann sehr unterschiedlich sein – vom eigenen Ich bis zum allmächtigen Gott. Die Bedürfnisse dieser Stufe sind daher von Mensch zu Mensch sehr verschieden. Eins haben aber auch sie gemeinsam: sie entsprechen jeweils dem Lebensziel der betreffenden Person und sind daher äusserst wichtig zu nehmen.

Schlaflos in Kuala Lumpur

Wie lässt sich die Bedürfnispyramide von Maslow nun auf die Verhandlungsführung anwenden? Beginnen wir einmal ganz unten, vielleicht beim Bedürfnis nach Ruhe und Schlaf. Der Einkäufer eines mittelständischen Unternehmens der Elektronikbranche ist auf Geschäftsreise in Malaysia. Dort soll er einen neuen Liefervertrag für bestimmte Halbleiter aushandeln. Der Mann ist in Form und kommt erstaunlich frisch in Kuala Lumpur an. Dort herrscht gerade die unerträglich schwüle Monsun-Zeit. Er wird pünktlich am Flughafen abgeholt und ins Hotel gebracht. Leider wird die Klimaanlage gerade repariert, und das ansonsten recht ansprechende Zimmer gleicht einer Sauna. Unser Mann aus Düsseldorf, ohnehin schon vom Jetlag gebeutelt, macht die ganze Nacht kein Auge zu. Am nächsten Tag kann er sich nicht richtig auf die Verhandlung konzentrieren und gibt wichtige Informationen preis. Der Geschäftsführer der Lieferfirma fragt besorgt nach dem werten Befinden und ist von der ehrlichen Antwort regelrecht bestürzt. Er entschuldigt sich tausendmal und kümmert sich dann persönlich um ein neues Hotel – keine einfache Aufgabe gerade jetzt zur Messezeit. Welche Erleichterung, als er schliesslich noch ein Zimmer im Hilton auftreiben kann! Der Einkäufer ist so dankbar, dass er sich den Rest der Woche zu einer sehr freundlichen Haltung verpflichtet fühlt.

Schüsse in Bogotá

Sein Kollege vom Verkauf ist noch weniger zu beneiden: er soll der kolumbianischen Regierung eine Steuerungsanlage für die Trinkwasserversorgung der Hauptstadt anbieten. Die Lage in Bogotá ist etwas angespannt; eine seriöse Tageszeitung aus Zürich hat gerade von der Entführung eines französischen Managers berichtet. Das Hotel ist zwar sehr komfortabel, liegt aber offenbar ungünstig: in der Nacht sind mehrfach Schüsse und Polizeisirenen zu hören. Der Verkäufer ist kein Feigling, schliesslich ist er Offizier. Er stopft sich Watte in die Ohren und versucht zu schlafen. Doch die Verhandlungen ziehen sich über mehrere Tage dahin, und die nächtlichen Schiessereien hören nicht auf. Irgendwann fragt sich der glücklich verheiratete Ingenieur, ob er für dieses Geschäft wirklich sein Leben riskieren soll. Die Zentrale ist weit, und mit einem kräftigen Abschlag vom üblichen

Preis ist der Weg zum Flughafen am nächsten Tag frei. Auch für einen Leibwächter oder Polizeischutz wäre er zu ähnlichen Konzessionen bereit gewesen. Sein wichtigstes Anliegen war nicht mehr der Vertrag, sondern seine persönliche Sicherheit – der Verhandlungspartner hat das hier geschickt ausgenutzt. An solchen krassen Beispielen sehen wir deutlich, wie wichtig eine angemessene Umgebung für den Erfolg von Verhandlungen sein kann. Es muss dabei auch nicht immer um tropische Albträume oder bewaffnete Unruhen gehen – auch das durchhängende Hotelbett oder die tropfende Dusche in Frankfurt können einen schon zur Verzweiflung bringen.

Gutedel in Taschkent

Fast ebenso wichtig wie das körperliche Wohlbefinden kann das Bedürfnis nach sozialen Bindungen sein, besonders wenn man im Ausland verhandelt. Nach ein paar Wochen im winterlichen Taschkent, mit eiskaltem Klima, ungewohnten Essen sowie einer Sprache, die man nicht versteht, bewirkt eine Einladung zu vertrauter Kost, vielleicht sogar mit Gesprächspartnern der eigenen Nationalität oder wenigstens Sprache, bei manchen Menschen wahre Wunder. Beim Gespräch weicht die ständige Anspannung der ungewohnten Umgebung schnell, und spätestens beim Zürcher Geschnetzelten mit Rösti, einem Viertel badischen Gutedel oder dem gepflegten Pils ist eine erleichterte, vertrauliche Atmosphäre hergestellt. Das kann und wird auch in den meisten Fällen eine nette Geste des Gastgebers sein, der auf ein gutes Verhandlungsklima bedacht ist. Es kann aber, und auch das kommt vor, eine raffinierte Falle sein. Der Gast lässt alle Zurückhaltung fallen und vertraut sich dem Landsmann an, der jedoch in Wahrheit für den Verhandlungspartner arbeitet. Der Wunsch nach persönlichem Anschluss sollte aber unserer Ansicht nach nicht als Waffe gegen einen anderen gerichtet werden. Das nutzt die Gastfreundschaft in besonders hinterhältiger Weise aus. Jeder, der selbst häufig auf Reisen ist, wird nämlich die echte und aufrichtige Gastfreundschaft seiner Geschäftspartner zu schätzen wissen. Hereinlegen kann man jemanden ohnehin nur einmal – wer langfristige Beziehungen pflegt, sollte an so etwas nicht einmal denken. Im Gegenteil kann aber gerade die Befriedigung sozialer Bedürfnisse zu einem guten Verhandlungsklima beitragen. Das muss selbstverständlich nicht so weit gehen, dass man dem Gast abends eine(n) freundliche(n)

Begleiter(in) an die Seite gibt, obwohl gerade dieser Service in vielen bekannten Filmen über das *big business* und die Geheimdienstbranche immer
wieder verewigt wurde. Ein amerikanischer Partner wird es aber sicher
schätzen, wenn man ihn nach entsprechender Aufforderung mit dem Vornamen anredet und sich selbst (und seine Freunde) ebenfalls so vorstellt,
am besten in entspannter Atmosphäre. Das schafft wichtiges Vertrauen,
das nicht missbraucht werden sollte.

Karriere in Genf

Auch die obersten Ebenen der Bedürfnispyramide sind in vielen Fällen für
die Verhandlungsführung von Belang. Unser nächstes Gegenüber bei end-
losen Verhandlungen in Genf – vielleicht geht es diesmal um den Schutz
und Handel von geistigen Eigentumsrechten – ist eine junge Diplomatin
eines noch jüngeren Staates. Wir ahnen, dass der Ausgang dieser Verhandlung für sie wichtig ist. Beim Mittagessen auf der Dachterasse der *World
Trade Organization* WTO erfahren wir rein zufällig von einem befreundeten
Diplomaten, dass andere Staaten vergleichbarer Grösse und Geschichte
ihre erfolgreichen Genfer Unterhändler äusserst schnell befördert und an
die wichtigsten Botschaften entsandt haben. Wir können der jungen Kollegin nun einen grossen persönlichen Dienst erweisen, wenn wir sie zumindest dem Anschein nach zur strahlenden Siegerin machen. Passt uns ihre
Verhandlungsposition allerdings überhaupt nicht, dann unterstützen wir
ihre Wahl zur Sitzungspräsidentin – eine prestigereiche Aufgabe ohne
grosse Möglichkeit zur Verteidigung der eigenen nationalen Verhandlungs-
position. Auf diese Weise gewinnen beide Seiten. Eine ähnliche Rolle spielt
übrigens die Vorzugsbehandlung hoher Gäste in Politik und Wirtschaft –
wer ständig einen roten Teppich ausgerollt bekommt, möchte ja selbst
nicht kleinlich aussehen und ist daher zu Gegengeschenken bereit.

Lebensziel in Reykjavik

Eine ähnliche, aber noch weitergehende Bedeutung hat der Ausgang von
Gipfeltreffen für die beteiligten Staats- und Regierungschefs. Sie verlieren
ihr Gesicht, wenn sie mit leeren Händen nach Hause fahren müssen (was
leider häufig geschieht, wenn die diplomatischen Vorverhandlungen über

dem politischen Schauspiel zu kurz gekommen waren). Hier kann der Wunsch nach Selbstverwirklichung eine entscheidende Rolle spielen – denken wir nur an US-Präsident Ronald Reagan, der sich den Abbau der Atomwaffen-Arsenale zur persönlichen Aufgabe gemacht hatte (Kissinger 1994). In diesem Punkt scheiterte er zwar 1986 beim Gipfel von Reykjavik (und wurde dann zu einem der grössten Aufrüster der amerikanischen Geschichte), erlebte aber nach Ablauf seiner Amtszeit immerhin die Erfüllung eines anderen Lebenstraums: den Fall der Berliner Mauer 1989.

Die von Maslow erkannten und hierarchisch geordneten Bedürfnisse zeigen also offenbar eine starke Wirkung auf das menschliche Verhalten. Das gilt auch für Verhandlungen: wer die Bedürfnisse der anderen Seite kennt (und natürlich auch seine eigenen!), der hat einen gewichtigen Vorteil.

Vorsicht bei Manipulation!

Ein Wort der Vorsicht sei hier jedoch angemerkt. Die eben dargestellte Theorie von Maslow ist sehr einleuchtend und hat daher auch enormen Einfluss auf die sozialwissenschaftliche Forschung ausgeübt. Insbesondere die Betriebswirtschaftslehre hat seine Bedürfnispyramide zum Einsatz in der Personalführung regelrecht ausgeschlachtet und daraus eine Reihe von Rezepten abgeleitet. Spätere Arbeiten (wie etwa Müller 1985) haben jedoch zu Recht darauf hingewiesen, dass Maslow ein sehr mechanisches und passives Bild des Menschen zeichnet. Statt einer eigenen, viel komplexeren Identität zu folgen, reagiere der Mensch bei Maslow lediglich auf vorgegebene Bedürfnisse, die zudem nach einem sehr simplen Muster gestrickt seien. Es entstehe der Eindruck, Menschen seien durch die gezielte Befriedigung oder Verweigerung ihrer Bedürfnisse leicht zu manipulieren. Selbst wenn dies teilweise zutreffe, sei diese Art der Steuerung wohl kaum ein angemessenes Instrument der Führung.

Diese Kritik ist sicher angebracht. Wir sollten sie auch für das Gebiet der Verhandlungsführung ernst nehmen und Maslows Konzept der Bedürfnisse nicht als Werkzeugkasten zur Manipulation verstehen. Eine solche Sichtweise würde unsere Verhandlungspartner in die Rolle des Versuchskaninchens drängen, das mit Karotten oder Stromstössen zu einem bestimmten Verhalten bewegt werden soll. Allerdings sollten wir unbedingt erkennen, wenn die Gegenseite zu solchen Mitteln greift – nichts schwächt ihre Position so sehr, wie bei einem unfairen Trick durchschaut zu werden. Was uns selbst betrifft, sollten wir unser Wissen über die möglichen Beweggründe unseres Gegenübers eher dazu benutzen, ihm (oder ihr) auf den am meisten gewünschten Gebieten entgegenzukommen. Vielleicht können wir einen dringenden Wunsch ja ganz leicht und ohne viel Aufwand erfüllen und im Gegenzug das erhalten, was für uns wichtig ist. Damit wäre beiden Seiten gedient. Ein einfaches Beispiel ist die folgende Verhandlung um eine Gehaltserhöhung

Beispiel: Gehaltserhöhung

Der Produktmanager eines recht erfolgreichen Haarwaschmittels geht eines Morgens zu seinem Vorgesetzten und verlangt 20 Prozent Gehaltserhöhung. Der Abteilungsleiter ist zwar durchaus geneigt, seinem tüchtigen Mitarbeiter entgegenzukommen, aber 20 Prozent sind einfach zu viel. Wenn sich das herumspräche, stünden bald alle anderen Manager mit ähnlichen Forderungen vor der Tür. Was soll er also tun? Er könnte den Mann sicher auf zehn Prozent herunterhandeln. Das würde eine Stunde etwas unfreundlicher Unterhaltung kosten, aber der Mitarbeiter würde schliesslich zähneknirschend einwilligen. Das wäre eine denkbare Lösung. Doch es gäbe noch eine andere, viel bessere: wüsste der Abteilungsleiter die Gründe für die plötzliche Forderung, dann könnte er die Bedürfnisse seines Mitarbeiters mit anderen Extras viel eleganter abdecken. Ein freundliches Gespräch kann das sicher schnell klären. Sind es die hohen Ausbildungskosten der Kinder, die dem Manager im Genick sitzen? Dann könnte man ihm vielleicht zehn Prozent mehr Gehalt und einen Zuschuss für Versicherung, Transport oder Studiengebühren der Kinder anbieten. Oder ist es persönliches Geltungsbedürfnis? Dann wäre ein grosszügiges Spesenkonto oder ein flotter Dienstwagen sicher das geeignete Mittel. Möglicherweise geht es dem Mitarbeiter auch vor allem um sein Ansehen in der Firma. Dann wäre der aufsehenerregende Umzug in ein komfortableres Büro mit einer eigenen Sekretärin bestimmt die richtige Wahl. Und wer weiss – vielleicht besteht der Mitarbeiter dann gar nicht mehr auf einer Gehaltserhöhung. Das wäre billiger für das Unternehmen, und die motivierende Wirkung einer sichtbaren Aufwertung mag sogar noch grösser sein. Auf diese Weise wäre beiden Seiten gedient.

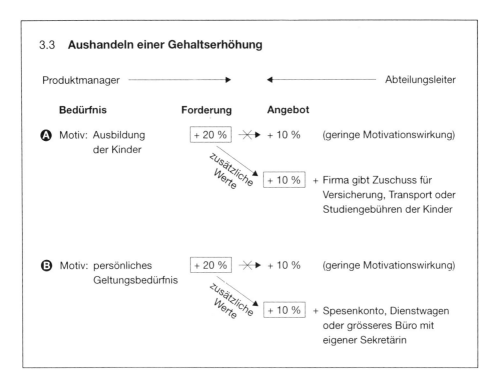

3.3 Aushandeln einer Gehaltserhöhung

Produktmanager ————————▶   ◀———————— Abteilungsleiter

Bedürfnis	Forderung	Angebot

A Motiv: Ausbildung der Kinder | + 20 % | ✕▶ + 10 %   (geringe Motivationswirkung)

zusätzliche Werte ▲ | + 10 % | + Firma gibt Zuschuss für Versicherung, Transport oder Studiengebühren der Kinder

B Motiv: persönliches Geltungsbedürfnis | + 20 % | ✕▶ + 10 %   (geringe Motivationswirkung)

zusätzliche Werte ▲ | + 10 % | + Spesenkonto, Dienstwagen oder grösseres Büro mit eigener Sekretärin

Was habe ich anzubieten?

Wir haben gesehen, wie das Verhalten am Verhandlungstisch von unterschiedlichen Bedürfnissen und Wünschen beeinflusst wird. Jeder Mensch hat dabei eine andere Kombination von Bedürfnissen (siehe Grafik 3.4). Sobald diese erkannt ist, kann die gegenseitige Erfüllung von Wünschen zu einem profitablen Tauschgeschäft werden. Respekt und Ansehen gegen Sicherheit, Grundbedürfnisse gegen soziale Einbindung, Selbstverwirklichung gegen einen vernünftigen Abschluss. Das entstehende Geben und Nehmen lässt die strittigen Punkte beim Verteilungskampf allmählich in den Hintergrund treten. Die Verhandlung kommt aus der Sackgasse der Verteilung heraus und entwickelt sich in eine für beide Seiten vorteilhafte Richtung. In den Begriffen dieses Buches: aus der distributiven Verhandlung wird eine integrative, mit der wir uns im nächsten Kapitel noch ausführlicher beschäftigen werden.

Ein Tauschgeschäft setzt aber nicht nur eine genaue Kenntnis der gegenseitigen Wünsche voraus, sondern auch die Fähigkeit, sie zu erfüllen. Dafür

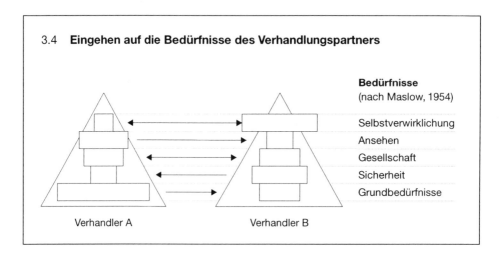

3.4 Eingehen auf die Bedürfnisse des Verhandlungspartners

Bedürfnisse
(nach Maslow, 1954)

Selbstverwirklichung

Ansehen

Gesellschaft

Sicherheit

Grundbedürfnisse

Verhandler A   Verhandler B

benötigen beide Seiten eine ausreichende Menge von Gegenständen oder Zugeständnissen, die für den anderen einen Wert besitzen. Bevor wir also tauschen können, müssen wir uns fragen: was habe ich anzubieten? Die Liste der möglichen Antworten ist unendlich und hängt vollkommen von den Bedürfnissen der Gegenseite ab. Im einfachsten Fall geht es um Vermögen oder Kaufkraft, aber die Tauschgegenstände können auch Einfluss, persönliche Beziehungen oder besondere Kenntnisse sein. Auch ein bestimmtes, von der anderen Seite geschätztes Verhalten kann diesen Zweck durchaus erfüllen – wir haben das bereits am Beispiel des stets ausgerollten (echten oder gedanklichen) roten Teppichs gesehen. Je besser unsere Informationen über die Bedürfnisse und Beweggründe der Gegenseite sind, desto genauer können wir uns darauf einstellen. Wir können dann die Dinge heraussuchen, die unser Ziel mit den geringsten Kosten erreichbar machen. Auch hier ist eine sorgfältige Planung das Geheimnis des Erfolges. Der folgende Abschnitt stellt ein einfaches, aber wirkungsvolles Hilfsmittel für diese Aufgabe vor.

Ein Planungsbogen

Noch mehr als in den anderen Phasen der Verhandlung lohnt es sich bei der Vorbereitung, wichtige Gedanken und Erkenntnisse aufzuschreiben. Auch wenn dieser Schritt die Lage nicht verändert, so trägt er doch zu

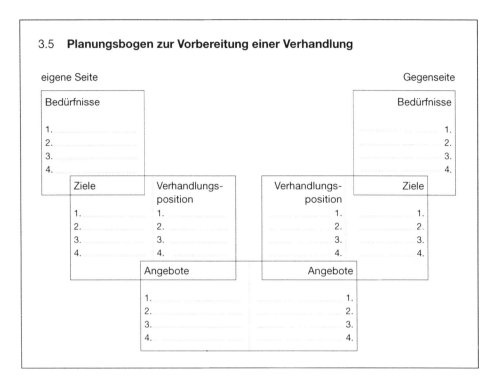

3.5 Planungsbogen zur Vorbereitung einer Verhandlung

eigene Seite

Gegenseite

Bedürfnisse

Bedürfnisse

1.
2.
3.
4.

1.
2.
3.
4.

Ziele

Verhandlungs-
position

Verhandlungs-
position

Ziele

1.
2.
3.
4.

1.
2.
3.
4.

1.
2.
3.
4.

1.
2.
3.
4.

Angebote

Angebote

1.
2.
3.
4.

1.
2.
3.
4.

einem klareren Verständnis bei. Als nützliches Hilfsmittel hat sich der folgende Planungsbogen zur Vorbereitung erwiesen. Auf diesem Formular, das sich leicht mit einem Fotokopierer vergrössern und dann ausfüllen lässt, werden die wichtigsten Bestimmungsgrössen beider Seiten zusammengetragen. Die Aufzählung beginnt bei den Bedürfnissen und Wünschen. Sie können in Anlehnung an die hier vorgestellte Bedürfnispyramide geordnet und bezeichnet werden – zum Beispiel Schutz, Prestige oder Selbsterfüllung. Aus diesen Bedürfnissen, wenn sie einmal richtig erkannt sind, lassen sich unschwer genauere Ziele ableiten. Diese könnten, entsprechend den oben genannten Bedürfnissen, etwa lauten: Sicherheitsgarantie, mehr Statussymbole oder eine berufliche Herausforderung. Diese Ziele werden dann zu präzisen Verhandlungspositionen ausformuliert, etwa: zwei Leibwächter und ein gepanzertes Auto, alle geschäftlichen Flugreisen in der Business oder First Class, oder die Leitung eines bestimmten Projekts. Und schliesslich, weil man nicht immer alles bekommen kann ohne selber etwas zu geben, zählt der Planungsbogen noch die Dinge auf, die wir der anderen Seite im Gegenzug anbieten können. Damit die Erfüllung unserer Wünsche möglichst wenig kostet, werden unsere Zugeständnisse nach Aufwand geordnet – zuerst kommen die einfachsten und für uns billigsten, dann erst die etwas teureren.

Zwei besonders nützliche Eigenschaften des Planungsbogens seien hier besonders hervorgehoben. In der Grafik ist zunächst einmal der Bereich markiert, der offen auf dem Verhandlungstisch liegt. Er besteht aus den Positionen und möglichen Angeboten beider Seiten, die im unverbindlichen Gespräch ausgebreitet werden. Ist die Vorbereitung erfolgreich abgeschlossen, dann brauchen wir uns nur noch auf diesen kleinen Bereich zu konzentrieren und können alles andere in den Hintergrund schieben. Das erleichtert unsere Aufgabe während der Verhandlung. Der Planungsbogen hilft uns ausserdem dabei, die Absichten der anderen Verhandlungspartei zu ermitteln. Unsere eigenen Bedürfnisse und Ziele, die zu unserer Position geführt haben, kennen wir genau. Die der anderen Seite kennen wir zwar nicht, doch wir können – wenn wir uns im Planungsbogen nach rechts oben bewegen – zunächst die Ziele des Gegenübers aus seinen Positionen erschliessen und sie aufschreiben. Anhand des in diesem Kapitel vorgestellten Bedürfniskonzepts können wir anschliessend die tieferen Wünsche und Beweggründe des anderen eingrenzen und ebenfalls eintragen. So kommt ein Mosaikstein zum anderen, und es entsteht nach und nach ein immer vollständigeres Bild der gesamten Situation. Kennen – oder ahnen – wir aber die eigentliche Motivation des Gegenübers, dann wissen wir auch, womit wir ihn zu einer Einigung anreizen können. Schliesslich sind wir darauf angewiesen, dass unser Angebot den anderen zu einem günstigen Abschluss bewegt. Wie der Planungsbogen in der Praxis als Hilfsmittel eingesetzt werden kann, zeigt das folgende Beispiel einer Anwaltskanzlei.

Beispiel: Die Kanzlei

Die Herren Dupont und Blanc sind Partner und Eigentümer einer kleinen, aber einflussreichen Anwaltskanzlei in einer grösseren französischen Stadt. Monsieur Dupont ist der Gründer und Seniorpartner der Kanzlei, die zur Zeit einen Jahresgewinn von etwa einer Million Französischer Francs (FF) erwirtschaftet. Deshalb erhält er auch einen vertraglich festgelegten Anteil von 80 Prozent des Gewinns. Die übrigen 20 Prozent bekommt Monsieur Blanc, ein junger, engagierter Rechtsanwalt, der erst vor drei Jahren in die Kanzlei eingetreten ist. Die beiden Juristen sind erfolgreich und ihre Kanzlei gut etabliert, aber eine Reihe frisch zugelassener Anwälte unternimmt neuerdings Angriffe auf ihren Marktanteil. Die Zusammenarbeit zwischen den Herren Blanc und Dupont war nicht immer einfach. Monsieur Dupont wurde kurz nach dem Krieg ausgebildet, und seine Einstellung dem Beruf und seinem Partner gegenüber ist von konservativen Werten und einem autoritären Führungsstil geprägt. Ausser ihren persönlichen Eigenheiten haben die beiden Partner zuweilen heftige Auseinandersetzungen über die richtige Auslegung von Gesetzestexten. Die Partnerschaft war zustandegekommen, nachdem der junge Herr Blanc, der aus einer neureichen, aber politisch einflussreichen Familie stammt, Monsieur Dupont eine Minderheitsbeteiligung in bar angeboten hatte. Dieser konnte eine Finanzspritze gerade gut gebrauchen und nahm an. Blanc hatte sich die Kanzlei Dupont ausgesucht, weil sie gut etabliert war und über ausgezeichnete Beziehungen zur französischen Regierung verfügte. Herr Dupont Senior hatte eine wichtige Rolle im Widerstand gespielt, und daran erinnerte man sich in Paris noch lange. Blanc rechnete sich durch diese politischen Kontakte bessere Chancen für seine zukünftige Karriere als Rechtsanwalt aus.

Jetzt kommen wir zum eigentlichen Problem. Beide Anwälte arbeiten gerade für wichtige Mandanten und sind unter starkem Zeitdruck. Der Erfolg beider Verfahren wird darüber entscheiden, ob die Kanzlei von diesen Mandanten weitere Aufträge erhält oder sie als Kunden verliert. Monsieur Dupont wurde von hohen Regierungsstellen beauftragt, Frankreichs gesetzliche Regelungen auf dem Gebiet der Telekommunikation zu überprüfen sowie Vorschläge für eine Reform zu unterbreiten. Eine Anhörung ist bereits in vier Wochen terminiert, und bis dahin wäre ein grosser Teil dieser Arbeit zu erledigen. Der Auftrag würde voraussichtlich Honorareinnahmen von etwa 100'000 FF einbringen. Blanc hat eine ähnliche Frist zu wahren, doch sein Mandant ist ein multinational tätiger Konzern, der vom Bauministerium wegen schleppender Ausführung eines Bauprojekts auf Schadenersatz verklagt wurde. Der Baukonzern hat ein Honorar von 200'000 FF sowie im Erfolgsfall die Übertragung weiterer bereits anhängiger Verfahren zugesagt. Beide Aufträge sind für die Kanzlei äusserst wichtig, doch in der zur Verfügung stehenden Arbeitszeit sind unmöglich beide erfolgreich abzuschliessen. Jetzt stellt sich die Frage, auf welches Projekt sich die Anwälte einigen werden.

Beide Rechtsanwälte haben gute Gründe vorzubringen, warum gerade ihr Fall der wichtigere ist. Blanc, dessen Auftrag ohnehin mehr Geld einbringen würde, möchte gerne mit multinationalen Konzernen ins Geschäft kommen – was auch seiner Familie nützen würde. Diese könnte dafür ihre Beziehungen in der Regierungspartei spielen lassen, um Monsieur Dupont dem als Krönung seiner Laufbahn angestrebten Ministeramt näherzubringen. Auch ein anderer Tauschhandel mit Dupont wäre denkbar, denn dieser kennt das halbe Direktorium der staatlichen Fernsehanstalt. Mit ein paar Telefonaten könnte er Blanc problemlos zu einer bekannten Talkshow einladen lassen, was Blanc selbst bisher nicht gelungen war. Eine solche Einladung sowie ein erfolgreicher Abschluss des Baukonzern-Falls könnte Blanc zudem den Ausstieg aus der gemeinsamen Kanzlei erleichtern, über den er wegen des autoritären Stils seines Partners und der ungleichen Gewinnausschüttung bereits seit einiger Zeit nachdenkt. Dupont hat hingegen ganz andere Vorstellungen. Er will den Regierungsauftrag schon deshalb zu einem brillianten Abschluss bringen, weil ihn das für einen Posten im nächsten Kabinett empfehlen könnte. Auf der anderen Seite würde er dafür ungern auf die wertvolle Unterstützung der politisch einflussreichen Familie Blanc verzichten. Ebenso nützlich wären Blancs neue Kontakte zu multinationalen Unternehmen, besonders auf dem Gebiet der Telekommunikation. Es wäre also stark in seinem Interesse, trotz aller Differenzen mit dem Juniorpartner zu einer einvernehmlichen Lösung zu gelangen. Dafür würde er auch seine Beziehungen zum Fernsehen bemühen, seinen persönlichen Arbeitsstil anpassen und über eine ausgewogenere Gewinnverteilung sprechen. Sollte ihn der Ruf aus Paris tatsächlich ereilen, dann wäre eine Trennung von seinem Juniorpartner für ihn keine Belastung – vorausgesetzt, dessen Familie würde nicht aus Rache versuchen, seine politische Karriere zu behindern.

Sehen wir uns diese Informationen doch einmal in dem oben dargestellten Planungsbogen an. Wir sehen die möglichen Verhandlungsgegenstände auf einen Blick und können den Verlauf der Verhandlung bereits recht gut abschätzen. Es sind eine Reihe von Tauschgeschäften denkbar; ob sie zu einer gegenseitig vorteilhaften Einigung führen, hängt vom Geschick der

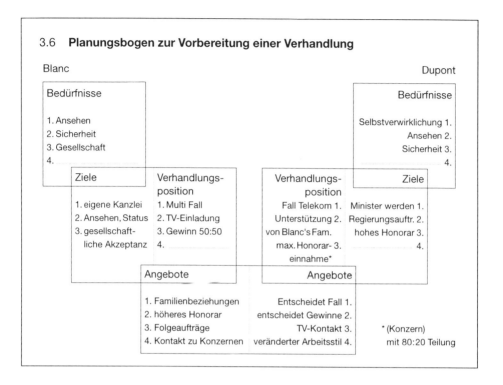

3.6 Planungsbogen zur Vorbereitung einer Verhandlung

Blanc

Dupont

Bedürfnisse

1. Ansehen
2. Sicherheit
3. Gesellschaft
4.

Bedürfnisse

Selbstverwirklichung 1.
Ansehen 2.
Sicherheit 3.
4.

Ziele

1. eigene Kanzlei
2. Ansehen, Status
3. gesellschaft-
   liche Akzeptanz

Verhandlungs-position

1. Multi Fall
2. TV-Einladung
3. Gewinn 50:50
4.

Verhandlungs-position

Fall Telekom 1.
Unterstützung 2.
von Blanc's Fam.
max. Honorar- 3.
einnahme*

Ziele

Minister werden 1.
Regierungsauftr. 2.
hohes Honorar 3.
4.

Angebote

1. Familienbeziehungen
2. höheres Honorar
3. Folgeaufträge
4. Kontakt zu Konzernen

Angebote

Entscheidet Fall 1.
entscheidet Gewinne 2.
TV-Kontakt 3.
veränderter Arbeitsstil 4.

* (Konzern)
mit 80:20 Teilung

beiden Anwälte ab. Natürlich müssen sie trotz allem eins der beiden Mandate abgeben – das ist die distributive Seite. Aber jeder von ihnen könnte den anderen mit einer Vielzahl von Angeboten von einem Verzicht auf seinen Fall überzeugen. Dupont könnte vielleicht Minister werden und Blanc ein fernsehbekannter Staranwalt. Auf der anderen Seite könnten sie sich aber auch streiten und die Partnerschaft auflösen. Alles dazwischen ist Verhandlungssache. Letztlich wird aber der Verlauf dieser Verhandlung – und sicher auch ihr Ausgang – stark davon abhängen, welche Motivation den mächtigeren Senior-Partner Dupont antreibt. Dominiert sein Drang nach Selbstverwirklichung, dann wird er wahrscheinlich auf seinem Fall beharren – der Regierungsauftrag erhöht schliesslich seine Chance auf das begehrte Ministeramt. Überwiegt allerdings sein Bedürfnis nach Sicherheit, dann überlässt er Junior-Partner Blanc eher den lukrativen Fall des Konzerns und besteht dafür weiterhin auf einer Gewinnverteilung von 80:20. Man weiss ja nie, wie lange man Minister ist – einige Regierungen bleiben nur wenige Monate im Amt.

Literatur zu diesem Kapitel

Maslow, A. H.: *Motivation and Personality*, New York 1954.

McGregor, Douglas: *The Human Side of Enterprise*. New York, 1960.

Müller, Werner R.: Humanisierung der Arbeit. In: *Die Unternehmung*, 1/1985, S. 48–63.

4. Integrative Verhandlung

Gleich zu Beginn dieses Buches haben wir die nahezu unüberschaubare Vielfalt der Verhandlungen in zwei grundlegende Kategorien eingeteilt: die distributive und die integrative. Die distributive Verhandlung haben wir in Kapitel 2 vorgestellt. Sie ist die bekannteste Art der Verhandlung und daher auch jedem einigermassen geläufig. Natürlich lässt sich auch bei ihr die Erfolgsquote mit guter Vorbereitung und einer besseren Technik erheblich steigern. Das haben wir versucht. Läge darin aber das gesamte Geheimnis der Verhandlungsführung, dann wäre dieses Buch eines über die Technik des Feilschens und auch schon bald zu Ende. Dem ist aber nicht so. Auch wenn die eine oder andere Form der Verteilung und des Feilschens zu jeder Konfliktlösung gehört, liegt die wahre Kunst doch eher darin, alle Beteiligten gleichermassen zufriedenzustellen. Dieses Kapitel führt das in Kapitel 3 eingeführte Konzept der unterschiedlichen Bedürfnisse und Wünsche fort und entwickelt daraus die Grundlagen der integrativen Verhandlung.

Keine Verlierer

Eine wirklich erfolgreiche Verhandlung hat keine Verlierer. Dieser recht anspruchsvolle Grundsatz wird uns durch das gesamte Buch begleiten, und vielleicht sollte er es auch im richtigen Leben. Denken wir doch einmal an unsere unangenehmsten Erfahrungen mit Verhandlungen. Vermutlich sind es jene, bei denen wir hinterher das mehr oder weniger bestimmte Gefühl hatten, dass man uns über den Tisch gezogen hat. Der eine oder andere Kollege hat diesen Eindruck sicher auch gerne mit einem mitleidigen Lächeln bestätigt. Oder wir haben es vorsichtshalber niemandem erzählt, um dem sicheren Spott zu entgehen. Die Tatsache, dass wir uns noch heute daran erinnern, obwohl es damals nur um Kleinigkeiten ging, spricht Bände. Niemand verliert gerne. Erst recht dann nicht, wenn er den Gewinner nicht als überlegen anerkennen kann oder will. Es grenzt schon an Demütigung, wenn irgendein kleiner Händler oder auch der Sachbearbeiter bei einer Behörde am Ende das Spiel gewinnt. Umso schlimmer, wenn sich eine Entscheidung im Duell – er oder ich! – dann auch noch hätte vermeiden lassen. Aber selbst wenn wir ständig gewinnen, weil wir über Macht oder Überzeugungskraft verfügen, ist das Duell eine riskante Strategie. Dann ist die Lage lediglich umgekehrt, und es verlieren immer die anderen. Auch sie verlieren aber nicht gerne und gehen uns daher in Zukunft aus dem Weg. Auf Dauer zahlt sich die Konfrontation deshalb nicht aus, selbst wenn sie kurzfristig siegreich ausgeht. Viel besser für beide Seiten wäre es, wenn sie sich auf etwas einigen könnten, das beide zu Siegern macht. Doch wie geht das?

Geben und Nehmen

Die wichtigste Bedingung für eine integrative Lösung ist das Vorhandensein mehrerer Verhandlungsgegenstände. Wenn wir beim Autokauf nur über den Preis reden, dann können natürlich nicht beide Seiten gewinnen. Es müssen schon noch andere Dinge im Spiel sein, die gegen Zugeständnisse beim Preis oder auch gegeneinander eingetauscht werden können. Diese anderen Gegenstände liegen meist nicht von selbst und auch nicht von Anfang an auf dem Tisch, sondern müssen erst geschaffen oder ins Spiel gebracht werden. Dazu bedarf es einer wichtigen Zutat, die häufig vernachlässigt wird: Kreativität. Auch wenn beide Seiten daran interessiert wären, den Schwerpunkt ihrer Verhandlung von einem schwierigen Thema auf mehrere einfache zu verlagern, müssten sie diese einfachen Themen erst einmal finden.

Der Händler, bei dem wir unser Auto kaufen wollen, will uns offenbar nicht mehr als den üblichen Rabatt einräumen. Das Gespräch gerät ein wenig ins Stocken. Allerdings, so räumt er nach einer langen Pause ein, könnte er einen Satz Winterreifen hinzugeben oder stattdessen freiwillig mehr als die gesetzliche Garantie übernehmen. Beides kostet ihn weniger als uns, das wissen wir. Dennoch haben sowohl die Reifen als auch die Garantie für uns einen ansehnlichen Wert. Im Gegenzug bieten wir Barzah-

4.1 Von der distributiven zur integrativen Verhandlung

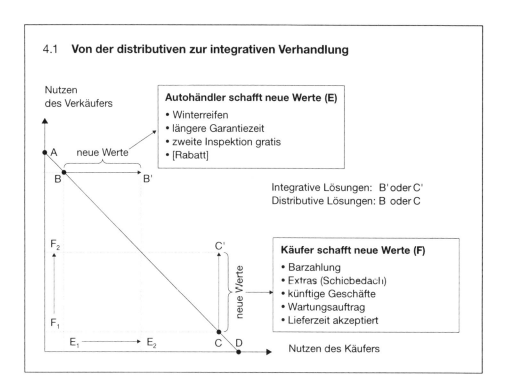

Autohändler schafft neue Werte (E)
• Winterreifen
• längere Garantiezeit
• zweite Inspektion gratis
• [Rabatt]

Integrative Lösungen: B' oder C'
Distributive Lösungen: B oder C

Käufer schafft neue Werte (F)
• Barzahlung
• Extras (Schiebedach)
• künftige Geschäfte
• Wartungsauftrag
• Lieferzeit akzeptiert

lung an und fragen nach dem Preis zusätzlicher Extras – etwa dem Schiebedach, das wir ohnehin bestellen wollten. Auch ein Hinweis auf künftige Geschäftsbeziehungen erfreut den Händler sichtlich, besonders weil wir geschäftlich häufiger ein neues Auto brauchen. Bei so viel Entgegenkommen fällt ihm dann sogar ein, dass auch die zweite Inspektion noch gratis wäre, wenn der geschätzte Kunde sich zu einem Wartungsvertrag entschliessen könnte. Wir zeigen uns grundsätzlich interessiert und haben – gegen einen kleinen Abschlag vom Kaufpreis – auch Verständnis für die langen Lieferzeiten des neuen, von uns gewünschten Modells. Nach einer halben Stunde freundlicher Unterhaltung im angenehm klimatisierten Büro des Autohauses liegen genug Angebote auf dem Tisch, um ein für beide Seiten akzeptables Paket zu schnüren. Das Ziel ist nun klar, und es scheint auch in durchaus greifbare Nähe gerückt zu sein. Der nächste Schritt erfordert wieder ein paar technische Fähigkeiten: damit das Paket nachher für beide stimmt, müssen wir jetzt herausfinden, welche Kombinationen der eben aufgezählten Zugeständnisse optimal sind. Diese Phase ist der Kern jeder integrativen Verhandlung; hier verlassen die Parteien den schmalen Pfad der Verteilungslinie und schaffen durch gegenseitiges Geben und Nehmen neue Werte.

Tauschgewinne

Doch woher kommen diese Werte? Entstehen sie wirklich nur durch die Wahl der richtigen Verhandlungsstrategie? Ja und Nein. Es ist zwar nicht die Verhandlung selbst, sondern erst ihr erfolgreicher Abschluss, der einen zusätzlichen Gewinn ermöglicht. Allerdings ist die integrative Verhandlung weit besser geeignet, zu einer solchen Vereinbarung zu kommen. Sie fragt nämlich danach, wer welches Gut am meisten schätzt. Jeder Mensch hat eine unterschiedliche Vorstellung davon, was ihm eine bestimmte Ware oder Dienstleistung wert ist. Seine Anfangsausstattung ist vorgegeben, und entsprechend seiner persönlichen Einschätzung hat sie einen bestimmten Wert. Diesen Wert kann er erhöhen, wenn er weniger geschätzte Dinge gegen solche eintauscht, die ihm mehr bedeuten. Sein Tauschpartner bewertet die getauschten Güter dabei vielleicht genau umgekehrt, in jedem Fall aber ganz anders. Hätten beide dieselbe Bewertung, dann würden sie nicht freiwillig tauschen. Nach erfolgtem Tauschgeschäft hat sich für beide der Wert des eigenen Besitzes erhöht; es sind also neue Werte geschaffen worden.

Diese neuen Werte bestehen aus dem Zugewinn an Nutzen, den der neue Besitzer des getauschten Gutes durch den Tausch erfährt. Was in der Theorie ungewohnt erscheinen mag, ist uns in der Praxis völlig selbstverständlich. Es ist zum Beispiel anzunehmen, dass der Erwerber einer Versicherungspolice die hinzugewonnene Sicherheit mehr schätzt als die Prämie, die er dafür bezahlen muss. Die Versicherungsgesellschaft kann einzelne Risiken jedoch zusammenfassen und weitgehend ausgleichen, so dass der Verkauf der Police auch für sie gewinnbringend ist. Noch deutlicher treten diese gegensätzlichen Bedürfnisse an der Börse zutage. Käufer und Verkäufer haben dort ganz unterschiedliche Absichten oder eine unterschiedliche Einstellung gegenüber dem Risiko. Auch die Zusammensetzung ihres Anlageportfolios wird meist unterschiedlich sein und entsprechend unterschiedliche Anforderungen stellen. Der Handel mit Wertpapieren, insbesondere mit stark risikobehafteten Finanzderivaten, ist daher für alle

4.2 Tauschgewinne vergrössern den zu verteilenden Kuchen

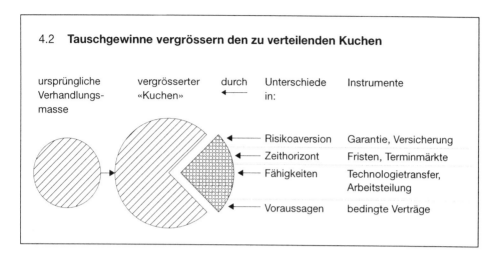

ursprüngliche Verhandlungsmasse	vergrösserter «Kuchen»	durch ←	Unterschiede in:	Instrumente
			Risikoaversion	Garantie, Versicherung
			Zeithorizont	Fristen, Terminmärkte
			Fähigkeiten	Technologietransfer, Arbeitsteilung
			Voraussagen	bedingte Verträge

rationalen Teilnehmer vorteilhaft. Es ist nach derselben Logik auch nicht erstaunlich, wenn schlecht informierte Hobbyspekulanten an diesen Märkten verlieren. Sie überschätzen leicht ihre Risikobereitschaft und handeln daher gegen ihre eigentlichen Bedürfnisse. Ausserdem besitzt der Kleinanleger in der Regel kein ausgewogenes Portefeuille, das die neu übernommenen Risiken ausgleichen könnte. Unter diesen Voraussetzungen werden aber gar keine neuen Werte geschaffen, die verteilt werden könnten. Die Integration wird wieder zur Distribution: die informierte Gegenpartei verdient an dem Geschäft, was der Amateur verliert.

Ein gutes Beispiel für ein gewinnbringendes Tauschgeschäft ist der Kredit, den ein Unternehmer von seiner Hausbank eingeräumt bekommt. Beide Seiten verfolgen dabei durchaus unterschiedliche Ziele: der Unternehmer möchte ein neues Zweigwerk bauen und braucht dafür eine grössere Tranche Fremdkapital, während die Bank die vielen kleinen Einlagen ihrer Kunden langfristig rentabel anlegen möchte. Werden beide Ziele miteinander verknüpft, dann schafft dies neue Werte, die beiden Seiten zugute kommen. Die Bank übernimmt dabei vor allem die Rolle des Intermediärs, des Vermittlers, der viele einzelne Verhandlungen und Verträge ersetzt sowie das Risiko ihrer Erfüllung verringert.

Risiko und Zeit sind jedoch nicht die einzigen Unterschiede, die zwei Verhandlungspartner an einen Tisch bringen können. Unterschiedliche Fähigkeiten bestimmen unser tägliches Leben noch viel unmittelbarer – warum hätte ich sonst einen anderen Beruf gewählt als mein Nachbar? Warum sitzt der Pilot der Linienmaschine, die mich von Hongkong zurück in die Schweiz bringt, nicht auf meinem Platz und ich auf seinem? Ganz einfach: weil die bestehende Arbeitsteilung für mich und die anderen 380 Passagiere zweifellos besser ist. Doch kehren wir an dieser Stelle zurück zur Verhandlungsführung und betrachten noch einmal ganz komprimiert den Unterschied zwischen distributiven und integrativen Zielen.

Der Unterschied

Wer eine **distributive Verhandlung** führt, strebt ausschliesslich den grössten eigenen Nutzen an; er verursacht gleichzeitig die grössten Kosten des Gegners. Es gibt nur einen Verhandlungsgegenstand, der zwischen beiden Seiten aufgeteilt werden soll. Weil keine neuen Werte geschaffen werden und sich Kosten und Nutzen immer zu Null summieren, heisst diese Art der Verhandlung auch Nullsummenspiel. Die einzige Alternative ist der Abbruch der Verhandlung.

Die **integrative Verhandlung** erweitert diesen Spielraum, indem sie mehrere Themen gleichzeitig behandelt und damit Tauschgewinne ermöglicht. Das Ziel beider Seiten ist der grösste Gewinn beim zugleich geringsten Verlust der anderen Seite. Zu diesem Zweck werden Zugeständnisse gegeneinander eingetauscht; dabei entstehen neue Werte. Die beste Lösung ist anschliessend aus einer Vielzahl von Alternativen auszuwählen.

Die folgende Beispiele sollen einen Eindruck davon vermitteln, wie Tauschgewinne den Übergang zwischen diesen beiden Arten der Verhandlung ermöglichen.

Beispiel: Umweltschutz

Ökonomie und Ökologie – ein Gegensatz? Keineswegs. Der Konflikt zwischen Industrie und Umweltschutz lässt sich lösen, wenn der Staat die richtigen Anreize setzt, wenn er die wirtschaftlichen Belange berücksichtigt, statt blind mit Verboten um sich zu schlagen. An diesen Grundsatz der modernen Umweltpolitik möchte sich der Leiter eines regionalen Wasserwirtschaftsamtes mitten in Europa auch gerne halten. Ins Visier seiner Behörde hat der engagierte Umweltschützer diesmal eine Papiermühle genommen, die mit ihren Abwässern einen schönen und ökologisch wertvollen See verseucht. Das neue Umweltrecht gibt ihm zwar die Möglichkeit, die Papierfabrik einfach zu schliessen, doch damit wäre letztlich niemandem gedient. Die Region gilt als strukturschwach; die am See liegende Kleinstadt ist auf die 450 Arbeitsplätze der Papiermühle angewiesen. Ein so drastisches Vorgehen der Wasserbehörde könnte ausserdem den Zorn der Bevölkerung auf sich ziehen, was der Behörde und damit dem zuständigen Umweltministerium das Leben schwer machen würde. Auf der anderen Seite muss die Einleitung von Schadstoffen in den See aufhören – ohne wenn und aber. Die Behörde braucht wieder einmal einen Erfolg, um nach einer Schlappe beim Bau einer Abfalldeponie den Rückhalt der verschiedenen Umweltschutz-Gruppen und Verbände wiederzugewinnen. Wie lassen sich alle diese Ziele nun unter einen Hut bringen? Der Amtsleiter hat seine Hausaufgaben gemacht und eine Verfügung vorbereiten lassen, nach der die Fabrik einstweilig geschlossen werden könnte. Auch die nötigen Schriftsätze zur Einleitung eines Stillegungsverfahrens liegen auf seinem Schreibtisch. Der Eigentümerin der Papierfabrik hat er beide Möglichkeiten bereits in einem höflichen, aber bestimmten Schreiben angedeutet. Aus einem kurzen Telefonat weiss er, dass die Fabrik ebensowenig an einem spektakulären und ungewissen Kräftemessen vor Gericht interessiert ist wie er. Deshalb haben sich beide darauf geeinigt, ihre Positionen zunächst in einer informellen Verhandlung auf den Tisch zu legen und dann gemeinsam nach einer ökologisch wie ökonomisch tragbaren Lösung zu suchen. Die Vielfalt der denkbaren Alternativen lässt genug Spielraum für eine integrative Verhandlung. Für die Reinigung der Fabrikabwässer stehen zwei verschiedene Technologien mit unterschiedlichem Wirkungsgrad zur Verfügung. Die Behörde könnte der Papierfabrik mit einer Subvention der besseren (aber auch teureren) Anlage entgegenkommen. Zur pressewirksamen Durchsetzung ihrer Forderung könnte die Behörde die als Umweltsünder erkannte Fabrik bis zum Einbau eines Filters stillegen; wegen einer momentanen Nachfrageflaute und hoher Lagerbestände käme dem Unternehmen eine begrenzte Stillegung der Produktion auch gar nicht ungelegen. Eine Public-Relations-Kampagne der Wasserbehörde könnte entweder als Drohung oder, wenn sie die Papierfabrik als Musterbetrieb darstellte, als Belohnung für eine freiwillige Erfüllung der behördlichen Auflagen dienen. Zu diesem Zweck steht auch ein Zuschuss-Topf

4.3 Kosten und Nutzen verschiedener Zugeständnisse

Alternativen	Kosten Papierfabrik	Kosten Behörden	Kosten/Nutzen
Stillegung			
nicht stillegen	1,5 Mio (macht Verlust!)	0	Kosten 0,5 Mio
3 Monate	**0,5 Mio (spart Lohn)**	**0,5 Mio (Kurzarbeit)**	Nutzen 1,0 Mio
6 Monate	1,5 Mio	2,0 Mio	**K/N = 0,5**
schliessen	25 Mio (Totalabschreibung)	15 Mio (Arbeitslose)	
Subvention (sehr teuer: jede Mark Nutzen kostet zwei Mark)			
0,5 Mio	**(0,5 Mio Nutzen)**	**1,0 Mio (Präzedenzfall)**	Kosten 1,0 Mio
1,0 Mio	(1,0 Mio Nutzen)	2,5 Mio	Nutzen 0,5 Mio
			K/N = 2,0
Public Relations (sehr günstig: jede Mark Kosten bringt fünf Mark Nutzen!)			
0,1 Mio negativ	0,5 Mio	0,1 Mio	Kosten 0,1 Mio
0,1 Mio positiv	**(0,5 Mio Nutzen)**	**0,1 Mio**	Kosten 0,5 Mio
			K/N = 0,2
Zuschuss als Anreiz			
0,2 Mio	**(0,2 Mio Nutzen)**	**0,2 Mio**	Kosten 0,2 Mio
0,5 Mio	(0,5 Mio Nutzen)	0,7 Mio (Präzedenz)	Nutzen 0,2 Mio
			K/N = 1,0

bereit, aus dem die Behörde finanzielle Anreize für den Einbau einer neueren Filtertechnologie anbieten könnte. Dem Behördenleiter stehen also eine Reihe von Instrumenten zur Verfügung. Sie unterscheiden sich jedoch erheblich in den Kosten für die öffentliche Hand, etwa weil eine Subvention als Präzedenzfall gewertet werden und damit erhebliche Folgekosten nach sich ziehen könnte. Eine PR-Kampagne hingegen könnte mit vergleichsweise geringen Kosten viel bewirken. Bei den folgenden Verhandlungen werden nun die Kombinationen von Zugeständnissen gesucht, die beiden Seiten möglichst viel nutzen und dabei möglichst wenig kosten. Grafik 4.3 zeigt die von beiden Seiten geschätzten Kosten und Nutzen verschiedener Zugeständnisse im direkten Vergleich.

Aus den in der Grafik aufgeführten Zahlen geht hervor, dass die Behörde den Einbau eines Standard-Filters durchsetzen könnte, wenn sie anderenfalls mit permanenter Schliessung droht. Das Wasserwirtschaftsamt ist aber stark am Einbau einer Anlage mit hoher Technologie interessiert – das würde den Rückhalt der Umweltschutzverbände zurückgewinnen. Eine direkte Subvention der modernen Anlage ist aber wegen der Wirkung als Präzedenzfall für andere Firmen relativ teuer. Andere Zugeständnisse wären für die Behörde wesentlich günstiger, etwa eine positive PR-Kampagne, in der diese Papierfabrik als Beispiel für ökologische Produktion dargestellt wird. Eine andere Möglichkeit wäre die vorübergehende Schliessung des Werks für drei Monate – das würde die Entschlossenheit der Behörde zeigen und dem Unternehmen doppelt soviel Geld sparen, wie das Kurzarbeitergeld den Staat kosten würde. Die Verhandlung kann in diesem Fall für beide Seiten ein Erfolg werden, wenn die Bandbreite der zur Verfügung stehenden Alternativen genutzt wird.

Beispiel: Auto-Moto AG

Die Auto-Moto AG ist ein deutscher Hersteller von Nutzfahrzeugen. In der Schweiz besitzt das renommierte Unternehmen leider noch kein besonders gut ausgebautes Vertriebs- und Servicenetz, doch das soll jetzt aufgebaut werden. Im Rahmen dieser Kampagne besucht ein Verkäufer der Firma einen Interessenten in Zürich. Es handelt sich dabei um die Schnellrestaurant-Kette MegaFood. Dem Besuch in der Zentrale von MegaFood war ein schriftliches Angebot über sechs grosse Lieferwagen vorausgegangen. Die

4.4 Kosten und Nutzen verschiedener Lieferbedingungen

Verhandlungsposten	Auto-Moto (Verkäufer)	MegaFood (Käufer)	Summe
Firmenfarben			
ja	0	5	5
nein	8	0	**8**
Auslieferung			
Zollamt	12	0	**12**
3 Städte	6	4	10
6 Städte	0	8	8
Lieferzeit			
120 Tage	11	0	11
90 Tage	7	5	**12**
30 Tage	1	8	8
Rabatt			
keiner	15	0	**15**
1 %	10	4	14
2 %	0	12	12
Wartungsvertrag			
alles inklusive	− 8	8	0
nur Motor	− 6	6	0
keine	0	0	**0**
Garantie			
gesetzlich	7	0	**7**
+1 Jahr	− 3	4	1
+2 Jahre	−10	12	2
Zahlungsziel			
bar	12	2	14
Hälfte bar	7	7	14
12 Monate	3	12	**15**

[optimale Alternativen sind fett gedruckt;
sie bedeuten aber nicht gleichzeitig eine gerechte Verteilung]

Zentrale von Auto-Moto hatte den Angebotspreis wegen des herrschenden Preiswettbewerbs knapp kalkuliert und den Verkäufer angewiesen, ihn nach Möglichkeit nicht weiter herabzusetzen. MegaFood ist jedoch in der Branche als anspruchsvoller Kunde bekannt; Auto-Moto rechnet daher mit Forderungen nach besseren Konditionen. Die folgende Verhandlung, an deren Abschluss beide Seiten grundsätzlich interessiert sind, soll nun ein optimales Paket schnüren. Käufer wie Verkäufer haben bestimmte Vorstellungen, wieviel ihnen jeder Posten der folgenden Liste von Zugeständnissen wert ist.

Jede Seite möchte natürlich möglichst viele Punkte machen. Beide Verhandler wissen, dass sie umso mehr erhalten, je weniger ihre Forderungen dem anderen schaden. In der Verhandlung werden diese jeweils nur einer Seite bekannten Informationen nun durch eine Reihe von Fragen und Antworten ausgetauscht. Das geschieht zweckmässigerweise alles im Konditional: *Könnten Sie die Fahrzeuge in unseren Firmenfarben lackieren, wenn wir dafür die Hälfte des Kaufpreises sofort in bar zahlen würden?* Damit legen sich die Parteien noch nicht fest und können weitersuchen, bis sie eine optimale Kombination gefunden haben. Ausserdem werden auf diese Weise die einzelnen Verhandlungsgegenstände noch nicht fest miteinander gekoppelt. Die Flexibilität bleibt erhalten. Völlig unflexibel sind beide Seiten hingegen bei ihrer Untergrenze. Der Verkäufer von Auto-Moto hat die verbindliche Vorgabe, dass er mindestens 16 Punkte erreichen muss. MegaFood kauft die Lieferwagen nur, wenn sie nach ihrer hauseigenen Berechnung mindestens 16 Punkte erzielt. Diese Werte sind, technisch betrachtet, also die jeweiligen Reservationspreise.

Betrachten wir jetzt einmal mehrere mögliche Lösungen im Vergleich. Grafik 4.5 zeigt zunächst sehr deutlich, dass sich Kooperation und Integration für die Verhandlungspartner auszahlen. Beide erhalten mehr, als sie in einer distributiven Verhandlung um den Preis allein erreicht hätten. Dennoch findet neben der Schaffung neuer Werte auch deren Verteilung statt. Der MegaFood ist es zwar egal, ob sie Punkt X oder Y erreicht, aber Punkt Z wäre ihr in jedem Fall lieber. Noch besser wäre natürlich Punkt W, doch der ist für Auto-Moto nicht akzeptabel. Der Verkäufer schlägt stattdessen Punkt Y vor (der ihm viel beser gefällt!) und macht dafür ein ökonomisches Argument geltend: die Punkte auf der bogenförmig eingezeichneten Effizienzgrenze sind optimal in dem Sinne, dass sie alle profitablen Tausch-

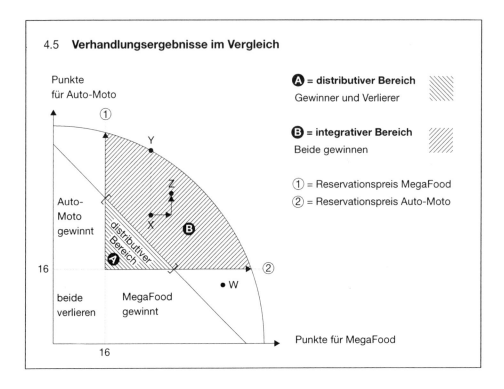

4.5 Verhandlungsergebnisse im Vergleich

Punkte
für Auto-Moto

Ⓐ = **distributiver Bereich**
Gewinner und Verlierer

Ⓑ = **integrativer Bereich**
Beide gewinnen

① = Reservationspreis MegaFood
② = Reservationspreis Auto-Moto

Auto-
Moto
gewinnt

distributiver Bereich

beide
verlieren

MegaFood
gewinnt

16

16

Punkte für MegaFood

möglichkeiten ausschöpfen. Damit werden alle denkbaren Gewinne auch tatsächlich geschaffen. Dieses bemerkenswerte Konzept wurde von dem italienischen Ökonomen und Soziologen Vilfredo Pareto (1848–1923) entwickelt; wir nennen alle Ergebnisse, die diese Bedingung erfüllen, daher auch *Pareto-optimal* oder *effizient*. Der Einkäufer von MegaFood hat während seines Studiums auch ein paar volkswirtschaftliche Vorlesungen besuchen müssen und kann dieser Logik daher theoretisch folgen. Dennoch fühlt er sich bei Lösung Y deutlich übervorteilt und schlägt daher Z als Kompromiss vor. Nach der Lektüre eines Lehrbuches über Verhandlungsführung hatte er sich die integrative Verhandlung anders vorgestellt – jetzt scheint wieder alles auf eine reine Verteilung hinauszulaufen. Was hat er falsch gemacht? Eigentlich nichts. Allerdings sollte er nicht zu viel von der integrativen Lösung erwarten – vor allem nicht, dass jeder automatisch einen fairen Anteil erhält.

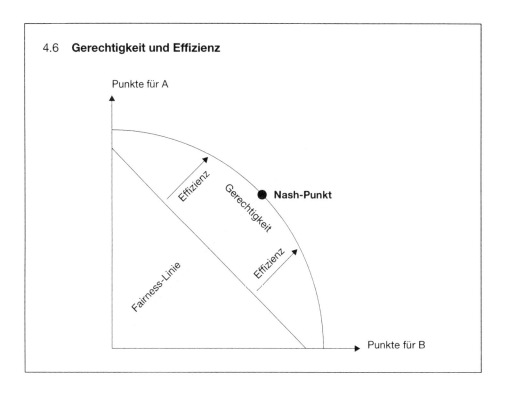

4.6   **Gerechtigkeit und Effizienz**

Grafik 4.6 zeigt auf einen Blick, warum dies so ist. Die möglichen Ergebnisse liegen mehr oder weniger weit von der gestrichelt eingezeichneten Fairness-Linie entfernt. Diese Linie umfasst alle Punkte, bei denen jeder Verhandlungspartner gleichviel erhält. Wir wollen diese Aufteilung hier der Einfachheit halber als fair oder gerecht ansehen. Welche Lösung ist nun die beste? Genaugenommen gibt es nur einen Punkt, der sowohl effizient ist als auch wegen seiner gerechten Verteilung von beiden Parteien unterstützt wird – den sogenannten Nash-Punkt. Er ist nach dem amerikanischen Ökonomen und Spieltheoretiker John Nash benannt, der 1995 gemeinsam mit dem Bonner Professor Reinhard Selten den Nobelpreis für Wirtschaftswissenschaften erhielt. Nur an diesem Punkt sind beide Bedingungen gleichzeitig erfüllt; nur dieses Ergebnis ist nach unserer Definition optimal *und* gerecht. Das heisst aber noch lange nicht, dass eine solche Lösung überhaupt existiert. In unserem Beispiel gibt es sie zum Beispiel nicht – das in der Tabelle hervorgehobene Optimum begünstigt die Firma Auto-Moto. Eine gerechtere Lösung geht hier auf Kosten der Effizienz.

Gerechtigkeit und Effizienz

Wir lernen an diesem Beispiel eine wichtige Lektion: *optimal* heisst noch lange nicht *gerecht*. Beide Konzepte haben eigentlich nichts miteinander zu tun. Optimal heisst hier, dass keine Gelegenheiten versäumt werden. Bildlich gesprochen: der Kuchen wurde soweit wie möglich vergrössert. Gerecht bedeutet in diesem Zusammenhang – so, wie wir die Fairness-Linie eingezeichnet haben – dass jeder gleichviel dazubekommt. Die Stücke des erweiterten Kuchens sind also gleich gross. Es ist recht unwahrscheinlich, dass wir beides auf einmal vollständig erfüllen können. Letztlich haben wir also die Wahl, welche Bedingung uns wichtiger ist: Gerechtigkeit oder Effizienz. Statt eine – sicherlich interessante – philosophische Diskussion über Begriff und Stellenwert der Gerechtigkeit zu führen, wollen wir an dieser Stelle eine ganz praktische Lösung vorschlagen. Wenn sich beide Seiten zunächst gemeinsam darum bemühen, möglichst effiziente Lösungen zu suchen, dann können sie sich in einem zweiten Schritt auf die Auswahl konzentrieren. Bei dieser Auswahl tritt natürlich wieder die Verteilung in den Vordergrund. Immerhin sind dann aber einige der Alternativen für beide Seiten besser als die möglichen Ergebnisse einer distributiven Verhandlung. Auch eine ungerechte Einigung ist daher für beide vorteilhaft, solange beide ein Resultat erzielen, das besser ist als ihr Reservationspreis. Wenn allerdings beide Seiten auf dem grösseren Stück des Kuchens bestehen und sich nicht auf irgendeine Verteilung einigen können, fällt auch die schönste integrative Lösung wie ein Kartenhaus zusammen. Bei aller Verteilung ist die Kooperation bis zuletzt entscheidend.

Das Gefangenendilemma

Noch deutlicher wird diese Erkenntnis anhand des sogenannten Gefangenendilemmas. Bei diesem klassischen Beispiel aus der Spieltheorie gibt es von vornherein keinen Punkt, der beide Bedingungen zugleich erfüllt.

Die ursprüngliche Geschichte, nach der das Spiel auch benannt wurde, handelt von zwei Untersuchungsgefangenen. Nach einem gemeinsam begangenen Raubüberfall werden sie von der Polizei gefasst und einzeln verhört. Beide werden vor dieselbe Entscheidung gestellt: gestehen oder bestreiten. Streiten beide die Anklage ab, dann kommen sie aufgrund der

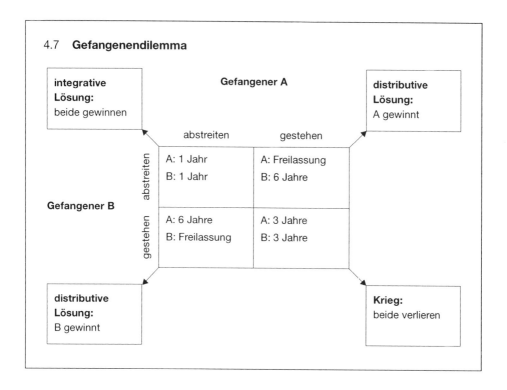

4.7   Gefangenendilemma

schwachen Beweislage nur für ein Jahr in Gefängnis. Gestehen sie beide, dann werden daraus sichere drei Jahre. Soweit fällt die Entscheidung leicht: natürlich werden beide schweigen. Das hat sich der Kriminalbeamte auch schon ausgerechnet und deshalb mit dem Untersuchungsrichter einen Deal vereinbart. Wenn einer der beiden gegen den anderen aussagt (und der andere schweigt), dann kommt der eine als Kronzeuge sofort frei und der andere für sechs Jahre hinter Gitter. Die Versuchung ist gross. So gross, dass beide Gefangene schliesslich aussagen und zu drei Jahren Haft verurteilt werden. Diese Wahl ist wiederum mit dem Namen des Nobelpreisträgers John Nash verbunden und heisst *Nash-Gleichgewicht*. Aus der Sicht jedes einzelnen Angeklagten ist eine Aussage nämlich immer besser als keine – egal, was der andere tut. Schweigt der andere, dann lockt der Freispruch; redet er, dann lautet das Urteil nur drei statt sechs Jahre Knast. Also reden beide, denn sie stehen beide unabhängig vor derselben Wahl, mit denselben Anreizen. Natürlich wäre es für beide besser gewesen, geradezu optimal, wenn sie sich vorher glaubwürdig zum Schweigen verpflichtet hätten. Aber wie?

Vertrauen

Die beiden Gefangenen müssten schon sehr viel Vertrauen zueinander haben, um dem raffinierten Trick des Kriminalbeamten zu widerstehen. Jeder hätte doch einen guten Grund, den anderen zu verraten! Es würde schon eine gehörige Portion Ganovenehre dazugehören, dem anderen unter solchen Voraussetzungen die Treue zu halten. Doch dieses berechtigte Misstrauen ist keineswegs auf das kriminelle Milieu beschränkt und sollte uns als ehrliche Verhandler mindestens ebenso interessieren. Denken wir nur an das Kartell der OPEC, der Organisation der Erdölförderländer, das 1973 zur ersten Ölkrise geführt hat. Die Ölproduzenten konnten sich erstmals darauf einigen, die Fördermengen aller Mitgliedsstaaten zu beschränken. Das führte bei ungebremster Nachfrage schnell zu einer Verdreifachung des Preises für Rohöl. Statt des schwarzen Goldes sprudelten bei den Ölproduzenten nun das Geld – die nach dem teuren Petroleum benannten *Petrodollars*. Doch die Herren des Öls sahen sich ebenfalls bald einer Art Gefangenendilemma gegenüber: für jeden von ihnen wäre bei diesem Preis eine kleine, auf dem Weltmarkt fast unmerkliche Erhöhung der Fördermenge sehr profitabel gewesen. Einige gaben der Versuchung nach und pumpten wieder mehr in die Pipeline. Das Resultat war ein erhöhtes Angebot, und der künstlich in die Höhe getriebene Ölpreis normalisierte sich wieder. Wären alle bei der Stange geblieben, dann hätten sie alle auf Dauer ein besseres Geschäft gemacht. Das gegenseitige Vertrauen unterlag dem einseitigen Gewinnstreben.

Auch wenn es nicht immer um Erdölmilliarden geht: Woher sollen wir denn wissen, ob die andere Seite unser Vertrauen verdient? Vielleicht missbraucht sie es ja, um sich einen Vorteil zu verschaffen. Und warum sollte die andere Seite uns vertrauen? Schliesslich hätten auch wir genug Anreize, den anderen zu unserem Vorteil zu verraten. Eine integrative Verhandlung lebt jedoch vom gegenseitigen Vertrauen – auf einer anderen Grundlage könnten die dafür notwendigen Informationen gar nicht auf den Tisch gelegt werden. Gibt es kein Vertrauen, dann gibt es auch keine Integration. Es bleibt bei der Distribution, der knallharten Verteilung. Das wollen wir aber gerade vermeiden. Wir sollten gegenseitiges Vertrauen daher als äusserst wertvolles Gut ansehen, das für unseren Erfolg unbedingt notwendig ist. Das hat nichts mit Schwäche oder übertriebener Freundlichkeit zu tun, sondern mit Weitsicht. Vertrauen ist schnell verspielt, aber kaum je wiederzuerlangen. Es hat daher einfach keinen Zweck, einen Geschäftspartner übers Ohr zu hauen – der einmalige Gewinn ist den dauerhaften Verlust der eigenen Reputation, des guten Rufs, in der Regel nicht wert. Auch hier gibt es allerdings Ausnahmen, wie das folgende Beispiel zeigt.

Beispiel: Reynolds

Was zählt ein Ehrenwort, wenn es darauf ankommt? Nicht unbedingt sehr viel, wenn es nur um genug Geld geht. Das musste Amerikas grösster Zigarettenhersteller, R. J. Reynolds Industries, 1981 schmerzlich erfahren. Das Unternehmen war in Verhandlungen mit seinem südafrikanischen Konkurrenten Rothman's World Tobacco Group getreten und strebte eine Fusion der beiden Tabakriesen oder zumindest die Übernahme von Rothman's International an, einem Teil des Konzerns aus Stellenbosch in Südafrika mit Sitz in England. Der amerikanische Zigarettenmarkt war wegen des zunehmenden Gesundheitsbewusstseins immer schwieriger geworden und bot kaum noch Aussichten auf Wachstum. Ein Zusammenschluss mit Rothman's würde Reynolds nicht nur attraktive Auslandsmärkte erschliessen, sondern ausserdem die Position des Unternehmens vom weltweit vierten Rang der Branche auf Platz zwei verbessern. Damit könnte Reynolds seinen Erzrivalen Philip Morris endlich von dieser Position verdrängen. Die Verhandlungen für Reynolds führte kein Geringerer als der Vorstandsvorsitzende J. Paul Sticht persönlich, während Rothman's den Controller der Holdinggesellschaft, Anton E. Rupert, ins Feld schickte. Um Übernahmegerüchte und eine entsprechende Reaktion der Börse zu vermeiden, wurden die Treffen zwischen beiden äusserst diskret arrangiert und von der Öffentlichkeit abgeschirmt. Die beinahe konspirativen Vorsichtsmassnahmen gingen so weit, dass der Ort der Verhandlung alle paar Tage in eine andere europäische Stadt verlegt wurde. Beide Seiten hatten sich darauf verständigt, die Verhandlungen exklusiv zu führen, also nicht gleichzeitig mit anderen Interessenten zu verhandeln. Als der Zusammenschluss Anfang April 1981 zum Greifen nahe war, wurden die Verhandlungen in einer Pressekonferenz bekanntgegeben. Die Reynolds-Aktie legte kräftig im Kurs zu, und am Sitz der Firma in Winston-Salem herrschte Hochstimmung. Die verflog jedoch schnell, als nur drei Wochen später die

Bombe platzte: Rothman's hatte sich überraschend mit Philip Morris statt mit Reynolds zusammengetan. Der Deal wurde auf 350 Millionen Dollar geschätzt. Am Vortag hatte Reynolds-Chef Sticht nur eine kurze Nachricht von seinem Verhandlungspartner Rupert erhalten, dass die Gespräche zu Ende seien. Sein Erstaunen schlug in Empörung um, als er von dem Deal mit Philip Morris erfuhr. Er war schockiert, dass Rupert ihn hintergangen und die Vereinbarung der Exklusivität gebrochen hatte. Das Vertrauen war dahin, aber das Geschäft auch. Allerdings hatte Sticht zwei wichtige Zeichen übersehen – ein Hinweis auf schlechte Vorbereitung. Zum einen kursierten bereits Monate zuvor Gerüchte an den Finanzmärkten, Rothman's sei mit mehreren US-Tabakkonzernen im Gespräch. Der andere – vermutlich viel verhängnisvollere – Fehler war die mangelnde Kenntnis des Gegenübers. Der Verhandler aus Südafrika war bereits Jahre zuvor auf der Titelseite von *Business Week* abgebildet – als *Ein*käufer (und nicht *Verkäufer*!) von Unternehmen der Tabakbranche. Seine Motivation wurde von Reynolds also völlig falsch eingeschätzt: Rupert wollte nicht verkaufen, sondern *sich einkaufen*.

Auge um Auge

Von diesen Fehlern einmal abgesehen – wie lässt sich ein Vertrauensbruch wie im Fall Reynolds überhaupt verhindern? Bei einmaligen Transaktionen, wenn sich die Parteien nie wieder gegenüber sitzen, ist das fast unmöglich. Das haben wir schon beim Gefangenendilemma gesehen. Selbst wenn die Verhandler damit rechnen müssen, dass sie später einmal an ihrem Verhalten gemessen werden – wie der wortbrüchige Verhandler Rupert im Fall Reynolds – gibt es offenbar Verrat und Entäuschung, wenn sich das für eine Seite lohnt. Dennoch würden die Verhandlungspartner in den meisten Fällen ein tragfähiges Vertrauen in die Gegenseite vorziehen. Auch wenn wir den guten Willen beider Seiten voraussetzen, gibt es immer noch keine Garantie für eine Lösung des Dilemmas – aber eine berechtigte Hoffnung. Beide müssen sich ihre Glaubwürdigkeit allerdings erst verdienen. Als besonders geeignetes Vorgehen hat sich dabei die Strategie *Tit for Tat* erwiesen – zu deutsch *Auge um Auge, Zahn um Zahn*. Was auf den ersten Blick eher wie eine Anleitung zur Blutrache aussehen mag, beschreibt in Wirklichkeit eine ausgesprochen friedliche und kooperative Haltung.

4.8 Auge um Auge: Die Strategie Tit for Tat

Definition: Beginne mit Zusammenarbeit und tu danach immer das, was der andere tut.

Weitere Regeln:

- Sei nett, beende die Zusammenarbeit nie zuerst
- Sei reizbar und schlage sofort zurück, wenn der andere nicht kooperiert
- Sei versöhnlich und gehe nach der Bestrafung wieder zur Kooperation über
- Sei klar und berechenbar in deinem Verhalten, versuche keine Tricks

Im Grunde ist die in Grafik 4.8 dargestellte Strategie nichts anderes als die einfache Regel *wie du mir, so ich dir*. Trotz ihrer Schlichtheit – oder gerade deshalb! – ist sie sehr leistungsfähig und aus vielen hunderttausend Simulationen mit einem Computermodell des Gefangenendilemmas als Sieger hervorgegangen (Axelrod 1984). Dabei hat diese gutmütige, aber noch lange nicht gutgläubige Strategie auch viel raffiniertere Rivalen aus dem Feld geschlagen, die ihren Partner ab und zu erfolgreich über den Tisch zogen. Diese gelegentliche Übervorteilung zahlte sich aber letztlich nicht aus, denn der Partner verlor schnell das Vertrauen und stellte die Kooperation dann dauerhaft ein. Daran gingen beide im Vergleichskampf mit *Tit for Tat* zugrunde. Der Erfolg dieser Strategie liegt in ihrer Signalwirkung. Ein stetiges, berechenbares Verhalten erzeugt mehr Vertrauen als ein kompliziertes oder undurchschaubares. Ausserdem betrügt *Tit for Tat* nie zuerst – wenn der Partner also kooperieren will, dann erfährt er nie eine einzige Enttäuschung. Sollte er aber dennoch einmal ausscheren und nur den eigenen Gewinn suchen, dann wird ihm dies umgehend mit gleicher Münze heimgezahlt. Nach dieser Lektion beginnt das Spiel wieder von vorn, mit einer freundlichen Grundhaltung falls der andere wieder kooperiert. Jeder bekommt immer wieder die Chance, nach erfolgter Bestrafung zur Einsicht zu kommen. Das folgende Beispiel zeigt die erstaunliche Wirkung dieser Strategie im direkten Vergleich.

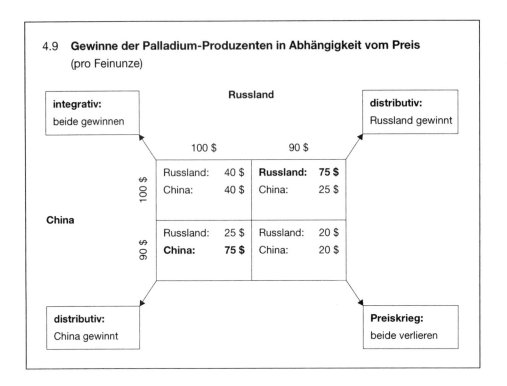

4.9 **Gewinne der Palladium-Produzenten in Abhängigkeit vom Preis**
(pro Feinunze)

Russland

integrativ:
beide gewinnen

distributiv:
Russland gewinnt

100 $ 90 $

	Russland: 40 $	Russland: 75 $
China 100 $	China: 40 $	China: 25 $
90 $	Russland: 25 $ **China: 75 $**	Russland: 20 $ China: 20 $

distributiv:
China gewinnt

Preiskrieg:
beide verlieren

Beispiel: Palladium

Russland und China sind die grössten Produzenten des schweren Edel-
metalls Palladium. Das seltene Metall wird vor allem in der Zahntechnik
und der Elektroindustrie sowie in der Automobilindustrie (zur Herstellung von Katalysatoren) verarbeitet; es entsteht als Nebenprodukt bei der
Nickelherstellung. Beide Staaten exportieren Palladium nach Japan, einem
der grössten Abnehmer, das für seine Autoproduktion völlig auf die Ein-
fuhr dieses Rohstoffs angewiesen ist. Schon wegen ihrer geographischen
Nähe sind Russland und China die wichtigsten Lieferanten. Solange sie
denselben Preis verlangen, ist ihr Marktanteil gleich gross. Wird dieser
Preis von einem der beiden Lieferanten unterboten, dann erhöht dieser seinen Marktanteil auf Kosten des anderen. Gleichzeitig sinkt aber der insgesamt zu erzielende Gewinn. Die Preise werden monatlich neu und unabhängig voneinander festgelegt; die Höhe und Verteilung der Gewinne
ergibt sich jeweils aus der Kombination der Preise beider Produzenten.
Beide Staaten wollen verständlicherweise einen möglichst hohen Profit aus

4.10 Palladium: Konfrontation und Kooperation

| | Beide Gruppen versuchen, die jeweils andere Gruppe zu übervorteilen | | | | China spielt *Tit for Tat*; Russland spielt nach einer Weile mit | | | |
| | Preis | | Kumulativer Gewinn | | Preis | | Kumulativer Gewinn | |
Runde	Russl.	China	Russl.	China	Russl.	China	Russl.	China
1	90	100	75	25	90	100	75	25
2	90	90	20	20	90	90	20	20
3	100	90	25	75	100	90	25	75
4	100	100	40	40	100	100	40	40
5	90	100	75	25	90	100	75	25
6	100	90	25	75	100	90	25	75
7	100	100	40	40	100	100	40	40
8	100	90	25	75	100	100	40	40
9	90	90	20	20	100	100	40	40
10	90	90	20	20	100	100	40	40
11	90	100	75	25	100	100	40	40
12	90	90	20	25	100	100	40	40
Summe			460	465			500	500

der Palladium-Produktion erzielen. Auf eine gegenseitige Vertrauensbasis können die Regierungen leider nur begrenzt zurückgreifen: in den letzten Jahrzehnten wurden die diplomatischen Beziehungen zwischen ihren Staaten mehrfach ausgesetzt. Eine Gruppe von Diplomaten wird nun im Rahmen einer Fortbildung im internationalen Rahmen mit der Geschäftsführung der beiden Palladiummonopole betraut – natülich nur zu Übungszwecken. In zwei Gruppen eingeteilt und voneinander isoliert, treffen sie nun ihre monatlichen Preisentscheidungen. Der Ausgangspreis ist 90 Dollar pro Feinunze; dieser Preis könnte auch auf 100 Dollar heraufgesetzt werden. Die jeweiligen Gewinne bei diesen Preisen sind in Grafik 4.9 aufgeführt.

Diese Übung wurde wiederholt und mit mehreren Gruppen veranstaltet. Die folgende Tabelle zeigt zwei typische, aber sehr unterschiedliche Ergebnisse. Die Überlegenheit der Strategie Tit for Tat, die im zweiten Fall angewendet wurde, ist klar ersichtlich.

Integrative Taktik

Das Grundprinzip der integrativen Verhandlung wurde in diesem Kapitel ausführlich und anhand von Beispielen dargestellt. Nun soll auch die eigene Anwendung nicht zu kurz kommen. Welche Verhaltensweisen sind besonders dazu geeignet, die richtige Atmosphäre für eine offene, konstruktive Problemlösung zu schaffen? Wie kommt man aus einer Sackgasse wieder heraus? Und nicht zuletzt: wie bekommt man auch vom grösser gewordenen Kuchen noch ein möglichst grosses Stück? Einige Techniken seien hier aufgeführt; weitere werden in den folgenden Kapiteln erklärt.

Vertrauensbildende Massnahmen
Einige einfache Themen sollten zuerst behandelt werden. Das schafft Vertrauen und erleichtert den Einstieg in die Verhandlung. Je mehr gemeinsame Positionen die beiden Parteien herausfinden können, desto besser.

Trennung von Problemlösung und Entscheidung
Es hat sich bewährt, die Suche nach alternativen Lösungen von der Auswahl und Entscheidung zu trennen. Die Zielsetzungen dieser beiden Schritte sind zu verschieden, als dass sie in einem Arbeitsgang erledigt

werden sollten. Oft ist es auch nützlich, wenn verschiedene Personen oder Teams diese Aufgaben wahrnehmen. In der Aussenpolitik ist es zum Beispiel üblich, geplante Abkommen und Verträge von Berufsdiplomaten und Staatssekretären vorzuverhandeln zu lassen, bevor die Minister oder Regierungschefs zur Entscheidung zwischen Alternativen sowie zur Unterschrift in Erscheinung treten. Die Beamten stehen nicht unter dem Erwartungsdruck der Öffentlichkeit und sind daher viel flexibler in ihrem Vorgehen. Sie können einen Rückschlag viel leichter einstecken als ein Politiker, dessen Misserfolg sich sofort in den Meinungsumfragen widerspiegelt. Auch in der freien Wirtschaft findet dieses Vorgehen seine Entsprechung. Soll etwa ein Joint Venture zwischen zwei Unternehmen vereinbart werden, dann erhalten die damit beauftragten Manager zunächst ein begrenztes Mandat. Damit können sie alle Probleme beleuchten und den Partner ohne die Notwendigkeit eines vorschnellen Vertrags abklopfen. Auch können sie schon einmal verschiedene Alternativen ausarbeiten, alles vorerst noch recht unverbindlich. Ihre jeweiligen Divisionsleitungen stossen später dazu, wenn diese Vorarbeit geleistet ist und es an die Entscheidungen geht. Dieses abgestufte Vorgehen hat sich bewährt, weil es das Risiko eines peinlichen Fehlschlags erheblich verringert. Das Publikum – in der Privatwirtschaft in Gestalt von Verwaltungsräten, Aktionären oder der Wirtschaftspresse – wird erst an den Tisch gebeten, wenn sich bereits ein Erfolg abzeichnet.

Verknüpfte Zugeständnisse

Die Suche nach gegenseitig vorteilhaften Tauschgeschäften wird durch die Verknüpfung von Zugeständnissen erleichtert: wenn A, dann B. Um eine verfrühte Festlegung zu vermeiden, werden die Fragen dabei im Konditional gestellt und beantwortet: *Wenn wir Ihnen X einräumen würden, wie weit könnten Sie uns dann bei Y entgegenkommen?* Wenn ein Paar nicht zum gewünschten Erfolg führt, dann wird das nächste probiert – bis alle Kombinationen ausgeschöpft sind. Wenn am Schluss alle Tauschpaare auf dem Tisch liegen, lassen sich die besten auswählen und zu einem Paket schnüren. Selbstverständlich ist die Verknüpfung nicht auf symmetrische Paare von Zugeständnissen beschränkt; wenn dies sinnvoll erscheint, können auch bereits kleine Pakete oder – wie bei den KSZE-Verträgen – Körbe gepackt werden, die später zu einem grossen Paket geschnürt werden.

Nebelkerzen

Bei aller Kooperation sollten wir während der Verhandlung auch ein we-nig an die spätere Verteilung des Kuchens denken. Es kann dabei hilfreich sein, einen uns ganz unwichtigen Punkt aufzubauschen, nur um ihn der anderen Seite später teuer gegen Zugeständnisse zu verkaufen. Das Verne-beln der eigenen Prioritäten birgt allerdings das Risiko, dass der Partner uns beim Wort nimmt und seine Forderungen auf ganz andere, für uns viel wichtigere Gebiete verlagert. Dann stehen wir dumm da mit unserer Ne-belkerze!

Vermittler, Schlichter, Schiedsrichter

Jede Verhandlung kann in eine Sackgasse geraten, aus der die Parteien selbst nicht mehr herausfinden. Um die festgefahrenen Gespräche wieder in Gang zu bringen, wird oft eine unabhängige Instanz eingeschaltet. Das kann ein Vermittler sein, ein Schlichter oder auch ein Schiedsrichter – mit allerdings vollständig verschiedenen Aufgaben und Befugnissen. Wäh-rend der Vermittler nur beratende Funktion hat und bei Bedarf sofort wie-der entlassen werden kann, besitzt der Schlichter schon ein wenig mehr Autorität. Ganz aus der Hand geben die Parteien den weiteren Verlauf, wenn sie sich einem Schiedsrichter anvertrauen. Mit dieser Entscheidung sind sie diesem Dritten und seinem Schiedsspruch ausgeliefert. So nützlich die guten Dienste eines (hoffentlich wirklich unabhängigen!) Dritten sein können, so sorgfältig sollte vorher sein Mandat festgelegt werden.

Gemeinsames Arbeitspapier

Eine ausgesprochen konstruktive und praktische Hilfe bei der Erarbeitung einer gemeinsamen Lösung ist ein gemeinsames Arbeitspapier, das zwi-schen den Parteien umläuft. Jede Seite kann darauf unverbindliche Vor-schläge machen, die sich dann allmählich zu einer vollständigen und für beide Seiten akzeptablen Lösung zusammenfügen sollen. Auf diese Weise arbeiten alle mit dem gleichen Text, sind aber nicht zu fest daran gebun-den. Die Genauigkeit steigt, aber die Kreativität wird nicht unnötig einge-schränkt.

Kreative Grauzonen

Ein Problem sollte nicht gleich mit der erstbesten Lösung vom Tisch ge-
wischt werden. Das verhindert die kreative Suche nach der *optimalen* Lösung. Neue Lösungen müssen manchmal erst erfunden werden; ein Pa-
tentrezept hilft dann nur scheinbar. Grauzonen, also ein von beiden Seiten
bewusst herbeigeführter oder jedenfalls geduldeter Schwebezustand, erlauben das allmähliche Eingehen beider Verhandlungspartner auf die Bedürfnisse des anderen und damit die Schaffung von neuen Werten. Der
Preis dieser kreativen Grauzonen ist die Unsicherheit, die ihnen anhaftet:
woher wissen wir, ob der andere seine Versprechen hält und uns nicht
täuscht? Iss jedoch genug Vertrauen vorhanden, dann übersteigt der Nutzen der Grauzone meist ihre Kosten.

Literatur zu diesem Kapitel

Axelrod, Robert: *The Evolution of Cooperation.* New York, Basic Books 1984.
Raiffa, Howard: *The Art & Science of Negotiation.* Cambridge, Mass., Belknap/Har-
vard University Press 1982.

5. Strategie

Der Rahmen für eine erfolgreiche Verhandlung ist gesteckt. Wir kennen unsere Bedürfnisse. Wir wissen genau, was wir wollen. Wir haben auch eine Vorstellung davon, was unser Verhandlungspartner erwartet, und was wir ihm anbieten können. Alles unter einen Hut zu bringen wird eine Menge Geduld, Kreativität und Kooperation erfordern. Darauf sind wir eingestellt. Wir bereiten uns auf das erste Treffen vor. Unsere nächste Aufgabe ist jetzt die sorgfältige Wahl von Strategie und Taktik. Natürlich kennen wir diese Begriffe, aber was genau ist der Unterschied zwischen beiden? Und vor allem – was ist wichtiger?

Strategie und Taktik

Beide sind notwendig, aber mit einer klaren Abstufung. Die Strategie ist die übergeordnete Leitlinie, die uns die Richtung von den Wünschen und Bedürfnissen zu den Zielen weist. Wählen wir bei gegebenen Interessen und Zielen die falsche Strategie, dann schlagen wir von vornherein einen falschen Kurs ein. Wir werden unser Ziel dann nur mit Glück erreichen.
Die Taktik hingegen folgt stets der Strategie und füllt sie mit einer konkreten Vorgehensweise aus. Die Strategie ist der Gedanke, die Taktik dessen Formulierung. Soll unsere Botschaft ankommen, ist beides nötig – aber der Gedanke kommt vor dem Wort. Die Taktik soll sich nicht unmittelbar an den Zielen orientieren, sondern an der Strategie. Sie kann daher zuweilen auch eine überraschende, scheinbar von der Marschrichtung abweichende Wendung nehmen. Solange sie damit der Strategie dient, ist sie gut gewählt. Der kürzeste Weg ist schliesslich nicht immer der beste – manchmal muss erst ein Hindernis überwunden oder umgangen werden. Jede Taktik ist geeignet, wenn sie nur das Ziel erreicht – am besten natürlich mit dem

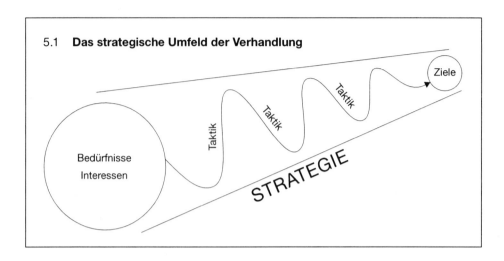

5.1   **Das strategische Umfeld der Verhandlung**

geringsten Aufwand. Das taktische Vorgehen ist darin wesentlich flexibler als die Strategie; es ist auch entsprechend vielseitiger und wandlungsfähiger, wie wir in Kapitel 6 noch sehen werden.

Positionen im Konflikt

Bei der Strategie ist die Auswahl schon erheblich kleiner. Jede Position in einem Konflikt lässt sich in ihre Anteile von Forderung und Kooperation zerlegen (Blake/Mouton 1964). Der Anteil der Forderung beschreibt das Ausmass, in dem jemand seine eigenen Wünsche durchzusetzen versucht, während seine Bereitschaft zur Kooperation auch die Interessen des anderen berücksichtigt. Im Raster dieser beiden grundlegenden Haltungen lassen sich fünf verschiedene Positionen bei der Konfliktbehandlung definieren. Sie sind in Grafik 5.2 dargestellt.

Wegen ihrer herausragenden Bedeutung werden diese Positionen sowie ihre Vor- und Nachteile in den folgenden Abschnitten ausführlich dargestellt. Welche der fünf Grundpositionen für einen bestimmten Konflikt am besten geeignet ist, hängt von der Art der Aufgabe, von der Situation sowie von der Persönlichkeit des Verhandlers ab (Thomas/Kilmann 1974; Dupont 1982). Wie diese Auswahl vorgenommen wird, soll in späteren Abschnitten anhand von Beispielen gezeigt werden. Doch zunächst kommen wir zu den fünf grundlegenden Positionen im Konflikt.

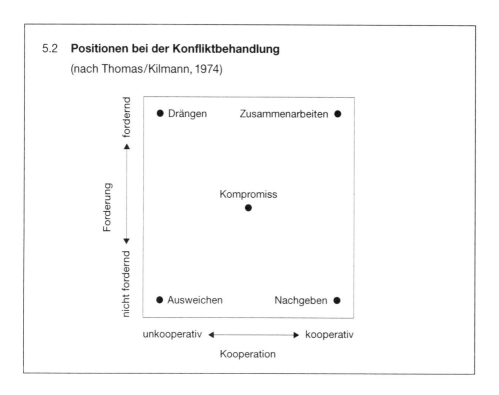

5.2 **Positionen bei der Konfliktbehandlung**

(nach Thomas/Kilmann, 1974)

Drängen

Das Drängen auf maximalen eigenen Gewinn ist fordernd und unkoope-
rativ. Es versucht ausschliesslich die eigenen Ziele auf Kosten des Anderen
im Rahmen einer Verteilung, eines Nullsummenspiels durchzusetzen. Dieses stark machtorientierte Verhalten benutzt alle für das Ziel zur Verfügung stehenden Mittel, etwa die eigene Überzeugungskraft, eine höhere
Position oder ganz einfach wirtschaftliche Überlegenheit. Diese Haltung
äussert sich als Pochen auf die eigenen Rechte, im Kampf für eine gute Sache oder einfach nur den eigenen Profit. Keine Strategie scheint geeigneter,
wenn es darum geht, persönliche Stärke, Durchsetzungskraft oder Autorität zu demonstrieren – selbst wenn man sie nicht besitzt. Diese Haltung hat
oft den rauhen Charme von Wildwest-Filmen; nur wer *auf die harte Tour*
gewinnt, ist ein echter Mann. Sie kann bewundernswert sein, aber auch
sehr störend, etwa wenn ein Strassen- oder Haustürverkäufer niemals auf-
gibt und seine Kunden hartnäckig zum Kauf drängt. Das ist lästig. Wer
seine Sache energisch vertritt, hat den Vorteil der Initiative – der weissen

Figuren beim Schach, die immer einen Zug voraus sind. Doch wer pausenlos unter Druck steht und agiert, kann nicht mehr so leicht reagieren. Er wird ungeduldig und unflexibel. Vielleicht übersieht der mit seinem Feldzug beschäftigte Kämpfer auch die entscheidenden Signale des Gegners. Er will seinen Willen durchsetzen und den anderen beherrschen. Wenn beide Verhandlungspartner diese Position vertreten, kommt es zur Konfrontation, zum Kampf. Einer von beiden muss nachgeben oder wird beim *Showdown*, der Entscheidungsschlacht, besiegt. In bestimmten Fällen ist das hartnäckige Durchdrücken des eigenen Willens eine gute Wahl; für kooperative Ansätze mit einer konstruktiven Lösung des Konflikts bleibt dabei allerdings wenig Raum.

Zusammenarbeit

Die konstruktive Zusammenarbeit ist fordernd, aber zugleich kooperativ. Sie ist der Versuch, gemeinsam mit dem anderen eine Lösung zu suchen, die den Wünschen und Interessen beider voll gerecht wird und damit weit über den Kompromiss hinausgeht. Beide sollen gewinnen. In den Begriffen dieses Buches führt diese Position zu einer integrativen Verhandlung. Die Zusammenarbeit setzt lediglich voraus, dass sich beide mit dem Konflikt und seinen Ursachen gründlich vertraut machen und einen gemeinsamen Lösungsansatz entwickeln. Diese Möglichkeit gibt es fast immer: gemeinsam lässt sich für die meisten Probleme eine kreative Lösung finden. Mit ein wenig gutem Willen können die Parteien die bestehenden Gegensätze herausarbeiten und – unter Beibehaltung ihrer eigenen Prinzipien – aus der Sichtweise und Erfahrung des anderen lernen. Sie können Streitigkeiten über einzelne Punkte isolieren oder auch gleich beilegen, um den Weg für eine umfassende Einigung freizumachen. Entscheidend für eine solche Einigung ist, wir wir bereits gesehen haben, die Erfüllung zumindest einiger Wünsche des anderen. Das setzt eine möglichst genaue Kenntnis seiner Bedürfnisse voraus. Schliesslich können die Verhandlungspartner auch persönliche Differenzen in einem Klima der Zusammenarbeit direkt ansprechen und bereinigen. Diese Strategie bildet gegenseitiges Vertrauen und zeichnet sich durch ihre Weitsicht aus. Sie hat keine wirklichen Schwächen, setzt aber die Bereitschaft beider Seiten zur Kooperation voraus.

Kompromiss

Der Kompromiss liegt in beiden Richtungen auf halber Strecke. Er fordert etwas, aber nicht alles. Er kooperiert ein wenig, aber auch nicht vollständig. Sein Ziel ist es, eine halbwegs vernünftige und für beide Seiten akzeptable Lösung zu finden, die beide Seiten wenigstens zum Teil zufriedenstellt. Teilen ist auch der Mittelweg zwischen *Drängen* und *Nachgeben* – in Grafik 5.2 auf der diagonalen Achse von links oben nach rechts unten. Wer einen Kompromiss schliesst, gibt nicht gleich alles auf, aber doch einiges. Diese Lösung liegt auch zwischen den Positionen *Ausweichen* und *Zusammenarbeit*: sie weicht dem Konflikt zwar nicht aus, geht aber auch nicht so weit ins Detail, wie es die Bereitstellung neuer Alternativen erfordern würde. Sie ist viel oberflächlicher. Auch auf der anderen Diagonalen liegt der Kompromiss also in der Mitte. Genau so wird er meist auch beschrieben: man trifft sich in der Mitte, geht aufeinander zu oder sucht eine schnelle, gerade noch vertretbare Einigung. Das hat den Vorzug, dass es immerhin zu einem Abschluss kommt. In Politik und Diplomatie ist der Kompromiss weit verbreitet; er steht dort als die *Kunst des Machbaren* hoch im Kurs. Wenn keine Seite weiter gehen kann (zu enges Mandat) oder will, ist er oft die einzige und daher beste Alternative. In einem anderen Zusammenhang wirkt der Kompromiss vielleicht wie eine Mischung aus Feigheit und Geiz; er wird zum *faulen Kompromiss*. Die Verhandlungspartner hatten dann offenbar nicht den Mut oder die Grösse, nach besseren Alternativen zu suchen, obwohl ihr Mandat dies zugelassen hätte. Der Kompromiss mag in manchen Fällen die beste Lösung sein, doch wird er viel häufiger lediglich dafür gehalten.

Ausweichen

Ausweichen ist die immer mögliche Nullösung. Statt zu fordern oder zu kooperieren, entzieht sich der Verhandler dem Konflikt und verzichtet auf einen Abschluss. Dabei erreicht er weder seine eigenen Ziele noch die des Gegners. Er vermeidet einfach jede Auseinandersetzung mit dem Problem; vielleicht, weil der Gegner übermächtig erscheint und eine Konfrontation aussichtslos wäre. In einem solchen Fall empfiehlt es sich, den Gegner erst einmal ins Leere laufen zu lassen – bei den japanischen Kampfsportarten

Aikido und *Jiu-jitsu* eine sehr beliebte Technik, die auch von japanischen Führungskräften gerne angewendet wird. Die ausweichende Strategie kann eine sehr diplomatische Gestalt annnehmen, indem heikle Themen erst einmal auf Eis gelegt und auf einen günstigeren Zeitpunkt vertagt werden. Wenn eine Einigung jetzt (noch) nicht machbar erscheint, vermeidet das gezielte Ausweichen immerhin eine Beschädigung der vielleicht guten Beziehung zum Verhandlungspartner. Es ist weit besser, zur rechten Zeit auszuweichen, als später eine Enttäuschung zu erleben – oder sie zu bereiten. Das Ausweichen kann aber auch in Gestalt der bekannten *Vogel-Strauss-Politik* auftreten, wenn eine Konfliktpartei buchstäblich den Kopf in den Sand steckt und abwartet. Eine bedrohliche Situation lässt sich auf diese Weise verdrängen, wenn auch meist nicht entschärfen. Das Ausweichen ist in diesem Zusammenhang sehr vorsichtig und konservativ. Ihr Risiko ist gering: wer nichts wagt, verliert auch nichts. Sie hat ausserdem die Eigenschaft, die eigenen Interessen oder Positionen wirksam zu verschleiern. Es kommt einfach zu keinem Gespräch, bei dem die andere Seite wichtige Informationen erhalten könnte. Zwar wirkt diese Haltung nicht gerade freundlich auf den abgeblitzten Verhandlungspartner; ein Zurückweichen zu einem späteren Zeitpunkt könnte jedoch noch viel mehr Schaden anrichten. Ausweichen ist eine sehr vielseitige und daher nützliche Position. Sie sollte jedoch, wie die anderen Positionen auch, nur ganz gezielt eingesetzt werden. Das Ausweichen ist sicher keine Standardlösung. Allzu häufiges Vermeiden von Auseinandersetzungen schraubt ausserdem die eigenen Erwartungen herunter und verringert damit die Chance auf wirklich erfolgreiche Ergebnisse in der Zukunft.

Nachgeben

Nachgeben ist das Gegenteil von Drängen. Es ist nicht fordernd, dafür aber kooperativ. Der Verhandler gibt die meisten seiner Ziele auf. Um die Gegenseite zufriedenzustellen, opfert er seine eigenen Interessen – sei es nun aus selbstloser Grosszügigkeit, Mildtätigkeit oder erzwungenem Gehorsam. Vielleicht war die andere Seite auch einfach so überzeugend, dass sie unseren Verhandler mit ihren Argumenten überrant hat? Oder gar bekehrt? Die offene Kapitulation ist auf ihre Weise eine wirksame Position, wenn es um die rasche Entschärfung eines bereits eskalierten Konflikts oder auch nur um die Schaffung einer freundlichen Atmosphäre geht. Sie kann allerdings zu noch weitergehenden Forderungen einladen, wie wir in Kapitel 1 am Beispiel der Münchener Konferenz gesehen haben. Nachgeben wird ausserdem häufig als Schwäche ausgelegt und als Zeichen (oder als gerechte Strafe!) naiver Gutgläubigkeit gesehen. Dennoch ist diese Position nicht von vornherein abzulehnen – es kommt immer auf das Ziel und die näheren Umstände an. Wer in unwichtigen Dingen nachgibt, dafür aber seine wichtigen Ziele erreicht, wird am Ende kaum als Verlierer dastehen.

Welche Position wann?

Angesichts dieser völlig unterschiedlichen Positionen stellt sich natürlich die Frage, welche Position wir in welcher Lage einnehmen sollten. Obwohl die Zusammenarbeit grundsätzlich die beste Alternative ist, steht sie nicht in allen Fällen zur Auswahl. In diesem Abschnitt stellen wir vier wichtige Kriterien zur Beurteilung von Strategien im Rahmen eines gegebenen Problems vor (Gladwin / Walter 1980 b).

Beginnen wir mit der senkrechten Achse in Grafik 5.3. Woher wissen wir, wie weit wir mit unseren Forderungen gehen können und wie hartnäckig wir sie vertreten sollen? Wieviel Kooperation sollen wir anbieten; wieviel können wir von der anderen Seite erwarten?

Was steht auf dem Spiel?

Zunächst spielt die Bedeutung der Verhandlung eine Rolle bei dieser Entscheidung. Was steht für uns auf dem Spiel? Kann uns ein Misserfolg um Kopf und Kragen bringen, dann werden wir uns mehr Einsatz abverlangen als beim Kauf eines Anrufbeantworters. Wir werden um unsere Position kämpfen oder, noch besser, engagiert mit unserem Gegenüber an einer optimalen Lösung arbeiten. Allenfalls lassen wir uns auf einen tragbaren Kompromiss ein, falls die Umstände keine anderen Alternativen hergeben – immer noch besser, als eine wichtige Verhandlung ganz ohne Ergebnis aufzugeben. Auf gar keinen Fall aber geben wir nach, wenn es für uns ums Ganze geht, oder wenn es sich um einen Präzedenzfall handelt. Gebe ich zum Beispiel jetzt nach, dann verlangen andere Parteien eine ähnliche

Kompromissbereitschaft für ähnliche Fälle. Jetzt nachgeben würde dann bedeuten bei ähnlichen Fällen wieder nachgeben.

Machtverhältnisse

Einen ähnlichen Einfluss auf das Ergebnis hat die Machtverteilung zwischen den Teilnehmern einer Verhandlung. Das scheint keiner Erklärung zu bedürfen: wer die Macht hat, seine Forderungen durchzusetzen, der wird dies in der Regel auch tun. Es sei denn, er verfolge gerade ganz andere Ziele. Die blosse Verfügbarkeit von Macht sagt also noch nicht viel über ihren tatsächlichen Einsatz. Dennoch hat schon das Potential zur Durchsetzung – auf unserer wie auf der anderen Seite – einen erheblichen, wenn nicht sogar entscheidenden Einfluss auf die Wahl der Strategie. Denn wer die Macht hat, kann jederzeit darauf zurückgreifen. Das entspricht dem Prinzip der Abschreckung. Es hat keinen Sinn, einen übermächtigen Gegner anzugreifen. Ebenso wichtig wie die richtige Beurteilung der eigenen Macht ist daher auch die möglichst genaue Einschätzung des Gegners. Dafür ist es notwendig, die Quellen und Ursachen der Macht zu kennen (siehe Kapitel 2).

Gemeinsame Interessen

Nun kommen wir zur waagerechten Achse in Grafik 5.3. Das Ausmass der Kooperation wird dort durch zwei neue Variablen erklärt: den Grad der gemeinsamen Interessen und die Qualität der persönlichen Beziehung. Kommen wir zunächst zur Interessenlage. Wir können natürlich umso mehr Kooperation zwischen den Verhandlungsparteien erwarten, je näher ihre Interessen beieinander liegen. Wenn beide das gleiche Ziel haben, werden sie sicher eher an einem Strang ziehen, als wenn sie völlig gegensätzliche Ziele verfolgen. Je weniger also gemeinsame Interessen bestehen zwischen beiden Seiten, desto weniger Kooperation werden sie an den Tag legen. Das ist einleuchtend. Es lohnt dennoch, sich selbst solche einfachen Zusammenhänge bei der Auswahl der Strategie zu verdeutlichen. Entsprechendes gilt, wie wir später in diesem Kapitel sehen werden, bei der Anpassung der eigenen Position während der Verhandlung.

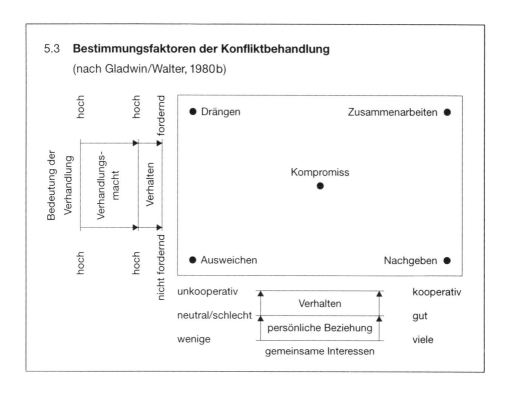

5.3 **Bestimmungsfaktoren der Konfliktbehandlung**

(nach Gladwin/Walter, 1980b)

Persönliche Beziehung

Ebenfalls mit der Kooperation verknüpft ist die Qualität der persönlichen Beziehung zwischen den Verhandlern. Auch dieser Punkt ist so selbstverständlich, dass er beinahe schon wieder übersehen wird. Natürlich geht jeder mit einem Freund anders um als mit einem neuen, völlig unbekannten Geschäftspartner oder gar einem in der Branche wohlbekannten Gauner. Haben wir mit unserem Gegenüber bereits gute Erfahrungen gemacht, schätzen wir ihn sogar als seriös und zuverlässig ein, dann sind wir zur Zusammenarbeit mit ihm gerne bereit. Dasselbe gilt selbstverständlich auch umgekehrt: nur wenn der Partner uns für vertrauenswürdig genug hält, wird er mit uns zusammenarbeiten wollen. Beide müssen sich die Kooperation erst verdienen. Es könnte aber auch sein, dass die Beziehung zwar gut ist, aber die Interessen beider Seiten so weit auseinanderliegen, dass eine kooperative Einigung nur schwer vorstellbar ist. Dann kommt es möglicherweise zum Kompromiss, oder einer der beiden Partner gibt nach, um die gute Beziehung nicht zu trüben. Vielleicht weichen auch beide dem Konflikt zwischen Interessen und Beziehung aus und verzichten auf das Geschäft. Wie wir eben gesehen haben, lässt sich jede Position im Raster nach Gladwin/Walter (1980) mit vier leicht einzuschätzenden Bestimmungsgrössen beschreiben – Macht, Bedeutung, Interessen und Beziehung. Wir können damit sowohl uns als auch den Verhandlungspartner in den Dimensionen von Forderung und Kooperation einordnen. Das alleine wird zwar noch keinen Konflikt lösen, aber das Erkennen beider Positionen kann uns bei der Entwicklung einer geeigneten Strategie schon sehr nützlich sein.

Beispiel: Mittagessen mit IBM

Das folgende Beispiel zeigt, welchen Erfolg die gezielte Pflege persönlicher Beziehungen haben kann. Die Bewegung entlang der waagerechten Beziehungsachse ermöglichte in diesem Fall den Übergang vom *Ausweichen* (des Partners IBM) zur *Zusammenarbeit*. Schon immer nahm die engagierte Marketing-Managerin Rochelle Lazarus die persönliche Beziehung zu ihren Kunden ernst – nicht erst seit der Werbekonzern *Ogilvy & Mather* sie für das Nordamerika-Geschäft verantwortlich machte. Seit vielen Jahren bereits ging sie jeden Mittag mit alten und neuen Kunden essen, pflegte Bekanntschaften und den sprichwörtlichen guten Draht, nicht nur zu den Chefetagen. In jedem Unternehmen, das sie betreute – im ersten Drittel ihrer Karriere war es immerhin *American Express* – kannte sie ganze Heerscharen von leitenden Angestellten aller Ebenen und Abteilungen. Der enorme Zeitaufwand, von den Bewirtungsspesen ganz zu schweigen, zahlte sich nach etlichen Jahren für ihre Firma schliesslich aus: 1992 holte sie den Werbeauftrag für das Kreditkartengeschäft von American Express zurück. Doch den ganz grossen Coup landete sie erst zwei Jahre später, als sie mit ihren guten Beziehungen den 400-Millionen-Dollar Werbeetat des Computergiganten IBM für ihr Unternehmen gewinnen konnte. Natürlich hätte sie diesen dicken Fisch nie ohne die herausragende Leistung und unbestrittenen Erfolge ihrer renommierten Werbefirma an Land ziehen können. Aus einem internen Papier von IBM geht jedoch hervor, dass die langjährigen Kontakte von Frau Lazarus zum IBM-Vorstandsvorsitzenden Louis V. Gerstner und seiner Vizepräsidentin für Marketing, Abby Kohnstamm, das Fundament für die Vergabe des IBM-Etats an *Ogilvy* gelegt hätten. Das dabei allmählich gewachsene Vertrauensverhältnis hatte die finanziellen Risiken einer neuen Werbekampagne erheblich gemildert. Den guten Draht zu ihren Kunden Gerstner und Kohnstamm hatte Frau Lazarus übrigens schon gepflegt, als die beiden noch auf der Gehaltsliste von American Express standen. Von ihrer ungleich grösseren Chance bei IBM konnte sie also im voraus noch gar nichts wissen. Neben der Rolle einer guten persönlichen Beziehung zu wichtigen Verhandlungspartnern unterstreicht dieses Beispiel wieder einmal die strategische Bedeutung einer langfristigen Sichtweise.

(nach: Lazarus's Long View Drew IBM Account; *Wall Street Journal,* 27. 5. 94)

Beispiel: Perestroika

Eine Bewegung entlang der senkrechten Machtachse sehen wir im folgenden Beispiel. Der sowjetische Staats- und Parteichef Michail Gorbatschow wurde bereits kurz nach seinem Amtsantritt 1985 von der westlichen Welt gefeiert. Das amerikanische Nachrichtenmagazin *Time* machte ihn sogar als *Mann des Jahrzehnts* zum Titelhelden. Nach Jahren und Jahrzehnten der Konfrontation und des kalten Krieges stand ein Mann an der Spitze der Sowjetunion, der mit seinen Reformen einen kräftigen Windstoss von Freiheit und Demokratie in das bis anhin unterdrückte und vom Rest der Welt ferngehaltene Riesenreich liess. Eine Zusammenarbeit mit dem Westen, mindestens aber ein Ende des Rüstungswettlaufs schien in greifbare Nähe zu rücken. Doch war Gorbatschow als (Verhandlungs-)Partner überhaupt mächtig genug, eine Partnerschaft mit dem Westen auch innenpolitisch durchboxen zu können? Bei aller Freude über die Politik der *Perestroika* (Umgestaltung) und *Glasnost* (Offenheit) kam in den westlichen Hauptstädten nämlich die berechtigte Sorge auf, der lange erhoffte Wandel könnte vom zähen Widerstand jener Gruppen aufgehalten werden, die ihre persönlichen Privilegien in Gefahr sähen. Auf der anderen Seite gab es Schichten der Bevölkerung, die sich hinter den neuen Mann im Kreml stellten. Zahlreiche strategische Analysen wurden daraufhin erstellt, um die einzelnen Gruppen genau zu identifizieren.
Grafik 5.4 zeigt ganz deutlich, welche Gruppen der sowjetischen Bevölkerung für und welche gegen Gorbatschows Reformkurs waren. Erst diese

5.4 Was Sowjetbürger 1989 vom Reformkurs Michail Gorbatschows hielten (G-30, London 1989)

Einstellung gegenüber dem Reformkurs

Soziale Schichten	Anführer	Befürworter	Verbündete	teilweise Befürworter	Beobachter	Neutrale Beobachter	Konservative	Reaktionäre
Leitende Angestellte (Industrie und Landwirtschaft)	▨	▨	▨					
Manager Politik und Wirtschaft		▨	▨	▨			▨	▨
Intellektuelle (Sozial- und Geisteswiss.)	▨	▨	▨		▨			▨
Kleine Betriebe und Unternehmen	▨	▨						
Mehrheit der Arbeiter in Industrie und Landwirtschaft		▨	▨	▨	▨	▨	▨	▨
Intellektuelle (Naturwiss.)					▨		▨	▨
Manager					▨		▨	▨
Funktionäre in Handel und Verwaltung							▨	▨
Bevorzugte Arbeiter mit Privilegien							▨	▨
Organisiertes Verbrechen							▨	▨

Analyse ermöglichte es den westlichen Regierungen und ihren verschiedenen Organisationen, die Gegner und Befürworter der Perestroika mit gezielten Massnahmen anzusprechen. Die Beziehungen zur Sowjetunion sollten von der Konfrontation (in Grafik 5.2 links oben) weiter in Richtung Kooperation (rechts oben) bewegt werden. Dazu bedurfte es nicht nur einer protokollarischen Aufwertung der diplomatischen Beziehungen, sondern auch einer tatsächlichen Annäherung der sowjetischen an die amerikanischen Interessen. Darum ging es ja gerade bei Perestroika und Glasnost. Um den neuen, als fortschrittlich eingestuften Generalsekretär aber an der Macht zu halten, da waren sich die westlichen Regierungen einig, müssten die reaktionären Kräfte in der Sowjetunion geschwächt und zugleich die Anhänger Gorbatschows unterstützt werden. Diese Unterstützung wurde aber letztlich nicht gewährt, sondern Gorbatschow wurde fallengelassen – mit dem Ergebnis seiner Entmachtung.

Auswahl der Strategie

Wir haben nun die grundlegenden Positionen studiert und ihren Einsatz anhand verschiedener Beispiele betrachtet. Doch die Entscheidung steht uns noch bevor: welche Position sollen *wir* in einer gegebenen Situation einnehmen? Eine allgemeingültige Antwort auf diese Frage gibt es nicht. Zunächst hat unsere persönliche Veranlagung einen gewissen Einfluss auf die Strategie. Gute Verhandler beherrschen das gesamte Repertoire, können also alle fünf Grundpositionen überzeugend vertreten. Dennoch hat jeder seine Vorlieben – der eine setzt sich gerne durch, der nächste weicht eher zurück, ein Dritter sucht gerne nach neuen Lösungen. Der persönliche Einfluss ist nicht zu unterschätzen, wie das folgende Beispiel zeigt.

Beispiel: Schweiz

Die Schweizer beginnen eine Verhandlung mit einem Kompromiss und beenden sie in Konfrontation. Dieses böse Urteil über die Fähigkeiten der eidgenössischen Verhandler zur Konfliktlösung ist sicher überspitzt formuliert, aber es trifft dennoch ein wenig zu. Das wird man dem Autor, der selbst Schweizer und auch in diesem Land verhandlungserfahren ist, vielleicht als selbstkritische Anmerkung abnehmen. Tatsächlich haben wir diese

5.5 **Bevorzugtes Konfliktverhalten in der Schweiz** (Saner, Yiu, 1993)

Schweizer Durchschnittswert	**Schweizer** Bundesbeamte	**Schweizer** Banquiers (Dienstleistungs-Sektor)	**Schweizer** Manager (Transport-Sektor)	**Schweizer** Univ.-Studenten VWL + BWL	Höchster Durchschnittswert
(N = 184)	(N = 37)	(N = 24)	(N = 25)	(N = 37)	
Kompromiss −7.14	Kompromiss −7.16	Ausweichen −7.04	Kompromiss −8.20	Kompromiss −6.7	
Ausweichen −6.46	Ausweichen −6.78	Kompromiss −6.38	Ausweichen −6.12	Ausweichen −6.46	
Zusammenarbeiten −5.56	Drängen −5.58	Zusammenarbeiten −5.75	Nachgeben −5.72	Zusammenarbeiten −6.40	
Drängen −5.53	Zusammenarbeiten −5.51	Nachgeben −5.58	Drängen −5.48	Drängen −5.54	
Nachgeben −5.22	Nachgeben −4.31	Drängen −5.25	Zusammenarbeiten −4.32	Nachgeben −5.46	Niedrigster Durchschnittswert

Aussage mit eigenen Untersuchungen empirisch belegt (Saner/Yiu 1993). Als Methode diente dabei das Instrument MODE (*Management of Diffe-rences Exercises*), ein Fragebogen zur Ermittlung der bevorzugten Positio-nen bei der Konfliktbehandlung (Thomas/Kilmann 1974), der von insge-samt 184 Diplomaten, Spitzenbeamten, Managern, Bankern und Studenten beantwortet wurde. Die Ergebnisse ergeben eine eindeutige Vorliebe für Kompromisse und ausweichende Haltungen.

Das Ergebnis, das sich einheitlich durch alle untersuchten Berufsgruppen zieht, erscheint einleuchtend in einem Land, das nicht nur von einer Viel-zahl von Nachbarstaaten und deren Märkten abhängig ist, sondern auch in seinem Inneren in verschiedenste ethnische, kulturelle, religiöse und sprachliche Gruppen zerrissen. Ohne eine Neigung der Bevölkerung zu Kompromiss und Konfliktvermeidung wäre ein Bürgerkrieg bei dieser Konstellation denkbar. Diese Grundhaltung zeigt sich auch in der Regie-rung des Bundesstaates durch Konsens der sieben Bundesräte (Kabinetts-minister), die nach einem nahezu festen Schlüssel von den grossen Partei-en gestellt werden. Ähnliches findet sich in der Industriestruktur, die von Kartellen beherrscht wird, oder bei den Tarifparteien, die seit Jahrzehnten einen absoluten Arbeitsfrieden einhalten. Die sachliche Beurteilung der schweizerischen Position in diplomatischen Verhandlungen, etwa mit den Europäischen Gemeinschaften, ergibt ebenfalls eine natürliche Veran-lagung zum Kompromiss. Die Schweiz verfügt gegenüber ihren weit grösseren und mächtigeren Nachbarn kaum über nennenswerte Verhand-lungsmacht, doch die Bedeutung der zur Debatte stehenden Abkommen ist gerade für die schweizerische Wirtschaft oft sehr hoch. Die Interessen der Schweiz fallen nur selten mit jenen der grösseren europäischen Staaten zusammen, und die Beziehungen zu einzelnen Nachbarn dürfen mit Rück-sicht auf die verschiedenen Volks- und Sprachgruppen in der Schweiz nicht allzu eng sein. Anderenfalls droht der Bundesstaat auseinanderzu-fallen. Aktive Neutralität ist die logische Folge dieses vorsichtigen Balan-cierens.

Ein interessantes Beispiel für den Umgang der Schweiz mit Konflikten bie-ten die zahlreichen Verhandlungen mit den Europäischen Gemeinschaften, die in Grafik 5.6 kurz zusammengefasst sind. In der ersten Phase von 1957 bis 1972 wurde die EWG als Bedrohung gesehen; ein Beitritt der Schweiz wäre vom Volk auf keinen Fall akzeptiert worden. Also suchte man in Bern

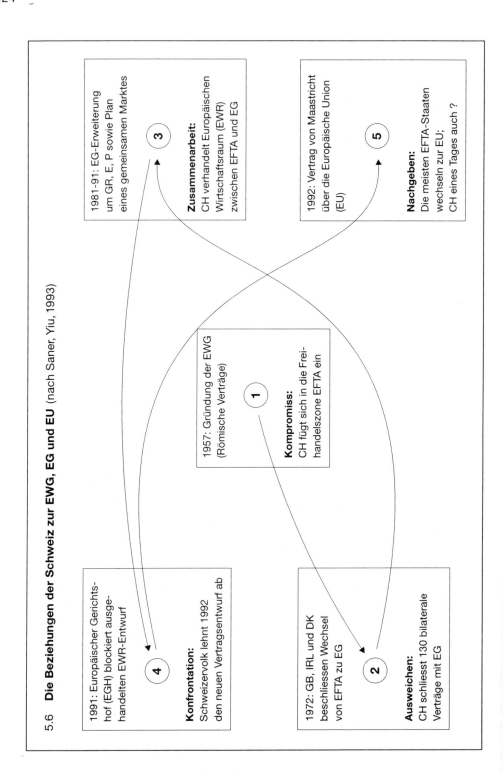

5.6 **Die Beziehungen der Schweiz zur EWG, EG und EU** (nach Saner, Yiu, 1993)

1991: Europäischer Gerichtshof (EGH) blockiert ausge-
handelten EWR-Entwurf

Konfrontation:
Schweizervolk lehnt 1992
den neuen Vertragsentwurf ab

④

1981–91: EG-Erweiterung
um GR, E, P sowie Plan
eines gemeinsamen Marktes

③

Zusammenarbeit:
CH verhandelt Europäischen
Wirtschaftsraum (EWR)
zwischen EFTA und EG

1957: Gründung der EWG
(Römische Verträge)

①

Kompromiss:
CH fügt sich in die Frei-
handelszone EFTA ein

1972: GB, IRL und DK
beschliessen Wechsel
von EFTA zu EG

Ausweichen:
CH schliesst 130 bilaterale
Verträge mit EG

②

1992: Vertrag von Maastricht
über die Europäische Union
(EU)

⑤

Nachgeben:
Die meisten EFTA-Staaten
wechseln zur EU;
CH eines Tages auch?

den Kompromiss und beteiligte sich an der Gründung des Freihandels-abkommens EFTA. Von 1972 bis 1985 bahnte sich mit dem Wechsel wichtiger Partner wie Grossbritannien von der EFTA in die EWG ein neuer Konflikt an. Die Schweiz ging zur Vermeidung über und schloss stattdessen in einem einzigen Jahr über 130 bilaterale Abkommen mit einzelnen Mitgliedern der EWG ab. Von der Vermeidung direkt zur aktiven Zusammenarbeit ging es 1985 bis 1991, als der Beitritt zumindest zum Europäischen Wirtschaftsraum (EWR) unausweichlich erschien. Die Verhandlungsergebnisse wurden jedoch 1991 vom Europäischen Gerichtshof kassiert; die neuen, ungünstigeren Bedingungen lehnte das Schweizervolk 1992 mehrheitlich ab. Seit diesem Tag herrscht Konfrontation zwischen Bern und Brüssel. Eine logische Fortsetzung dieses strategischen Rundkurses wäre das Einlenken und damit – eines fernen Tages – der Beitritt der Schweiz zur Europäischen Union.

Saner, Raymond / Yiu, Lichia: Conflict Handling Styles in Switzerland.
In: *Die Unternehmung* 2 / 93.

Strategische Analyse

Die Rolle der persönlichen Veranlagung bei der Auswahl einer Strategie haben wir am Beispiel der Schweiz gesehen. Wir sollten die subjektive Neigung zu einer bestimmten Position zwar berücksichtigen, sie aber dennoch kritisch betrachten: ist die bevorzugte Strategie tatsächlich geeignet, einen bestimmten Konflikt zu lösen? Die sachliche Ebene erscheint uns bei dieser Entscheidung erheblich wichtiger, vorausgesetzt, der Verhandler kann sich von seinen persönlichen Vorlieben lösen. Jeder Konflikt erfordert eine völlig neue Beurteilung der Lage, ebenso wie jede Veränderung in der Position der anderen Seite. Auf die Anpassung einer einmal gewählten Strategie an veränderte Bedingungen kommen wir im nächsten Abschnitt zurück. Hier wollen wir erst einmal ein hilfreiches Entscheidungsinstrument vorstellen, mit deren Hilfe wir unsere Ausgangsposition leicht eingrenzen können.

5.7 Entscheidungsinstrument zur Auswahl der Verhandlungsstrategie (Yiu 1987)

Anleitung: Markieren Sie Ihre Einschätzung zu jedem Thema. Zählen Sie die Punkte in jeder Einheit zusammen und tragen Sie diese auf der entsprechenden Skala in Grafik 5.8 als senkrechte oder waagerechte Linie ein. Die Schnittfläche zwischen den Linien ergibt ihre strategische Ausgangsposition.

1. Bedeutung (BE)

Auswirkung auf die Unternehmensstrategie	gering	0	1	2	3	hoch
Finanzielle Lage	solide	0	1	2	3	kritisch
Versunkene Kosten	gering	0	1	2	3	hoch
Präzedenzfall	vorhanden	0	1	2	3	keine
Verantwortung	gering	0	1	2	3	hoch
Dringlichkeit	gering	0	1	2	3	hoch
Alternativen	viele	0	1	2	3	keine
	Summe					**Total BE**

2. Verhandlungsmacht (VM)

Grösse	klein	0	1	2	3	gross
Finanzmittel	knapp	0	1	2	3	vorhanden
Personalreserven	keine	0	1	2	3	vorhanden
Know-How	fehlt	0	1	2	3	vorhanden
Führungsqualität	schlecht	0	1	2	3	sehr gut
Ansehen	gering	0	1	2	3	hoch
Überzeugungskraft	gering	0	1	2	3	hoch
Zugang zu Information	schlecht	0	1	2	3	sehr gut
Zusammenhalt	gering	0	1	2	3	hoch
Konfliktfähigkeit	gering	0	1	2	3	hoch
Einsatzbereitschaft	gering	0	1	2	3	hoch
Legitimität	fragwürdig	0	1	2	3	zweifelsfrei
Risikobereitschaft	gering	0	1	2	3	hoch
Unterstützung / Verbündete	keine	0	1	2	3	vorhanden
Alternativen	keine	0	1	2	3	viele
Anreize / Belohnungen	gering	0	1	2	3	hoch
Druck / Zwangsmittel	keine	0	1	2	3	vorhanden
	Summe					**Total VM**

Entscheidungsinstrument zur Auswahl der Verhandlungsstrategie [Fortsetzung]

3. Interessenkonflikt (GK)

Übereinstimmung der Ziele	gering	0	1	2	3	hoch
Ähnlichkeit der Lösungswege	gering	0	1	2	3	hoch
Ressourcenkonflikt	hoch	0	1	2	3	gering
Summe						**Total GK**

4. Persönliche Beziehung (PB)

Qualität der Beziehung bisher	schlecht	0	1	2	3	sehr gut
Gegenseitiges Verständnis	gering	0	1	2	3	hoch
Gegenseitige Hilfsbereitschaft	gering	0	1	2	3	hoch
Gegenseitige Einstellung	abwehrend	0	1	2	3	offen
Wertvorstellungen	versch.	0	1	2	3	sehr ähnlich
Summe						**Total PB**

Die Checkliste in Grafik 5.7 ergibt bei sorgfältiger Beantwortung aller Fragen für jeden der vier Faktoren eine sehr aussagekräftige Zahl. Wieviel Information diese Zahl enthält, sehen wir allerdings erst, wenn wir sie auf der entsprechenden Skala in Grafik 5.8 in Form einer senkrechten bzw. waagerechten Linie eintragen.

Insgesamt ergeben die Antworten aus der Checkliste also zwei waagerechte und zwei senkrechte Linien. Unsere Aufmerksamkeit konzentriert sich nun auf die rechteckige Fläche zwischen den Schnittpunkten dieser vier Linien. Wir können sie zur Hervorhebung auch schraffieren. Erinnern wir uns nun an das Raster nach Thomas / Kilmann in Grafik 5.2 und stellen uns die fünf Grundpositionen vor. Die schraffierte Fläche zwischen den Linien markiert jetzt die Position, die unserer Lage im gegenwärtig behandelten Konflikt entspricht.

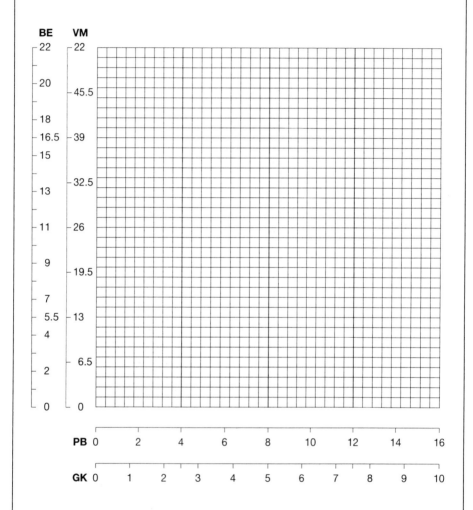

5.8 Raster zum Ermitteln einer strategischen Ausgangsposition

BE = Bedeutung
VM = Verhandlungsmacht
PB = Persönliche Beziehung
GK = gemeinsame Interessen

Anpassen der Strategie

Diese Ausgangsposition ist ein guter Anhaltspunkt um uns selbst deutlich zu machen, wo wir stehen – sie bedeutet aber keineswegs, dass wir dort verharren müssen. Je nachdem, welche Position die andere Seite bezieht, werden wir uns auch vom Fleck bewegen müssen. Die Strategie kann gerade in der Bewegung von einer Position zur anderen liegen: *Die richtige Strategie ist es, an einem ausgewählten Punkt Macht gegen Macht zu setzen, wenn eine Entscheidung im militärischen Sinne möglich ist, nur um das zarte, instabile Gleichgewicht dann als Gelegenheit für konstruktive und weitreichende Verhandlungen zu nutzen.* (W. Lippmann, 1946; zitiert in: *International Herald Tribune,* 11.1.1991)

Abfolge und Timing der verschiedenen Positionen können dabei von entscheidender Bedeutung sein, wie ein berühmtes Beispiel aus der japanischen Management-Philosophie zeigt: *Hat sich dein Gegner, weil du zum Angriff übergehst, rasch zurückgezogen, so unternimm zunächst nur einen Scheinangriff, um erst dann, wenn er sich nach vorübergehender Anspannung wieder lockert, sofort und unaufhaltsam zuzuschlagen.* (Musashi, Miyamoto: *Das Buch der fünf Ringe.* Düsseldorf, Econ 1996)

Interessant an diesem Merksatz ist auch sein Autor: der Samurai Miyamoto Musashi (1584–1645). Sein Werk wird in Japan noch heute als theoretische Grundlage vieler Manager-Seminare herangezogen. In die Begriffe des Marketing übertragen könnte der oben zitierte Satz etwa eine geschickte Strategie zur Einführung eines neuen Produkts bedeuten. Die probeweise Einführung eines völlig unwichtigen oder minderwertigen Produkts (niedrige Macht) soll nur die Konkurrenz ablenken. Sobald sich diese wieder entspannt zurücklehnt, wird das richtige Produkt auf den Markt gebracht, und zwar mit aller Macht.

Gehen wir von den vorgestellten fünf Positionen aus, dann ergeben sich – wie Grafik 5.9 zeigt – insgesamt 16 verschiedene Wege von einer Position zur nächsten. Was sie im einzelnen bedeuten, mag sich der Leser selber ausmalen. Ob es nun von der Konfrontation zur Vermeidung oder zur Kooperation geht, der Phantasie sind keine Grenzen gesetzt. Alle diese Bewegungen können unter den entsprechenden Umständen die optimale Strategie verkörpern.

5.9   Sechzehn Wege der Strategie

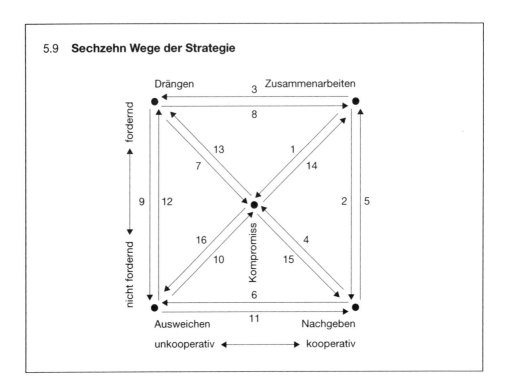

Beispiel: Go

Eine ausgezeichnete Denkschule, besonders für flexible Strategien, ist das in Japan und China verbreitete Strategiespiel *i-Go*, hierzulande meist nur *Go* genannt. Anders als das Schachspiel kennt Go keine Schlachtordnung, keine lineare Konfrontation. Auf die 361 Knotenpunkten eines 19×19 Linien umfassenden Spielbretts legen beide Spieler abwechselnd schwarze und weisse Spielsteine. Das Ziel beider Seiten ist es, mit diesen Steinen möglichst viel Raum zu beherrschen. Ein umzingelter Stein oder eine derart gefangene Reihe von Steinen wird vom Brett entfernt. Ansonsten bleiben alle Steine liegen und fügen sich im Laufe des Spiels zu einem komplexen Gebilde verschiedener örtlicher Schlachtfelder zusammen. Aus der Lage der Steine zueinander entwickeln gute Spieler raffinierte Strategien, um am Ende der Partie mehr als die Hälfte der freien Felder zu kontrollieren. Die einzelnen Gruppen und Ketten eigener Steine können dabei Allianzen eingehen, um den Gegner einzukesseln und ihn schliesslich zu

5.10 Japanisches Strategiespiel «GO»

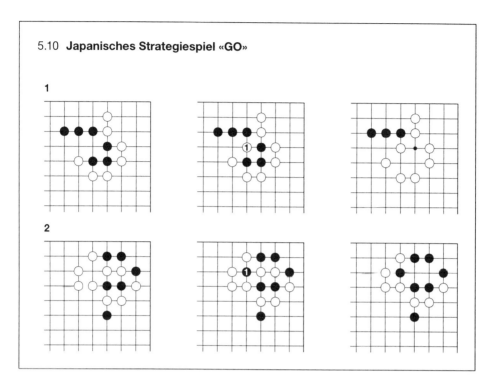

strangulieren. Sie können sich auch darauf beschränken, den eigenen Raum zu sichern und eine ebenso wirksame wie unverwundbare Sperre zu legen. Auch ein Angriff im Hinterland des Gegners ist möglich; er wird danach trachten, sich irgendwo mit der eigentlichen Front zu verbinden und die Linien des Gegners dabei von hinten aufzurollen.

In Grafik 5.10 sind zwei einfache Beispiele für Strategie und Taktik beim Go dargestellt. Die obere Reihe (drei Bilder, von links) zeigt, wie ein koordiniertes Legen von weissen Steinen drei schwarze Steine umzingelt und gefangennimmt. Weiss gewinnt mit diesem Spielzug eigenen Raum und steht anschliessend klar überlegen und ohne Bedrohung da. Ganz anders die schwarzen Steine im zweiten Beispiel (untere Reihe), die zwar zwei weisse gefangennehmen können, dann aber ihrerseits von den übrigen weissen Steinen bedroht werden. Eine Befestigung des mit 1 markierten Steins ist notwendig, um ihn vor dem nächsten weissen Angriff zu schützen. Auf den ersten Blick fällt die Ähnlichkeit dieses ausgesprochen spannenden Spiels mit der Verhandlungsführung vielleicht nicht gleich auf.

Wer öfter mit fernöstlichen Partnern verhandelt, wird die Lektionen dieses Spiels jedoch rasch zu schätzen wissen. Auch bei diesem vielleicht exotisch anmutenden Spiel – es gilt übrigens als das älteste Brettspiel der Welt – finden wir alle in diesem Kapitel vorgestellten Strategien wieder.

Beispiel: IBM

Zum Abschluss dieses Kapitels zeigt das folgende Beispiel, wie ein multinationaler Konzern seine Strategie auf die Position der Regierung eines Gastlandes abstimmen und einer neuen Position sofort anpassen muss. Es enthält viele der in diesem Kapitel vorgestellten Elemente und stellt daher eine ausgezeichnete Anwendung der gelernten Theorie dar. Wir betrachten wieder einmal den Computer- und Büromaschinenhersteller *International Business Machines* (IBM). Seit den 70er Jahren werden multinationale Konzerne wie IBM in vielen Entwicklungsländern mit einem politisch und gesellschaftlich weitaus rauheren Wind konfrontiert. War IBM als Symbol des technischen Fortschritts noch 1951 von Premierminister Nehru nach Indien eingeladen und dort mit offenen Armen empfangen worden, so drehte sich zwanzig Jahre später der Wind. In dieser Zeit hatte IBM den indischen Computermarkt allerdings fast vollständig unter seine Kontrolle gebracht. Die indische Regierung hatte dies strategisch als gefährliche Abhängigkeit empfunden und wollte IBM nun strenge Auflagen machen, was die Eigentumsverhältnisse angeht: die amerikanische Muttergesellschaft sollte nur noch 40 statt bisher 100 Prozent des Kapitals besitzen dürfen – das wäre allenfalls noch eine Sperrminorität. Ausserdem sollte IBM Indien in Zukunft auch Produkte für den Export in andere Länder entwickeln und herstellen. IBM war schockiert und nicht bereit, seine globale Konzernstrategie wegen einer neuen Politik der indischen Regierung aufzugeben. Der Konzern verlagerte seine Position gegenüber Indien von der Zusammenarbeit auf eine harte Konfrontation; eine indische Beteiligung an der dortigen Niederlassung kam überhaupt nicht in Frage. Eine ebenso unnachgiebige Haltung der indischen Regierung zwang IBM jedoch schliesslich zu einem Kompromissvorschlag, der weitreichende Konzessionen enthielt. Die Inder aber schlugen das Angebot aus. Der Computerriese aus Armonk im Bundesstaat New York bezog daraufhin eine Position, die für die indische Regierung ebenso überraschend wie ungünstig ausfiel: IBM betrach-

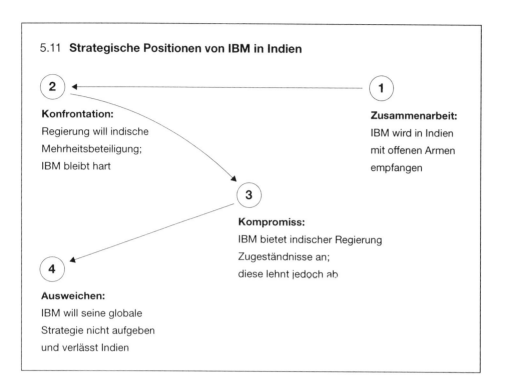

5.11 Strategische Positionen von IBM in Indien

② ← ①

Konfrontation:
Regierung will indische
Mehrheitsbeteiligung;
IBM bleibt hart

Zusammenarbeit:
IBM wird in Indien
mit offenen Armen
empfangen

③

Kompromiss:
IBM bietet indischer Regierung
Zugeständnisse an;
diese lehnt jedoch ab

④

Ausweichen:
IBM will seine globale
Strategie nicht aufgeben
und verlässt Indien

tete die indischen Forderungen als ernste Gefahr für seine globale Strategie und verzichtete daher auf seine Aktivitäten auf dem Subkontinent. Als ein Kompromiss endgültig gescheitert war, entschloss sich IBM, dem Konflikt stattdessen auszuweichen. Am 15. November 1977 kündigte der Konzern seinen völligen Rückzug aus Indien an.

(nach: Walter, Ingo / Gladwin, Thomas N.:
How multinationals can manage social and political forces.
The Journal of Business Strategy, Summer 1980a)

Literatur zu diesem Kapitel

Blake, Robert R./Mouton, Jane S.: *The Managerial Grid.* Houston, Gulf Publishing 1964.

Gladwin, Thomas N./Walter, Ingo: *Multinationals under Fire.* Lessons in the Management of Conflict. New York, John Wiley 1980.

Glasl, Friedrich: Konfliktmanagement: *Diagnose und Behandlung von Konflikten in Organisationen.* Bern/Stuttgart, Haupt 1980.

Thomas, Kenneth W./Kilmann, R. H.: Developing a forced-choice measure of conflict handling behaviour: The MODE instrument. In: *Educational and Psychological Measurement,* 37, 1977, S. 309–325.

6. Taktik

Ist die optimale Strategie einmal ausgewählt, steht dem geschulten Verhandler eine ganze Bandbreite von taktischen Vorgehensweisen zur Verfügung. Selbst wenn er ein Könner ist und über ein breites, wohltrainiertes Repertoire solcher Instrumente verfügt, wird er sie nur zur Unterstützung seiner Strategie einsetzen. Die Versuchung ist oft gross, einen neuen Trick von allen sachlichen Erwägungen losgelöst anzuwenden. Viele Taktiken sind aber für die kooperative Zusammenarbeit viel weniger geeignet als für die Konfrontation. Die weitaus wichtigere Entscheidung zwischen distributiver und integrativer Strategie sollte bei der Auswahl der Taktik aber nicht in den Hintergrund treten. Zu dieser Einschränkung kommen hohe Anforderungen an den Verhandler hinzu: während manche der vielen taktischen Optionen leicht zu erlernen sind, beruhen andere fast vollständig auf besonderer Eignung oder Begabung. Es bleibt daher dem Leser überlassen, wie weit er sich aktiv mit diesen eher technischen Fähigkeiten vertraut machen möchte. Grösste Vorsicht besonders beim ersten Einsatz solcher Techniken ist jedoch ratsam, denn eine schlecht inszenierte Taktik kann jede noch so gute Strategie ruinieren. Auch das Gesprächsklima ist damit schnell zerstört. Andererseits kann eine ausgefeilte Taktik ausgesprochen wirksam sein. Sie kann es einer Verhandlungspartei etwa ermöglichen, entgegenkommend zu erscheinen und in Wirklichkeit knallhart zu sein. Ein hervorragendes Beispiel für dieses Vorgehen, garniert mit weiteren überaus gekonnt dargebotenen Taktiken, bietet immer wieder die japanische Handelspolitik.

Beispiel: Rindfleisch, Schnee und Käsekuchen

Kaum ein Land – ausser vielleicht der Schweiz – hält seine Landwirtschaft derart vom rauhen Wind des Weltmarkts abgeschottet wie Japan. Um die heimischen Reisbauern zu schützen, darf so gut wie kein Reis nach Japan eingeführt werden – ausser in besonders schlechten Jahren, wenn die eigene Ernte nicht ausreicht. Diese Politik ist hoffnungslos ineffizient – die japanischen Verbraucher müssen für ein Kilo Reis deshalb den vierfachen Weltmarktpreis bezahlen.

Kaum eine Nation lässt sich so kreative Gründe einfallen, warum Importe bestimmter Güter leider nicht möglich seien. Ein schönes Beispiel ist das Rindfleisch. Die USA fordern seit vielen Jahren den Abbau der Handelshemmnisse für ausländisches Rindfleisch – vergeblich. Fleisch sei nicht gut für die Japaner, erklärten Diplomaten aus Tokio geduldig ihren amerikanischen Kollegen. Die traditionelle Ernährung des Inselvolks bestehe nun einmal aus Fischgerichten, und der Buddhismus verbiete den Verzehr von Fleisch sogar ganz. Der frühere Landwirtschaftsminister Tsutomu Hata ging noch ein Stück weiter und bemühte einen angeblichen Unterschied in der japanischen Anatomie: der Verdauungstrakt der Japaner sei viel länger und vertrage Fleisch daher nicht so gut. Der damalige US-Handelsbeauftragte Clayton Yeutter hatte zwar schon viel erlebt, aber dieses Argument hörte er zum ersten Mal – ausgerechnet während eines Steak-Essens der Farmerlobby in Washington. Er schlug den Ball mit dem Umweg über die Presse geschickt zurück: die *International Herald Tribune* illustrierte ihre Meldung über das japanische Argument mit einem Bild des japanischen Botschafters Watanabe beim genüsslichen Verzehr eines grossen Steaks. Nur wenige Wochen zuvor hatte ein Vertreter des Tokioter Handelsministeriums verlauten lassen, der japanische Schnee sei ganz anders beschaffen als etwa der Schnee in der Schweiz; dort hergestellte Ski seien in Japan daher völlig unbrauchbar und würden deshalb nicht erst importiert. Den deutschen und österreichischen Herstellern wurde dieselbe Geschichte erzählt. Unter wachsendem Druck des Auslands räumt die japanische Regierung dann auch schon einmal die eine oder andere kleine Erleichterung bei den Importen ein – als Zeichen des guten Willens. Besonders kurios ging es dabei zu, als ausgerechnet der Versandhandel mit Käsekuchen aus den USA gestattet werden sollte. Geschätztes Verkaufsvolumen: ganze 15'000 Stück im Jahr.

(nach: U. S. beef? Japan can't stomach it, *International Herald Tribune*, 19.12.1987; Japan offers cheesecake by mail to ease dispute, *Agence France-Presse*, 10.1.1988)

Der Katalog der Gegenseite

Die folgenden Abschnitte stellen die wichtigsten heute üblichen Verhandlungstaktiken jeweils kurz dar. Diese Darstellung sollte nicht als Versandhauskatalog zum Aussuchen der eigenen Taktik verstanden werden. Für den erfahrenen Verhandler, der bereits ein gewisses taktisches Repertoire besitzt, ist dieses Kapitel sicher eine gute Auffrischung und bietet vielleicht auch neue Anregungen. Dem weniger geübten Leser sei hier besondere Vorsicht ans Herz gelegt, denn der freihändige Einsatz völlig fremder Verhaltensweisen wäre in vielen Fällen zu riskant. Nicht jeder ist ein geborener Schauspieler, und nicht jede Taktik ist für jeden Persönlichkeitstyp geeignet. Im Zweifel sollte man daher lieber einmal auf eine reizvolle, aber unsichere Taktik verzichten. Wie wir aber bereits gesehen haben, muss der Verhandler bei der Gegenseite grundsätzlich alles für möglich halten – also auch den perfekten Einsatz taktischer Mittel. Schon aus diesem Grund lohnt sich die eingehende Beschäftigung mit solchen Methoden. Auch hier gilt: wer das Spiel des Gegners durchschaut, hat nicht nur einen Nachteil beseitigt, sondern einen Vorteil hinzugewonnen. Die folgende Aufzählung ist daher als Katalog zumindest der gegnerischen Möglichkeiten zu verstehen.

Tagesordnung

Wer die Tagesordnung einer Verhandlung bestimmen oder zumindest beeinflussen kann, besitzt einen unschätzbaren Vorteil. Dabei kommt es nicht nur auf die Auswahl der zur Sprache gebrachten Verhandlungsgegenstände an, sondern auch auf deren Reihenfolge und ganz besonders den Zeitpunkt ihres Aufrufs. Ein brisantes Dossier wird morgens um zehn vielleicht noch vom Tisch gefegt; nach Mitternacht vorgelegt, kann es die Lage plötzlich vollständig umkehren. Aber es sind meist viel banalere Dinge, die

eine Tagesordung zum wirksamen Instrument machen. Schon die Aufteilung der zur Verfügung stehenden Zeit in formelle Verhandlung und Rah-
menprogramm – gemeinsame Abendessen, der Besuch einer Opernpre-
miere oder ein ausgedehnter Zug durch das Nachtleben des Tagungsortes
– hat Auswirkungen auf das Ergebnis. Aber kommen wir ruhig noch einmal zu den ganz offensichtlichen Tagesordnungs-Tricks zurück, die am
häufigsten angewendet werden. Besondere Vorsicht ist angebracht, wenn
die Tagesordnung ohne unsere Beteiligung geschrieben wurde. Finden wir
vielleicht Themen auf der Tagesordnung, die wir auf keinen Fall diskutieren wollen? Die andere Seite hat sie vermutlich gerade aus diesem Grund
ins Programm genommen. Wir sollten umgehend auf ihrer Streichung bestehen. Und umgekehrt: Sind alle unsere Anliegen aufgeführt, oder ist der
eine oder andere Punkt wie zufällig unter den Tisch gefallen? Die erste
Runde der Verhandlung, noch bevor wir zur eigentlichen Sache kommen,
sollte daher zunächst die Tagesordnung betreffen. Auch sie ist schliesslich
Verhandlungssache.

Zeitbeschränkung

Die Zeit spielt neben der Tagesordnung vermutlich die wichtigste Rolle bei
einer Verhandlung. Egal wieviel Zeit tatsächlich zur Verfügung steht – die
nutzbare Zeit kann im Dienste einer bestimmten Strategie beliebig einge-
schränkt werden. Betrachten wir zunächst die künstliche Beschränkung
der Verhandlungszeit – eine sehr wirksame Taktik. Wir kommen nach Wochen gründlicher Vorbereitung im Büro unseres Verhandlungspartners bei
den Vereinten Nationen in New York an und wollen ebenso gründlich über
unseren Vorschlag verhandeln. Das Hotel ist für vier Tage reserviert, unser
Terminkalender für diesen wichtigen Anlass vollkommen freigeschlagen.
Zu unserem Entsetzen gibt uns die Botschafterin nun zu verstehen, dass sie
nur eine Stunde Zeit für uns hat, danach müsse sie leider überraschend zu
Konsultationen nach Genf reisen. Dort kommen wir gerade her! Die Sicherheit der guten Vorbereitung ist erst einmal dahin; schliesslich war unser
Konzept auf mehrere, wesentlich längere Gespräche ausgerichtet. Die Ex-
zellenz war, mit Verlaub, schlechter vorbereitet als wir und hat mit diesem
taktischen Schachzug (woher sollen wir denn wissen, ob sie wirklich nach
Genf fliegt?) die Initiative an sich gezogen. Sie herrscht über die Zeit und

nimmt uns damit die inhaltliche Kontrolle der Verhandlung aus der Hand. In diesem Fall haben wir wenige Alternativen – allenfalls können wir die Vertagung auf einen neuen Termin vorschlagen. In anderen Fällen, bei denen die Macht nicht so eindeutig bei der anderen Seite liegt, sollten wir willkürlich erscheinende Zeitbeschränkungen einfach ablehnen. Es bedarf wohl keiner Erwähnung, dass wir unsere eigene *echte* Zeitbeschränkung (etwa unseren bereits gebuchten Rückflug) niemals freiwillig preisgeben – sie wäre eine wirksame Waffe in den Händen des Gegners.

Verzögerung

Das genaue Gegenteil der Zeitbeschränkung ist die Verzögerung. Unser Verhandlungspartner aus Chicago ist für eine Woche angereist und möchte gerne mit einem Vertrag in der Tasche nach Hause fliegen. Wir können ihn leicht unter Druck setzen, wenn wir die Verhandlung bis Donnerstag dahinschleppen und die übrige Zeit mit allerlei Formalien oder auch gesellschaftlichen Anlässen verbrauchen. Spätestens am Freitag morgen will unser Gegenüber nun endlich einen Vertrag aufsetzen und ist auch zu Konzessionen bereit, wenn er nur seinen Flug am frühen Nachmittag erreichen kann. Unnötig zu erwähnen, dass diese Taktik kaum geeignet ist, eine vertrauensvolle Zusammenarbeit zu unterstützen. Dafür müssten wir den Bedürfnissen des Partners schon etwas mehr entgegenkommen. Eine noch extreme Verzögerungstaktik ist uns auch aus dem Jugoslawien-Konflikt (Strategie: Konfrontation) schmerzlich bekannt: vor allem Serbien zog die Verhandlungen mit den verschiedenen Konfliktparteien, der Europäischen Union und den Vereinten Nationen während Monaten und Jahren ergebnislos hin und kämpfte währenddessen an allen Fronten weiter. Die Absicht hinter dieser Taktik ist offensichtlich: wer mit dem gegenwärtigen Zustand, dem *status quo*, zufrieden ist, der hat gar kein Interesse an einer Verhandlungslösung. Eine laufende Negotiation mit den Konfliktparteien ist aber die beste und billigste Versicherung gegen Sanktionen aller Art.

Vertagung

Auch die Vertagung einer Verhandlung spielt mit der Zeit. Sie eignet sich allerdings nicht nur als taktischer Trick, um die andere Seite aus dem Konzept zu bringen oder sie zu übervorteilen. Eine Vertagung kann in einer festgefahrenen Situation die einzig vernünftige Entscheidung sein. Sie allein schafft Zeit und Spielraum für die einzelnen Parteien, ihre strategischen Positionen zu überprüfen und gegebenenfalls zu korrigieren. Auch eine Vermittlung oder informelle Kontakte können in der Zwischenzeit arrangiert werden. Die Vertagung ist daher besonders dafür geeignet, eine Konfrontation oder das Ausweichen einer Partei zu verhindern, um damit doch noch eine integrative Lösung zu erreichen. Auf der anderen Seite lässt sie sich natürlich ebenso in den Dienst rein distributiver Strategien stellen. Ein genauer Blick auf die Interessen der Konfliktparteien ist hier angebracht, um die wahren Ziele dieser Taktik zu ergründen.

Kurze Pause

Eine ähnliche Rolle wie die Vertagung spielt die kurze Pause, nur dass sie weniger Zeit in Anspruch nimmt und den Erfolgsdruck der Situation aufrechterhält. Die Verhandlung wird dabei nur für eine halbe oder eine volle Stunde unterbrochen, ohne dass die Parteien auseinandergehen. Das gibt den Teilnehmern Gelegenheit, die eigenen Positionen neu zu definieren und das weitere Vorgehen entsprechend anzupassen. Eine solche Pause ermöglicht ausserdem einen zwangloseren Kontakt zwischen den Parteien, als dies je am Verhandlungstisch möglich wäre. Ein Stillstand der Gespräche kann auf diese Weise viel leichter überwunden werden als in der starren Schlachtordnung einer formellen Verhandlung. Die kurze Pause ist daher in guten Tagesordnungen bereits vorgesehen; in vielen Fällen wird dann auch Kaffee und Kuchen zur Besänftigung erregter Gemüter aufgefahren. Das hebt den Blutzuckerspiegel und bringt so manches aggressive Gespräch wieder auf die sachliche Ebene zurück.

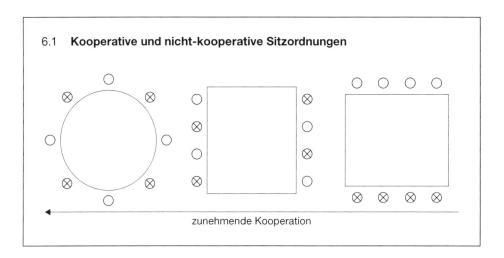

6.1 **Kooperative und nicht-kooperative Sitzordnungen**

zunehmende Kooperation

Räumliche Situation

Eine wichtige Rolle spielt auch der Ort der Verhandlung und die räumliche Anordnung der beteiligten Personen. In der gewohnten Umgebung geniesst jeder den Vorteil eines Heimspiels. Wer nicht reisen und sich dabei auf andere Zeit- und Klimazonen sowie anderes Essen einstellen muss, der spart seine Energien für die Verhandlung. Das Argument lässt sich auch umdrehen: die Art und Weise, wie man seine angereisten Verhandlungspartner empfängt und sie die Mühen der Reise vergessen lässt, bestimmt den Grundton der folgenden Verhandlung. Eine Reihe von Beispielen hatten wir bereits in Kapitel 3 gesehen, doch dort ging es eher darum, den anderen buchstäblich weichzukochen. In vielen Fällen ist glücklicherweise das genaue Gegenteil der Fall – eine komfortable und den Bedürfnissen der Gäste angepasste Umgebung soll die Basis für eine integrative Zusammenarbeit legen. Die Taktik der räumlichen Situation, im weitesten Sinne verstanden, ist also sehr vielseitig und zur Umsetzung ganz unterschiedlicher Strategien einsetzbar. Aus der Wahl dieser Situation durch eine oder mehrere Verhandlungsparteien lässt sich daher sehr viel Information ablesen.

Allein die Sitzordnung oder, noch grundlegender, die Form des Tisches, spricht Bände über die – angestrebten oder tatsächlichen – Beziehungen zwischen den Parteien. So wurde monatelang über die Form des Verhandlungstisches bei den Friedensverhandlungen für Vietnam gerungen (allerdings war dies auch eine Verzögerungstaktik!), und der berühmte *Runde Tisch* in Polen oder der DDR spricht eine ganz andere Sprache als etwa der lange, unüberwindlich breit erscheinende Konferenztisch auf dem 38. Breitengrad zwischen Nord- und Südkorea. Waren tatsächlich einmal beide koreanischen Delegationen zu den gelegentlich verabredeten Treffen in diesem äusserst schwierigen Dialog erschienen, dann sassen sie sich frontal gegenüber. Ein- oder zweimal kam es trotz allem zu einem zögerlichen Händedruck, aber dafür mussten sich die Unterhändler schon fast auf den Tisch legen – er war so breit, als ob er eben diesen Handschlag von vornherein verhindern sollte.

Beschränkte Handlungsvollmacht

Jeder Mensch hat seine Grenzen. Auch die meisten Verhandlungsmandate sind mehr oder weniger eingeschränkt. Dennoch spielen in der Verhandlung oft nicht die echten, sondern vorgeschobene Verpflichtungen und Beschränkungen die grössere Rolle. Grundsätzlich sollten wir daher vorsichtig sein, wenn die andere Seite sich auf ihre beschränkte Handlungsvollmacht beruft oder auf eine bestehende Verpflichtung hinweist. Wenn diese Beschränkung uns schadet und der anderen Seite nützt, dann könnte sie gespielt sein. Solche Grenzen können finanzieller Natur sein (*Über diese Summe kann ich nicht allein entscheiden, und mein Chef ist gerade auf Safari in Südafrika. Ich kann höchstens bis … gehen*), die Unternehmensstrategie des Verhandlungspartners betreffen (*Es tut mir leid, wir dürfen grundsätzlich nur deutschen Stahl kaufen. Sie müssten dann schon besonders gute Konditionen bieten …*), die technische Machbarkeit einer vorgeschlagenen Lösung bezweifeln (*Das geht beim Auslastungsgrad unserer Werke derzeit nicht; es sei denn …*) oder die rechtliche Seite einseitig und völlig überzogen darstellen (*Unsere Rechtsabteilung haut mir diesen Vorschlag glatt um die Ohren. Bei Punkt drei müssen wir noch etwas ändern …*). Eines haben von der Gegenseite vorgeschobene Beschränkungen aber gemeinsam: sie sollen uns dazu bringen, eine für uns ungünstigere Lösung zu akzeptieren. Wer diesen Trick durchschaut, kann den Spiess aber umdrehen, indem er die genannten Grenzen auf die Probe stellt (*Schade, dann muss ich mich eben woanders umsehen …*). Wenn der andere jetzt nachgibt, hat er verloren. Will er trotz allem einen

Abschluss erzielen, dann muss er die versuchte Täuschung mit Konzessionen teuer bezahlen.

Präzedenzfall

Eine der Standard-Taktiken vieler Verhandler ist die Bezugnahme auf einen Präzedenzfall. Damit wird die laufende Verhandlung in den Zusammenhang früherer Abschlüsse (*Bisher haben wir bei Ihnen immer 25 Prozent Rabatt bekommen ...*) oder gleichzeitig bestehender Angebote (*Die Firma X bietet uns ein vergleichbares Produkt fünf Prozent billiger an ...*) gestellt – freilich nur derer, die der handelnden Partei nützen. Der Mensch ist ein Gewohnheitstier und lässt sich durch solche Vorgaben leicht in die gewünschte Richtung lenken. Diese Taktik ist leicht einzusetzen, wird aber wegen ihrer weiten Verbreitung auch ebenso leicht durchschaut. Allerdings hält sich der Schaden in diesem Fall in Grenzen; den Versuch war es allemal wert. Die Abwehr dieser Strategie ist relativ einfach: es muss nur plausibel gezeigt werden, dass die Situation des Präzedenzfalls nicht vergleichbar ist. Entweder haben sich die Umstände verändert, oder das genannte Vergleichsangebot hat einen anderen Nachteil. Warum sollte jemand schliesslich weiter verhandeln, wenn die Konkurrenz tatsächlich so viel besser ist? Es muss ihm etwas an einem Abschluss mit uns liegen, sonst hätte er sein Geschäft längst woanders gemacht.

Standards und Normen

Eine ähnliche Taktik ist das Bestehen auf der Einhaltung gewisser Standards oder Normen durch bestimmte Produkte, Bauteile oder auch völkerrechtliche Verträge. Bilaterale Abkommen müssen nach dieser Taktik etwa *europa-kompatibel* sein, oder sie müssen der Prüfung durch den jeweiligen obersten Gerichtshof oder einem Referendum standhalten. Mit Hinweis auf solche bestehenden Normen lassen sich allerhand Konzessionen erreichen, etwa jene der Schweiz bei den Verhandlungen über den Europäischen Wirtschaftsraum, nachdem der Europäische Gerichtshof 1991 den zuvor vereinbarten Vertragsentwurf kassiert hatte. Alles, was sich anscheinend (oder auch nur scheinbar) nicht ändern lässt, muss von der anderen Seite schliesslich hingenommen werden, wenn ein Abschluss zustande kommen soll. So lässt sich die Schuld bequem auf einen Dritten abschieben (*Es tut mir wirklich leid, aber unsere nationalen Bestimmungen sind nun einmal so streng …*), während der Gewinn daraus in die eigene Tasche fliesst. So manche nationale Norm wurde auch aus genau diesem Grund geschaffen.

Drohungen

Drohungen gegen Personen sind – ebenso wie Gewalt, Terror und Krieg – ein Instrument aus dem Arsenal der unkonventionellen Verhandlungsführung. Diese Mittel finden normalerweise keinen Eingang in unser Repertoire, und wir werden hoffentlich auch nie mit ihnen konfrontiert. Es gibt jedoch bestimmte Branchen, in denen Drohungen zum täglichen Brot der Verhandlung gehören – etwa Polizei, Militär, Geheimdienst oder auch das organisierte Verbrechen. Der sichere Umgang mit solchen zuweilen lebensbedrohlichen Situationen erfordert eine spezielle Ausbildung, die nicht Aufgabe dieses Buches sein kann. Wir wollen uns hier auf sachliche Drohungen beschränken (*Wenn Sie mein Angebot nicht annehmen, dann kaufe ich Ihren ganzen Laden auf …*). Sie sind ein taktisches Mittel der Konfrontation, ein Instrument der drängenden, fordernden Strategie. Bei jeder anderen Strategie wäre die Drohung völlig fehl am Platze, und auch bei Konfrontation und Kampf ist sie nur dann sinnvoll, wenn sie glaubwürdig ist. Dazu gehört eine entsprechende Machtposition und die Bereitschaft, die Drohung gegebenenfalls auch wahrzumachen. Nichts zerstört die eigene Position so wirksam wie eine angedrohte, aber nicht ausgeführte Sanktion. Diese bittere Lektion musste die Europäische Union im Jugoslawien-Konflikt gleich mehrfach lernen, als sie sowohl militärische Drohungen gegen die Serben wie auch – nach dem Ende der Kämpfe – einen den Kroaten angedrohten Abzug der EU-Verwaltung aus der geteilten Stadt Mostar nicht in die Tat umsetzte. Die Glaubwürdigkeit war dahin.

Versprechungen

Versprechungen verpflichten nur den, der an sie glaubt [*Les promesses n'engagent que ceux qui les reçoivent.*] Diesen schönen Satz des französischen Staatspräsidenten Jacques Chirac sollten wir uns auf der Zunge zergehen lassen – gerade in der völligen Geringschätzung von Ehre und Vertrauen erschliesst sich die ungeheure Macht des Realisten. Das soll beileibe keine Absage an die in früheren Kapiteln hervorgehobene Bedeutung des gegenseitigen Vertrauens bei der Verhandlung sein. Im Gegenteil, wir sollten uns stets nach Kräften darum bemühen, eine solche Beziehung aufzubauen. Unsere Verhandlungsergebnisse werden es uns auf Dauer lohnen. Dennoch sollten wir das alte russische Sprichwort *Vertraue, aber prüfe nach!* beherzigen, das häufig (aber irrtümlich) Wladimir Iljitsch Uljanow, genannt Lenin, in der viel schöneren Form *Vertrauen ist gut, Kontrolle ist besser* zugeschrieben wird (Büchmann: Geflügelte Worte, Berlin 1972, S. 659). Vertrauen darf nicht Naivität bedeuten. Es ist eigentlich nur eine Vorleistung an gutem Willen, solange kein Grund zum Misstrauen erkennbar ist. Ob das Vertrauen aber gebrochen wird, kann man nur erkennen, wenn man das Verhalten des anderen sowie seine Interessen und Alternativen genau im Auge behält. Auf die Verhandlung bezogen bedeutet dies: wir sollten nur Versprechungen machen, die wir auch einhalten können und wollen. Versprechungen der anderen Seite sollten wir jedoch kritisch betrachten und nicht immer gleich für bare Münze nehmen.

Falsche Kompromisse

Wir haben bereits in Kapitel 5 die Nachteile der Kompromisslösung erörtert. Manchmal ist sie die einzige und daher beste Alternative, aber oft wird der sogenannte faire Kompromiss (*Treffen wir uns doch in der Mitte …*) auch ganz gezielt taktisch eingesetzt. Auf drei Dinge ist hier zu achten. Erstens: warum sollte gerade die Mitte besonders fair sein? Die meisten Menschen scheinen einfach eine besondere Vorliebe für Symmetrie und Gleichverteilung zu haben. Und überhaupt – was ist schon fair? Zweitens: die Mitte liegt immer zwischen zwei Punkten, von denen die Gegenseite den einen festgelegt hat. Mit ein wenig Berechnung lässt sich auf diese Weise nahezu alles erreichen. Drittens: der Vorschlag kann an einem Punkt kommen, an dem die andere Seite ohnehin schon die bessere Position innehat. Ein Kompromiss bedeutet dann nur noch weitere Zugeständnisse; er wird buchstäblich zum falschen Kompromiss.

Schmeichelei und Charme

Über diese Taktik brauchen wir sicher nicht viele Worte zu verlieren. Sie ist ebenso wirksam wie einfach. Der Einsatz von Charme ist eine legitime Taktik im Umgang mit Menschen, die meist beiden Seiten etwas bringt. Sie ist das Salz in der oft faden Suppe endloser Verhandlungen. Das Lächeln der attraktiven Diplomatin aus Kopenhagen oder die professionelle Anerkennung des routinierten indischen Unterhändlers ist Balsam für die Seele. Natürlich freut sich auch die gestresste Dolmetscherin, die wir schon aus früheren Verhandlungen kennen, über ein verständnisvolles Wort in der Pause oder nach Feierabend. Das alles darf und sollte durchaus ernst gemeint sein; hierin unterscheidet sich auch der Einsatz des persönlichen Charme von der aufgesetzten Schmeichelei. Mit ihr sollten wir vorsichtig sein; schnell wird sie zu dick aufgetragen und verfehlt gerade deshalb ihr Ziel. Noch wichtiger: wir sollten auch darauf gefasst sein, dass die andere Seite uns einwickeln will. Ein professioneller Verhandler muss aber selbst die angenehmsten Versuche der Beeinflussung abwehren können.

Dolmetscher

Der Einsatz von Dolmetschern ist bei internationalen Verhandlungen meist eine Notwendigkeit, doch kann er auch eine gezielte Taktik darstellen. Es kommt nicht selten vor, dass ein Verhandler trotz ausgezeichneter Kenntnisse in der betreffenden Fremdsprache vor Ort selbst kein Wort darin spricht und alles dem Dolmetscher überlässt. Das hat – von der Rechnung des Dolmetscherdienstes einmal abgesehen – gleich mehrere Vorteile. Der Verhandler hört und versteht den Originalton – einschliesslich der unvorsichtigen halblauten Bemerkungen innerhalb der anderen Delegation, die gar nicht für ihn bestimmt waren. Während der Dolmetscher übersetzt, kann er bereits über seine Antwort nachdenken. Und schliesslich kann er die Reaktion seines Gegenübers aufmerksam beobachten, während der Dolmetscher seine Antwort in die Fremdsprache übersetzt. Es wird also in beide Richtungen wertvolle Zeit gewonnen – in der dichten Verhandlungssituation bedeutet das mehr Überblick und bessere Kontrolle. Wir haben aber auch schon erlebt, dass sich europäische Manager bei wichtigen Verhandlungen in Asien auf den Dolmetscher der Gegenseite verlassen und selbst keinen eigenen zum Termin mitnehmen. Das spart Kosten, ist aber sehr kurzsichtig. Nicht nur verzichtet der Verhandler damit auf die beschriebenen Vorteile, sondern er gewährt diese stattdessen grosszügig seinem Gegenüber – und verlässt sich überdies auf eine vielleicht parteiische Übersetzung. In dieser Lage ist schnell weit mehr verloren, als ein eigener Dolmetscher gekostet hätte.

Körpersprache

Die Rolle der Körpersprache für die Kommunikation kann nicht oft genug hervorgehoben werden. Sie ist weit wichtiger als die gesprochene Sprache, auch wenn das rationale Leitbild unserer westlichen Kultur diese Erkenntnis oft sträflich vernachlässigt. Es ist völlig unmöglich, bei einem Zusammentreffen mit anderen Menschen nicht zu kommunizieren – selbst wenn man kein Wort sagt. Jeder zeigt Körpersprache, ob er es nun will oder nicht. Wer ihre Signale lesen kann, besitzt einen klaren Informationsvorsprung. Der aktive Einsatz bestimmter körpersprachlicher Mittel zur Kommunikation ist aber bedeutend schwieriger zu erlernen als die Deutung; sie bleibt zum taktischen Einsatz dem erfahrenen Profi und dem Naturtalent überlassen. Dennoch ist es wahrscheinlich, dass wir beiden einmal gegenübersitzen. Die Beschäftigung mit der Körpesprache – am besten durch entsprechende Fachseminare, ansonsten durch die umfangreiche Literatur zum Thema – lohnt den Aufwand für jeden Verhandler, vom persönlichen Gewinn einmal ganz abgesehen.

Sackgasse und Stillstand

Nicht jede ausweglose Situation in einer Verhandlung ist unvermeidlich. Wenn ein Stillstand (und natürlich der später vorgeschlagene Ausweg!) einer Seite nützt, warum sollte sie ihn nicht gezielt ansteuern? Eine gesunde Portion Misstrauen ist daher besonders bei pfannenfertigen Lösungen aus einer scheinbar hoffnungslos verfahrenen Lage angebracht. Bei jedem ernsthaften Stocken der Verhandlung ist die Frage nach der Ursache angebracht. Kann die andere Seite nicht weiter, oder will sie nicht?

Initiative

Die Verhandlung macht hier keine Ausnahme: wer die Initiative ergreift oder an sich reisst, der bestimmt die Situation. Es ist das Gesetz des Handelns, das auch der Polizei das Leben schwer macht: der Verbrecher ist zunächst meist einen Zug voraus. Auch wenn es am Verhandlungstisch nicht um Verbrecherjagd geht – wer stets zuerst handelt und das Tempo, vielleicht auch die Tagesordnung bestimmt, der kann die Verhandlung in eine von ihm gewünschte Richtung ziehen, drücken oder lenken.

Vorsätzliche Fehler

Nicht selten begeht ein Verhandler vorsätzlich und ganz bewusst einen Fehler. Das kann mehrere Gründe haben. Erst einmal kann es ein Test sein, wieviel die andere Seite weiss – wird sie uns korrigieren? Oder nicht mit der Wimper zucken – aus Unwissenheit, oder aus Beherrschung? Dann kann es einen verwirrten, schwachen Zustand der eigenen Delegation erzeugen, der die andere Seite zu unvorsichtigen oder riskanten Manövern verleitet. Es ist fast immer besser, unterschätzt zu werden. Schliesslich kann der vorsätzliche Fehler auch ein Versuchsballon sein (siehe unten), mit dem wir testen wollen, wie weit wir gehen können.

Informationsflut

Information ist für den Erfolg entscheidend. Wie alle guten Dinge kann sie aber im Überfluß ausgeprochen schädlich sein. Eine beliebte und äußerst wirksame Taktik ist es, die andere Seite grosszügig mit Informationen und Daten zu versorgen. Je mehr, desto besser. Das wirkt wie eine vertrauensvolle Zusammenarbeit, kann in Wahrheit aber eine recht unfreundliche Massnahme sein, um den anderen zu verwirren oder von wesentlichen Dingen abzulenken. Natürlich freut sich jeder zunächst über die Offenheit, über die Ordner oder Disketten mit Daten und Fakten. Wenn die andere Seite aber jeden Abend im Hotel noch Daten knacken muss, dann ist die Überlegenheit schnell dahin. Wir haben sie in einer Flut von Informationen ertränkt. Jetzt ist der richtige Zeitpunkt für Phase zwei: die einfache Lösung. Natürlich haben wir die wichtigsten Daten, die wesentliche Information bereits fein säuberlich aufbereitet und in eine Präsentation umgesetzt. Der andere kennt zwar die Daten, konnte sich aber kein so schönes und überzeugendes Bild davon machen. Für Misstrauen gibt es scheinbar keinen Anlass – schliesslich haben wir uns ja sehr offen gezeigt – also klingt unser Vorschlag akzeptabel. Und wieder einmal kommt es nicht auf die Menge von Informationen, sondern auf deren Qualität und Bedeutung an.

Lügen mit Statistik

Auch diese Taktik ist weit verbreitet. Die heutige Software zum Aufbereiten und Präsentieren von Daten macht die Manipulation noch wesentlich leichter. Dennoch reichen recht elementare Kenntnisse statistischer Methoden, um die beliebtesten Tricks zu durchschauen. Huff (1985) gibt einen guten und amüsanten Überblick. Die einfachste und wirkungsvollste Methode ist die Wahl der Skala: bei geeigneter Verzerrung lässt sich aus Diagrammen aber auch wirklich alles herauslesen. Ein Blick auf die Einteilung der Achsen von Diagrammen sollte daher zur Routine werden. Seltsamerweise werden – insbesondere gut aufbereitete – Statistiken von den meisten Menschen für bare Münze genommen. Ein ähnliches Phänomen gibt es bei den Fernsehnachrichten, die ebenfalls allgemein für wahr und vollständig, ja geradezu amtlich gehalten werden. Kaum jemand fragt danach, wem der Sender gehört, wer die Redakteure oder Korrespondenten sind und welchen Beschränkungen sie in bestimmten Ländern unterliegen. Solche Fragen sind auch und gerade bei der Statistik als oft recht zweifelhaftem Beweismittel angebracht.

Geheimhaltung

Diskretion ist bei vielen Verhandlungen nicht nur Ehrensache, sondern Voraussetzung für den Erfolg. Allerdings kann sie auch taktisch eingesetzt werden. Sie kann die Gegenseite etwa daran hindern, bestimmte Unterstützergruppen (und damit Machtfaktoren) für sich zu mobilisieren. Andersherum kann sie ungünstige Kräfte in Gesellschaft, Politik und Geschäftswelt von uns fernhalten. Sie kann ausserdem als Tarnung für regelwidrige Verhandlungen mit mehreren Partnern dienen – wir haben diese Taktik am Beispiel des Tabakkonzerns Reynolds gesehen. Schliesslich ermöglicht die Geheimhaltung die mit ihr eng verknüpfte Taktik der undichten Stellen. Gezielte Indiskretionen an geeignete Personen – zuverlässige Journalisten, Manager, Behördenvertreter – dienen dabei als Versuchsballon (siehe unten), um die Reaktion der anderen Seite zu testen.

Versuchsballons

Versuchsballons stammen aus der meteorologischen Forschung; sie dienen dazu, die Temperatur- und Druckverhältnisse sowie die Zusammensetzung der Luft in verschiedenen Schichten der Atmosphäre zu erforschen. Eine ähnliche Funktion haben sie auch bei der Verhandlung. Mit einem möglichst geringen Aufwand an Kosten und Risiko sollen sie herausfinden helfen, wo die andere Seite steht und wohin sie sich eventuell bewegen würde. Platzt der Ballon – etwa in einem Gewitter – dann ist noch nicht allzu viel verloren. Meist landet er aber wohlbehalten und liefert die gewünschten Informationen. Politiker testen zum Beispiel regelmässig neue Gesetzvorstösse durch gezielte Indiskretionen. Ist die Öffentlichkeit empört, wird der Vorstoss fallengelassen oder verschoben. Hält sich der Widerstand in Grenzen, dann wird das Projekt weiterverfolgt.

Vermittler und Schiedsrichter

Den Einsatz von Vermittlern und Schiedsrichtern haben wir bereits kurz betrachtet. Die Bandbreite der möglichen Rollen einer solchen dritten Person ist – je nach deren Autorität und der Natur des Konflikts – sehr gross. Grafik 6.2 zeigt eine Reihe von Möglichkeiten. In jedem Fall sollte die Rolle vor Vergabe des Mandats an eine dritte Person von den Verhandlungsparteien gründlich durchdacht und besprochen werden. Nur ein auf den konkreten Fall zugeschnittenes Mandat wird seinen Zweck erfüllen.

Austausch des Verhandlers

Der Einsatz eines neuen Verhandlers kann mehrere gute Gründe haben. Zunächst einmal kann der ursprünglich eingesetzte Verhandler krank geworden sein. Er kann aber auch zu weit gegangen sein; sein Auftraggeber tauscht ihn dann lieber gegen einen anderen aus, als die von ihm zugesag-

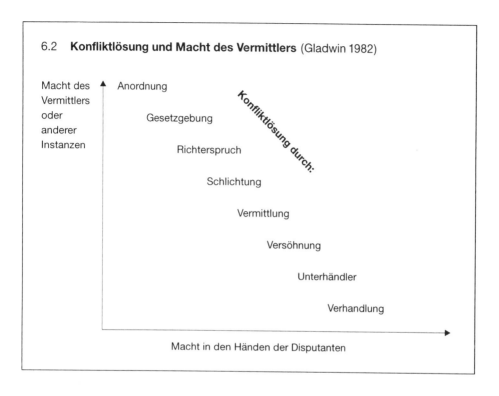

6.2 **Konfliktlösung und Macht des Vermittlers** (Gladwin 1982)

Macht des Vermittlers oder anderer Instanzen

Anordnung

Gesetzgebung

Richterspruch

Konfliktlösung durch:

Schlichtung

Vermittlung

Versöhnung

Unterhändler

Verhandlung

Macht in den Händen der Disputanten

ten Konzessionen einzulösen. Für den Verhandlungspartner ist dies natürlich sehr ärgerlich, aber ihm bleibt nichts anderes übrig, als den neuen Verhandler zu akzeptieren – oder die Verhandlung aufzugeben. Ein weiterer Grund für den Austausch eines Verhandlers ist ein erschüttertes Vertrauensverhältnis. Wenn das Vertrauen gebrochen wurde – egal, ob nun der Verhandler oder seine Zentrale dafür verantwortlich ist – dann muss ein neuer Vertreter an den Verhandlungstisch. Der alte wäre eine ständige Erinnerung an die gebrochene Vereinbarung und auch persönlich in einer wenig angenehmen Lage. Ein gutes Beispiel ist die Rolle der Schweiz bei den Verhandlungen um den Europäischen Wirtschaftsraum. Die Schweiz war stets ein unbequemer Partner, der jeden Verhandlungsspielraum ausreizen wollte. Nach langen und zähen Verhandlungen wurde schliesslich ein Paket geschnürt. Als das Schweizervolk diesen Vertrag in einem Referendum 1992 mehrheitlich ablehnte, konnte sich der Schweizer Unterhändler bei den Europäischen Gemeinschaften nicht mehr blicken lassen – obwohl er persönlich dort ausgezeichnete Arbeit geleistet hatte.

Hinter den Linien

Kein Feldherr oder Kommandeur würde einen ernstzunehmenden Gegner frontal angreifen. Das wäre Leichtsinn, wenn nicht sogar Selbstmord. Ein viel besseres Ziel in der Konfrontation ist die ungeschützte Flanke. Auch die Versorgungslinien des Gegners sind meist leicht verwundbar, wenn sie mit den eigenen Kräften zu erreichen sind. Im militärischen Gebrauch sind für diese Zwecke taktische Raketen oder der Einsatz von Fallschirmjägern vorgesehen. Langfristig hat sich auch schon die psychologische Einwirkung auf die Zivilbevölkerung bewährt, etwa durch Flugblätter oder Radiosender. Eine ähnliche Funktion kann eine Hinterland-Kampagne bei der Verhandlung ausüben, wenn sie die Unterstützergruppen der anderen Seite angreift oder ihre Gegner stärkt. In Kapitel 5 haben wir dieses Vorgehen am Beispiel der westlichen Unterstützung für Gorbatschow gesehen. Der Phantasie sind hier keine Grenzen gesetzt; die Bandbreite reicht allerdings auch bei dieser Taktik bis ins unkonventionelle Arsenal der schmutzigen Tricks. Hier sollten wir auch verzichten können.

Literatur zu diesem Kapitel

Hawver, Dennis A.: How to improve your negotiation skills. In: *Modern Business Reports*, 1982.
Hendon, Donald W. / Hendon, Rebecca Angeles: *How to negotiate worldwide: a practical handbook.* Aldershot, Gower 1989.
Huff, Darell: *How to lie with statistics.* London, Penguin 1985.

7. Phasen und Runden

Die wichtigsten Grundlagen der Verhandlungsführung wurden in der ersten Hälfte dieses Buches in der Theorie und anhand von Beispielen erklärt. Sie bilden ein solides Fundament, doch auch der beste Keller macht noch kein Haus. Die folgenden Kapitel greifen daher weitergehende Aspekte der Verhandlungstechnik einzeln heraus. Sie können – je nach Thema und Vorkenntnissen – als Vertiefung oder Ergänzung verstanden werden. Die Beschäftigung mit diesen zusätzlichen Bausteinen lohnt sich nach unserer Erfahrung auch für den zeitlich sehr eingespannten Leser. Der Inhalt dieser Kapitel geht deutlich über das häufig vorhandene Grundwissen zur Verhandlungsführung hinaus; seine Anwendung ist in den allermeisten Situationen von hohem praktischen Nutzen. Das erste dieser vertiefenden Kapitel handelt vom zeitlichen Ablauf der Verhandlung.

Alles zu seiner Zeit!

Wir fallen nicht gern mit der Tür ins Haus. Das hat seinen Grund: jeder Mensch braucht Zeit, sich mit einer neuen Situation auseinanderzusetzen. Neue Information muss erst verarbeitet werden, bevor eine Bewegung in der eigenen Position oder eine andere Reaktion eingeleitet wird. In einer Verhandlung ist Bewegung aber die eigentliche Geschäftsgrundlage. Wir verhandeln doch nur dann, wenn wir erwarten, dass sich am Ende beide Seiten aufeinander zu bewegen. Jede Verhandlung braucht daher Zeit zum Verarbeiten und Nachdenken – viel mehr Zeit, als für den blossen Austausch der Informationen unbedingt notwendig wäre. Der Zeitbedarf steigt dabei mit der technischen Komplexität der Informationen ebenso wie mit ihren Auswirkungen für die andere Seite. Eine Revolution ist schwieriger zu begreifen als eine geringfügige Veränderung. Je anspruchs-

7.1 Vier grundlegende Phasen der Verhandlung

I. Warmlaufen

- freundliche Atmosphäre
- erster Überblick über Verhandlungsgegenstände

II. Positionen vertreten

- Eröffnungsangebote
- Argumente und Positionen austauschen
- Informationen sammeln

III. Annäherung

- Bedürfnisse und Wünsche ermitteln
- Suche nach konstruktiven Lösungen
- Details verhandeln

IV. Lösung oder Abbruch

- Lösungspakete schnüren und zur Entscheidung stellen
- Unterschrift oder
- Abbruch der Verhandlung

voller also der Gegenstand der Verhandlung ist und je mehr die eigene Position von der des Verhandlungspartners abweicht, desto länger dauert die Verhandlung. Wenn wir das nicht berücksichtigen und sie in einem Zug durchpeitschen wollen, dann ist der Anpassungsschock vielleicht zu gross. Die andere Seite verzichtet möglicherweise lieber auf einen Abschluss, als sich mit einer unkontrollierbaren und erschreckenden Lage auseinanderzusetzen. Das wollen wir unbedingt vermeiden. Die sorgfältig angelegte Planung unserer Verhandlung sollte daher nicht nur Strategie und Taktik festlegen, sondern die Konfliktlösung ausserdem in einzelne Schritte zerlegen. Die folgenden Abschnitte stellen vier grundlegende Phasen der Verhandlung vor, die in Grafik 7.1 skizziert sind.

Dieses Modell ist natürlich eine idealisierte Darstellung, die in der Realität zuweilen ganz anders aussehen kann. Dennoch ist die vorgeschlagene Einteilung in vier Phasen ein nützliches Hilfsmittel für die meisten Verhandlungen. Die mit den einzelnen Phasen verbundenen Aufgaben sollten in der jeweils nächsten Phase auch keineswegs als erledigt angesehen, sondern bis zum Ende der gesamten Verhandlung weiterhin wahrgenommen werden. Es kommen in jeder Phase lediglich neue Aufgaben und Schwerpunkte hinzu.

I. Warmlaufen

Die erste Phase nennen wir auch *Warmlaufphase*. Die Verhandler beider Seiten müssen sich erst ein wenig kennenlernen und mit der räumlichen wie inhaltlichen Situation vertraut machen. Eine freundliche Atmosphäre ist jetzt erwünscht; sie soll das eventuell vorhandene Eis brechen. Dies ist der Beginn einer persönlichen, wenn auch geschäftsmässigen Beziehung zwischen zwei Menschen. Je professioneller ein Verhandler auftritt, desto *mehr* (und nicht weniger!) wird er auf sein Gegenüber eingehen – innerhalb gewisser Grenzen, versteht sich. Wieviel Zeit und Aufwand diese Phase benötigt, hängt selbstverständlich vom Gegenstand der Verhandlung ab, aber auch ganz entscheidend vom kulturellen Umfeld. In arabischen Ländern oder auch in Asien kann diese Phase den bei weitem grössten Anteil des Zeitbudgets ausmachen. Persönliche Beziehungen sind dort alles; das Geschäft kann man mit dem richtigen Partner fast nebenbei machen. Das gute Verhandlungsklima, der persönliche Kontakt will während der ge-

samten Verhandlung gepflegt werden – ganz besonders in schwierigen
Momenten der Konfrontation. Noch besser ist es, den direkten Draht auch
über den Abschluss der Verhandlung hinaus zu kultivieren. Man weiss nie,
bei welcher Gelegenheit man den gegenwärtigen Geschäftspartner wieder-
sieht, oder welche Chancen sich mit ihm in Zukunft bieten. Oft wird die
aufwendige Kontaktpflege – von der Grusskarte zu Weihnachten über die
gelegentliche Einladung zum Essen bis hin zur Teilnahme an familiären
Anlässen – sich nicht auszahlen, aber in manchen Fällen kann sie dafür
wahre Wunder bewirken. Die entschädigen dann für alles, von den persönlich wertvollen Erfahrungen einmal ganz abgesehen. Die Warmlaufphase
hat noch eine andere Aufgabe als die Herstellung einer konstruktiven Atmosphäre. Alle Themen, die später angesprochen oder vertieft werden sollen, werden jetzt auf den Tisch gelegt. Gezielte Überraschungen sind von
dieser Regel natürlich auszunehmen. Diese *tour d'horizon* verschafft beiden
Seiten einen Überblick über die Verhandlungsgegenstände und erleichtert
später die Suche nach möglichen Lösungen. Beide Seiten können die Bedeutung der Verhandlung für sich selbst nun besser einschätzen, *Knack-
punkte* erkennen und ihre Strategie an die neuen Informationen anpassen.
Ausserdem können sie den Verhandlungspartner einschätzen: welche Be-
fugnisse hat er überhaupt? Darf er einen Vertrag selbst unterschreiben,
oder verhandeln wir mit der falschen Person? Noch ist Zeit, die Notbrem-
se zu ziehen und einen mit entsprechenden Kompetenzen ausgestattetes
Gegenüber zu verlangen.

II. Positionen vertreten

Alle Verhandlungsgegenstände liegen nun auf dem Tisch. Sie sind noch
nicht scharf umrissen, aber beide Seiten haben einen ersten Überblick gewonnen. Jetzt gilt es, die eigene Position festzulegen und zu vertreten. Was
wollen wir erreichen? Mit den Eröffnungsangeboten werden die Pflöcke
für eine mögliche Lösung eingeschlagen. Das Gespräch wird sachlicher,
wir sind in eine Phase der Verteilung eingetreten. Beide Seiten tauschen
Argumente aus, um ihre Position zu erhärten; es werden möglicherweise
auch schon erste Konzessionen signalisiert (aber nicht eingeräumt). Dieser
Austausch sollte sehr vorsichtig vor sich gehen, um eine allzu frühe Festlegung zu vermeiden. Keine der beiden Seiten will jetzt schon in eine Falle

gehen, indem sie über einzelne Punkte bereits zu diesem Zeitpunkt vertieft verhandelt. Zur Vermeidung einer solchen Festlegung eignet sich am besten eine zurückhaltende Sprache im Konditional (*Wir könnten über dieses Thema sprechen, falls Sie über jenes mit sich reden liessen …*) sowie die reichliche Verwendung von abschwächenden Wörtern wie *falls, vielleicht, eventuell, gegebenfalls* oder *möglicherweise.* Das vermeidet von vornherein den Eindruck, dass die in dieser Phase gemachten Aussagen am Ende bindend sind. In jedem Fall geht es aber bereits jetzt um Verteilung. Dabei interessieren uns natürlich Ziele und Grenzen der anderen Seite. Gibt es überhaupt einen Einigungsbereich? Eine aussichtslose Verhandlung können wir jetzt noch ohne grösseren Verlust abbrechen. Scheint eine Einigung denkbar, dann müssen wir jetzt unseren Spielraum einschätzen. Mit möglichst vielen offenen Fragen (*Erklären Sie mir doch bitte, …?; Ich habe das noch nicht ganz verstanden, könnten Sie …?; Was halten Sie von …?*) versuchen wir, den Reservationspreis und den Zielbereich der anderen Seite herauszubekommen. Hier gelten die in Kapitel 2 ausgeführten Regeln der distributiven Verhandlung. Das heisst nun aber nicht, dass wir uns wie Feinde am Verhandlungstisch gegenübersitzen und hartnäckig versuchen, dem anderen das letzte Hemd abzuknöpfen. Hätten wir ein derart verengtes Bild der Verhandlung, dann könnten wir auf die freundliche Warmlaufphase verzichten. Sie wäre dann reine Zeitverschwendung. Unsere Verhandlung ist viel umfangreicher angelegt; sie soll nach Möglichkeit zu einer integrativen Lösung führen. Wie wir in Kapitel 4 gesehen haben, hat aber selbst die konstruktivste Zusammenarbeit ein Element der Verteilung. Auch wenn beide Seiten gewinnen, kann die eine wesentlich mehr bekommen als die andere. Die zweite Phase der Verhandlung soll freundlich, aber bestimmt die eigene Position vertreten und damit ein gutes Ergebnis innerhalb der integrativen Lösung sicherstellen. Diese Aufgabe bleibt ebenfalls bis zum Ende der Verhandlung bestehen.

III. Annäherung

Nachdem die Verhandler sich gegenseitig und den Verhandlungsgegenstand kennengelernt und ihre Positionen geklärt haben, sollte eine Phase der Annäherung beginnen. Bevor der Kuchen verteilt werden kann, muss er schliesslich erst einmal gebacken werden. Zunächst geht es – wie in

Kapitel 3 gezeigt wurde – darum, die Bedürfnisse und Wünsche der anderen Seite zu ermitteln. Wir wollen nehmen, also müssen wir auch geben. Dann wird mit vereinten Kräften und möglichst viel Kreativität nach konstruktiven Lösungen für die bestehenden Konflikte gesucht. Gemeinsamkeit zählt jetzt wieder mehr als individuelle Interessen. Ihr eigenes Wohl wird jede Seite zwar im Auge behalten, aber erst später wieder zur Sprache bringen. Das Messer wird erst gezückt, wenn der Kuchen aus dem Ofen kommt – aber es darf ruhig schon bereit liegen. Einzelne Punkte werden jetzt bis in die Details verhandelt und zu alternativen Lösungen gebündelt, die später nur noch ausgewählt und unterschrieben werden müssen. Die dritte Phase ist also der richtige Zeitpunkt für den integrativen Teil der Verhandlung. Jetzt zahlt sich die freundliche und kooperative Atmosphäre aus, die wir am Anfang so sorgfältig kultiviert haben.

IV. Lösung oder Abbruch

Im Idealfall stehen am Ende der dritten Phase eine oder mehrere Lösungen bereit, die beide Seiten zufriedenstellen. Die Zusammenarbeit kann natürlich auch gescheitert sein, weil die Interessen sich doch als unvereinbar herausgestellt haben – oder die Verhandler über die Phase der Verteilung und Konfrontation nicht hinausgekommen sind. Die vierte und letzte Phase sorgt in beiden Fällen für einen angemessenen Abschluss der Verhandlung. Im Erfolgsfall stellt sie die Alternativen zur Entscheidung. Hier treten in vielen Fällen die Verhandler zur Seite und überlassen – nach erfolgreich abgeschlossener Arbeit – das Feld den tatsächlichen Entscheidern. Das sind in der Politik und Diplomatie die Minister oder Staatschefs und in der freien Wirtschaft die Divisionsleitungen, Geschäftsführer oder Präsidenten. Nur sie haben die Autorität, einen vorbereiteten Vertrag unter mehreren Entwürfen auszuwählen und zu unterschreiben oder wenigstens zu paraphieren, wenn die letzte Entscheidung einem Parlament oder Verwaltungsrat vorbehalten ist. Der Vertrag ist erst in diesem oft feierlichen Moment unter Dach und Fach – keinen Augenblick früher. Das Beispiel des israelisch-palästinensischen Friedensvertrags von 1995 sollte uns in dieser Beziehung eine Warnung sein. Der lange ersehnte Vertrag konnte in Washington beinahe nicht unterzeichnet werden, weil Palästinenserführer Yassir Arafat in der Übersetzung des Vertragstextes nach nächtelangen Verhandlungen eine Falle witterte und seine Unterschrift noch auf der Bühne verweigerte. Ein internationales Fernsehereignis und damit das aussenpolitische Prestige von US-Präsident Clinton stand auf dem Spiel. Buchstäblich in letzter Minute und unter dramatischen Bedingungen konnte ein Kompromiss gefunden werden, indem eine strittige Klausel zunächst ausgenommen wurde. Bis zur rechtsverbindlichen Unterzeichnung eines Vertrags oder Abkommens existiert die ausgehandelte Lösung nur in den Köpfen der Verhandler. Die Entscheider können im letzten Moment ihre Zustimmung zurückziehen, etwa weil sich die Verhältnisse in der Zwischenzeit geändert haben. Bis zum Schluss bleibt der Rückzug aus der Verhandlung also eine Alternative. Je später er erfolgt, desto unangenehmer ist er für alle Beteiligten. Noch schlechter wäre jedoch meist ein Abschluss, den eine Seite hinterher bereuen müsste.

Phasen und Fragen

Jede der vier dargestellten Phasen einer Verhandlung hat eine ganz bestimmte Funktion zu erfüllen. Diese Funktion lässt sich treffend mit den wichtigsten zur Debatte stehenden Fragen beschreiben. Grafik 7.2 zeigt diese Fragen im Zusammenhang der jeweiligen Phasen.
Die erste Frage, die wir uns in einer Verhandlung stellen, betrifft den Verhandlungspartner. *Wer* ist er, welches Mandat besitzt er? Kann er selbst einen Vertrag unterzeichnen, oder wo endet sein Mandat? Diese Fragen entsprechen der Warmlaufphase, in der sich die Vertreter beider Seiten kennenlernen und abtasten. Die nächste, distributiv geprägte Phase wird von den Positionen beider Seiten bestimmt. *Was* wollen wir, was will die Gegenseite? Was ist verhandelbar, was nicht? Hier geht es um die Verteilung. Sind die Positionen deutlich geworden, kommen wir zur eigentlichen Konfliktlösung, zur integrativen Verhandlung. Die wichtigste Frage zielt nach den Wünschen und Bedürfnissen des Partners: *warum* verhandelt er mit uns? Welche Lösungen können wir erarbeiten, und welche Gegenleistungen müssen wir dafür leisten? Erst wenn diese Fragen hinreichend beantwortet sind, stellen sich die letzten Fragen nach dem Abschluss der Verhandlung: wie sieht die beste Alternative aus, und *wann* wird der entsprechende Vertrag unterschrieben? Diese fünf Fragen stellen im Grunde genommen das Gerüst jeder Verhandlung dar. Ihre Untertei-

7.2 Grundlegende Fragen der Verhandlungsphasen

I. Wer?

- welches Mandat
  hat die andere Seite?
- darf sie selber unterzeichnen?

II. Was?

- was wollen wir?
- was will die Gegenseite?
- was ist verhandelbar?

III. warum?

- warum verhandelt
  die andere Seite mit uns?
- welche beidseits akzeptable
  Lösungen gibt es?
- was müssen wir
  im Gegenzug leisten?

IV. Wie? Wann?

- welches sind
  die machbaren Pakete?
- wie sieht die beste
  Alternative aus?
- wann wird der Vertrag
  unterschrieben?

lung in vier verschiedene Phasen ist lediglich ein nützliches Konzept – niemand wird in der Verhandlung aufstehen und mit lauter Stimme etwa *Phase III* einläuten. Dennoch können wir es zur Planung und Steuerung des eigenen Vorgehens im Kopf behalten. Eine objektive Notwendigkeit bedingt hingegen häufig die Unterteilung einer schwierigen Verhandlung in verschiedene Runden. Der folgende Abschnitt stellt kurz dar, warum dies so ist.

Verhandlungsmandate

Nicht jede Verhandlung lässt sich im ersten Anlauf zum Abschluss bringen. Wie wir bereits gezeigt haben, steckt dahinter in vielen Fällen eine bestimmte Absicht: die Unterhändler sollen an der kurzen Leine gehalten und vor einer vorschnellen Einigung bewahrt werden. Wirklich optimale Lösungen lassen sich nur selten schnell finden, ausserdem ermöglicht ein mehrstufiger Prozess eine Korrektur allfälliger Fehler. Der Auftraggeber – in Kapitel 10 werden wir auch von Anspruchsgruppen sprechen – behält sich die Entscheidung in jeder Stufe vor, beschränkt aber nicht die Selbständigkeit des Verhandlers bei der Gewinnung von Informationen und der Suche nach einer konstruktiven Lösung. Am einfachsten lässt sich dies durch ein sehr begrenztes Mandat erreichen. Grafik 7.3 zeigt, warum diese Beschränkung mehrere Verhandlungsrunden notwendig macht.

In der ersten Runde haben beide Verhandler ein sehr beschränktes Mandat. Sie eröffnen die Verhandlung nach allen Regeln der Kunst, durchlaufen die ersten zwei Phasen und stellen fest, dass eine Einigung prinzipiell im beiderseitigen Interesse und nicht völlig ausgeschlossen wäre. Jedoch reicht ihre Vollmacht bei weitem nicht aus, ihre Ideen weiterzuverfolgen oder gar schon zu einer Einigung zu kommen. Beide berichten ihren Auftraggebern die Ergebnisse der ersten Verhandlungsrunde. Die Aussichten erscheinen beiden Seiten günstig, und es fällt hüben wie drüben der Entscheid, in eine zweite Runde zu gehen. Im gegenteiligen Fall ist die Verhandlung hier zu Ende. Zur zweiten Runde treffen sich die Unterhändler mit erweiterten Vollmachten. Ihre Positionen kommen sich näher, und die Aussicht auf eine gewinnbringende Einigung bestätigt sich. Wiederum reichen aber die Kompetenzen der Verhandler nicht aus, um einen Vertrag zu (unter)schreiben. Das Spiel wiederholt sich: beide reisen in ihre Zentrale und berichten.

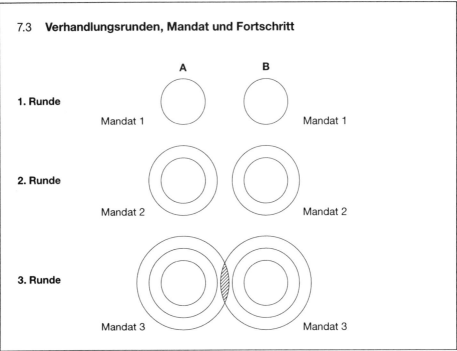

7.3   Verhandlungsrunden, Mandat und Fortschritt

A   B

1. Runde

Mandat 1   Mandat 1

2. Runde

Mandat 2   Mandat 2

3. Runde

Mandat 3   Mandat 3

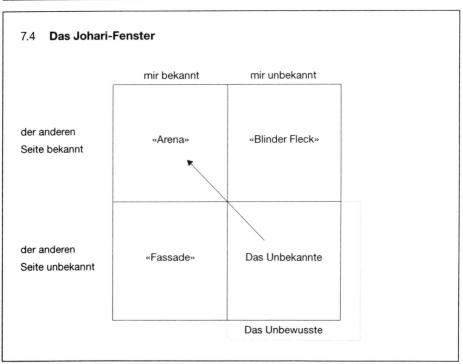

7.4   Das Johari-Fenster

	mir bekannt	mir unbekannt
der anderen Seite bekannt	«Arena»	«Blinder Fleck»
der anderen Seite unbekannt	«Fassade»	Das Unbekannte

Das Unbewusste

Die Sache verspricht Erfolg; eine Einigung wird nun von beiden Seiten ernsthaft angestrebt. Die Verhandler bekommen wiederum ein erweitertes Mandat; ihre Möglichkeiten überschneiden sich erstmals zu einem Einigungsbereich. Nach ausgiebiger Verhandlung führt die dritte Runde schliesslich zum Durchbruch. Die Auftraggeber mögen dies im Voraus geahnt haben oder auch nicht, jedenfalls hat es sich für beide gelohnt, die Verhandler dreimal in eine neue Runde gehen zu lassen. Je mehr auf dem Spiel steht, desto vorsichtiger werden die Verhandlungsparteien vorgehen. Aus genau diesem Grund sind die Mandate der meisten Diplomaten recht eng gefasst – schliesslich sind aussenpolitische Entscheidungen die Sache von Regierungen und Parlamenten, nicht von Behörden.

Die Rolle der Information

Vor der Entscheidung kommt allerdings die Gewinnung und Auswertung sowie der Austausch von Informationen über den Verhandlungsgegenstand und die Situation – die eigene wie jene der anderen Seite. Darin besteht die vornehmste Aufgabe der Diplomaten; hier kann sie niemand ersetzen. Wie wir verschiedentlich gesehen haben, ist Information so etwas wie der Treibstoff einer Verhandlung. Ein gutes Instrument zu ihrer grafischen Darstellung ist in Grafik 7.4 abgebildet.

Das sogenannte Johari-Fenster spiegelt die vorliegende Verteilung des Wissens zwischen eigener und gegnerischer Seite wider. Beiden Seiten bekannte Fakten und Einschätzungen sind im linken, oberen Feld eingezeichnet. Dies ist die offene Arena der Verhandlung. Das Feld darunter enthält Dinge, die wir wissen, aber unser Gegenüber nicht. In diesem Bereich können wir eine Fassade aufbauen, die mit der Wirklichkeit nicht viel zu tun haben muss. Gegenwärtig halten wir die Tatsachen noch unter Verschluss. Unangenehmer für uns ist das rechte, obere Feld: es ist unser blinder Fleck und umfasst all jene Informationen, die der andere besitzt, aber wir nicht. Natürlich werden wir versuchen, in dieses Feld vorzustossen. Es ist das wichtigste Ziel unserer Informationsgewinnung. Eine weiteres Angriffsziel muss aber auch das rechte, untere Feld sein, das beiden Seiten unbekannte Dinge enthält. Gemeinsam mit dem Verhandlungspartner kommen wir vielleicht zu einer Einsicht, die uns beide von diesem dunklen Feld ins Licht der Arena führt. Dieser gemeinsame Schritt kann den Durchbruch

einer integrativen Verhandlung bilden. Ganz unten rechts ist der Vollständigkeit halber noch das Unbewusste eingetragen; es soll uns in diesem
Buch aber nicht weiter beschäftigen.

Geben und Nehmen

Das Johari-Fenster eignet sich nicht nur zur statischen Darstellung des Wis-
sensstandes, sondern noch viel besser zur Illustration der Informationsvermittlung. Grafik 7.5 zeigt, wie der Informationsfluss dargestellt werden
kann.

In der Verhandlung kommt es vor allem auf die Arena an, die beiden Seiten zugängliche Information. Sie liegt auf dem Verhandlungstisch; über sie
(und nichts anderes) können wir verhandeln. Wenn wir der anderen Seite
Informationen geben, dann erweitern wir das Arena-Fenster nach unten.
Im Zeitalter des allgegenwärtigen PC-Betriebssystems Microsoft Windows
fällt es leicht, sich dies grafisch vorzustellen. Erhalten wir dagegen Infor-

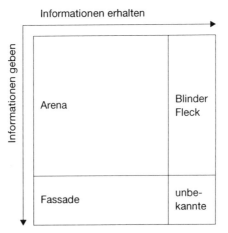

7.5 Informationsvermittlung

Informationen erhalten

Informationen geben

| Arena | Blinder Fleck |
| Fassade | unbe-kannte |

Informationen geben erweitert die Arena im Johari-Fenster nach unten
(auf Kosten der Fassade)
Informationen erhalten erweitert die Arena nach rechts (auf Kosten des Blinden Flecks)

mationen von der anderen Seite, dann vergrössert sich das Fenster des gemeinsamen Wissens nach rechts. Diese grafische Form ermöglicht uns nun die Darstellung charakteristischer Bewegungsmuster für verschiedene Arten oder Phasen der Verhandlung. Sie stehen jeweils für ganz unterschiedliche Absichten und Möglichkeiten der Kommunikation. Im Idealfall der integrativen Verhandlung finden beide Bewegungen zugleich statt; beide Seiten verkleinern ihren blinden Fleck und erlauben dem Partner einen Blick hinter die eigene Fassade. Das Unbekannte wird – jedenfalls, was den Verhandlungsgegenstand betrifft – durch den offenen Informationsaustausch mehr und mehr zurückgedrängt.

Der Befrager

Das extreme Beispiel für reine Informationsgewinnung ist der Befrager. Er stellt lauter bohrende Fragen, ohne selber eine einzige zu beantworten. Der Informationsfluss ist völlig einseitig. Die Sicht des Interviewers zeigt Grafik 7.6.

Die offene Arena wird ausschliesslich zugunsten des Befragers erweitert. Sein blinder Fleck verschwindet fast ganz; er gelangt in den Besitz umfangreicher Information. Darin ist er seinem Gegenüber haushoch überlegen, denn die eigene Fassade bleibt vollständig erhalten. Dieses Vorgehen ist wenig kooperativ, es eignet sich aber hervorragend zum Ausbau der eigenen Position in der distributiven Verhandlung.

Der Elefant im Porzellanladen

Das genaue Gegenteil des Befragers wollen wir *Elefant im Porzellanladen* nennen. Auch in diesem Extremfall ist der Informationsfluss einseitig, doch geht er in die andere Richtung. Grafik 7.7 zeigt diese Verhaltensweise.

Der Elefant im Porzellanladen will keine Informationen gewinnen. Er will sich dem anderen offenbaren. Deshalb reisst er seine Fassade, seine Maske herunter und teilt dem Gegenüber soviel mit, wie in der verfügbaren Zeit nur irgend geht. Er ist ein oft unfreiwilliger Plauderer; auch Pfarrer und Professoren zeigen diese Neigung zuweilen. Natürlich bleibt der blinde Fleck dabei vollständig erhalten; er vergrössert sich sogar relativ zum neuen Informationsstand der anderen Seite. Diese Einstellung ist für ein psy-

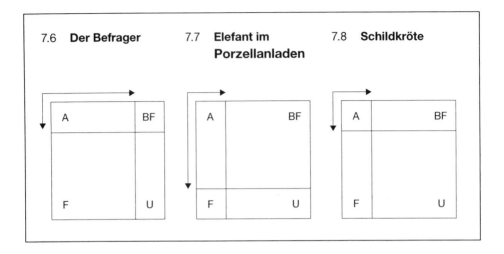

chotherapeutisches Gespräch geeignet, aber nicht für eine Verhandlung; wir sollten sie daher vermeiden.

Die Schildkröte

Für die Verhandlungsführung ebenfalls wenig geeignet ist eine überaus vorsichtige Haltung, die wir in Anlehnung an die Theorie von Johari mit *Schildkröte* bezeichnen wollen. Ihr Kommunikationsverhalten ist in Grafik 7.8 dargestellt.

Die Schildkröte bewegt sich ausgesprochen gemächlich. Sie hat es nicht eilig, bei der Vermittlung wie bei der Gewinnung von Informationen. Deshalb kommt sie auch in beiden Richtungen nicht sehr weit. Das Unbekannte bleibt daher beiden Seiten unbekannt; sowohl der blinde Fleck als auch die Fassade bleibt weitgehend erhalten. Die Kommunikation wird auf ein Mindestmass beschränkt. Man könnte sich auch eine ängstliche Schildkröte vorstellen, die sich unter ihrem dicken Panzer vor einer bedrohlich erscheinenden Aussenwelt versteckt. Diese Haltung minimiert natürlich das Risiko, verschenkt dafür aber viele Chancen. Sie ist für die Verhandlung am wenigsten geeignet. Gute Verhandler sind sehr kommunikative Menschen. Sie sind ständig auf der Suche nach Information und nehmen sie sorgfältig auf; ob sie auch mitteilungsfreudig sind, hängt von ihrem Auftrag ab. Aber niemals verschanzt sich ein erfolgreicher Verhandler auf Dauer hinter einer Schildkröten-Position. Sie kann allenfalls zu Beginn der ersten Phase einer Verhandlung sinnvoll sein, wenn es noch nicht um den Austausch von Information geht. Schon das gegenseitige Kennenlernen in der Warmlaufphase erfordert jedoch eine offenere Haltung.

Informationsmanagement

Die vorangegangenen Abschnitte haben den Umgang des Verhandlers mit Information im Rahmen des Johari-Fensters dargestellt und erklärt. Wie passen diese Bausteine nun in den grösseren Zusammenhang einer Verhandlung? Die Antwort ist einfach und trifft den Kern dieses Kapitels: jede Phase stellt wieder andere Anforderungen an die Verhandler beider Seiten. Auf dem Weg zur integrativen Zusammenarbeit können nacheinander alle geschilderten Bewegungen für das aktive Informationsmanagement eingesetzt werden. Grafik 7.9 zeigt, wie das Fenster des gemeinsamen Wissens so Schritt für Schritt aufgestossen werden kann.

Am Anfang war die Schildkröte. Die Verhandler treffen sich zum ersten Mal; sie bewegen sich noch sehr vorsichtig. Noch im Laufe der ersten, aber spätestens zu Beginn der zweiten Phase sprechen die Verhandler über ihre Positionen und Ziele. Es ist ein Frage-und-Antwort-Spiel, ein Geben und Nehmen, wobei es von der Situation abhängt, welche Seite zuerst etwas von sich preisgibt. Solange *beide* Seiten neue Information erhalten, ist diese Reihenfolge nebensächlich. Die dritte Phase der Verhandlung, wir erinnern uns, fragt nach den Zielen und Bedürfnissen; beide Seiten kommen sich näher und suchen nach integrativen Lösungen. Das Informationsfenster öffnet sich wieder ein Stück, und zwar möglichst wieder in beide Richtungen. Anderenfalls ist eine wirkliche Kooperation kaum vorstellbar; eine Seite müsste dann schon nachgeben oder einen Kompromiss eingehen. Die vierte Phase ist die Zeit der Entscheidungen. Wir möchten nun gerne wissen, welche Lösung die andere Seite vorzieht, und umgekehrt. Immer noch ist die Symmetrie wichtig: nur wenn beide Seiten in dieser abschliessenden Phase eine zufriedenstellende Lösung finden, kommt es überhaupt zum erfolgreichen Abschluss. Wichtig ist nicht so sehr ein genaues Vorgehen nach diesem Schema, sondern die grundsätzliche Erkenntnis, dass eine

7.9 **Informationsmanagement und Verhandlungsphasen**

Verhandlung in ihrem Verlauf ganz unterschiedliche Anforderungen an die Akteure stellen kann. Nur wer diesen Anforderungen zum jeweils richtigen Zeitpunkt gerecht wird, kann alle Chancen einer Verhandlung für sich (und die andere Seite) nutzen.

Literatur zu diesem Kapitel

Luft, J.: The Johari Window, In: *Human Relations Training News*, 1961.

8. Verhalten

Am Ergebnis können wir ihn leicht erkennen: ein guter Verhandler schliesst häufiger erfolgreich ab als ein schlechter. Vielleicht ist auch die Qualität seiner Lösungen besser, weil sie für alle Beteiligten in der Regel einen Gewinn darstellen. Das Geheimnis dieses Erfolgs haben wir bisher aber erst zu einem Teil kennengelernt. Wie wir gesehen haben, besteht er vor allem aus guter Planung, einer sorgfältigen Auswahl von Strategie und Taktik sowie deren gezieltem Einsatz über die Dauer der Verhandlung. Dieser bedeutende Teil ist der grossen Masse eines Eisbergs vergleichbar, die unter der Wasserlinie verborgen bleibt. Was wir vom Eisberg ohne weiteres sehen können, ist nur seine Spitze – in unserem Vergleich also die Verhandlung selbst. Sie soll in diesem Kapitel in den Mittelpunkt unserer Aufmerksamkeit rücken. Mit guten Verhandlungen verhält es sich jedoch ähnlich wie mit Eisbergen: man begegnet ihnen nicht gerade täglich. Aus zahlreichen Untersuchungen wissen wir heute allerdings recht genau, was erfolgreiche Verhandler während der Verhandlung tun. Ihr Verhalten unterscheidet sich deutlich von dem durchschnittlicher Verhandler, die in diesen Untersuchungen zum Vergleich herangezogen wurden. Die meisten dieser Unterschiede wurden offenbar erlernt, wenn auch selten auf der Schulbank. Auch wenn Erfahrungen – insbesondere schlechte – im Leben häufig der beste Lehrmeister sind, sehen wir keine vernünftige Erklärung dafür, warum sie der einzige sein sollten. Ein guter Grund, einen Blick auf die wichtigsten Verhaltensweisen erfahrener Verhandler zu werfen.

Vor der Verhandlung

Die Untersuchungen der britischen Huthwaite-Forschungsgruppe (zitiert nach N. Adler, 1982) haben eine Reihe von Erfolgsfaktoren geschulter Verhandler nachweisen können. Bereits in der Planung achten diese darauf, eine *grössere Anzahl von Alternativen* und möglichen Ergebnissen zu untersuchen als der durchschnittliche Verhandler. Das schafft mehr Spielraum – und damit mehr Verhandlungsmacht – bei der Auswahl. Ganz allgemein ist eine grössere Beachtung von Gemeinsamkeiten typisch für gute Verhandler, während ihre ungeübten Kollegen mehr Zeit und Energie auf den Konflikt zwischen gegensätzlichen Interessen verwenden. Unklar ist jedoch, ob die Suche nach Gemeinsamkeiten nun die Ursache oder die Wirkung eines kooperativen Verhandlungsklimas ist. In jedem Fall kennzeichnet sie die konstruktive Zusammenarbeit. Dazu gehört auch die *Berücksichtigung langfristiger Faktoren*, die von erfahrenen Verhandlern wesentlich erster genommen wird. Ein deutlicher Unterschied im Zeithorizont ist hier festzustellen. Dennoch zeigten die Huthwaite-Untersuchungen, dass auch Profis vor allem mit dem Hier und Jetzt beschäftigt sind und nur gelegentlich an die langfristige Perspektive denken. Ein weiterer Vorsprung guter Verhandler gegenüber dem Durchschnitt liegt in ihrer Planung von *Ober- und Untergrenzen statt fester Zielpunkte.* Ein Zielbereich schafft mehr Spielraum als ein Zielpunkt und bietet in einer rasch sich wandelnden Verhandlungssituation zugleich eine weitaus bessere Orientierung. Ein solcher Bereich ermöglicht ein differenziertes Vorgehen im gesamten Spektrum zwischen Schwarz und Weiss, während ein einzelner Punkt keinen Raum für Grautöne aufweist. Wird er nicht erreicht, dann muss er fallengelassen werden – oder die Verhandlung platzt ganz. Ein letztes Merkmal geschulter Verhandler ist schliesslich die *Planung von Themen ohne Festlegung einer Reihenfolge.* Dieses Vorgehen schafft zusätzliche Flexibilität bei der Verhandlung, denn die andere Seite hat vielleicht ganz andere Vorstellungen von der Reihenfolge bestimmter Themen als wir. Weniger erfolgreiche Verhandlungsführer erliegen häufig der Versuchung, eine Verhandlung ebenso zu planen wie einen Produktionsablauf. Für diese Aufgabe mögen Instrumente wie die Sequenzplanung und die Untersuchung des kritischen Pfads ausgesprochen nützlich sein; in der Verhandlung – im Umgang mit Menschen, die nicht unter unserem unmittelbaren Einfluss

---

8.1 **Erfolgsfaktoren bei der Planung** (Adler, 1982; Dupont, 1986)

■ möglichst grosse Anzahl von Alternativen schaffen

■ mehr Aufmerksamkeit auf Gemeinsamkeiten richten

■ langfristige Faktoren berücksichtigen

■ Ober- und Untergrenzen statt fester Zielpunkte festlegen

■ Themen der Verhandlung ohne Festlegung einer Reihenfolge planen

■ mehr Zeit zur Untersuchung des Konflikts aufwenden

■ sich weniger auf eigene Ziele fixieren als auf eine gemeinsame Lösung

■ weniger Aufmerksamkeit auf die Taktik verwenden: sie wird oft überschätzt

---

stehen – helfen sie uns wenig. Sind wir erst einmal auf eine Reihenfolge festgelegt, dann bringt uns ihre Umkehrung aus dem Konzept.

Einige dieser Ergebnisse werden von einer französischen Untersuchung (Ch. Dupont, 1982) bestätigt. Erfahrene Verhandler nehmen sich demnach im Vergleich zu Anfängern

■ um die Hälfte mehr Zeit zur Untersuchung des Konflikts,

■ schaffen sich dreimal mehr Alternativen,

■ fixieren sich weniger auf eigene Ziele,

■ verwenden ebensoviele Strategien,

■ aber ein Drittel weniger Aufmerksamkeit auf die Taktik.

Diese Beobachtungen können wir uns zunutze machen, indem wir unser Verhalten bei der Planung dem erfolgreicher Verhandler annähern. Wesentlich schwieriger ist es da schon, das eigene Verhalten in der Verhandlung zu verändern, denn in dieser Situation hat jeder bereits mit allerhand Unwägbarkeiten zu kämpfen. Dennoch lohnt sich die genaue Betrachtung des Verhaltens guter Verhandlungsführer und ihr Vergleich mit durchschnittlichen.

Verhalten bei der Verhandlung

Die Untersuchungen der Huthwaite-Gruppe ermöglichen auch sehr klare Aussagen über das Verhalten erfolgreicher Unterhändler *während* der Verhandlung (N. Adler, 1991). Dabei konnte eine Reihe von besonders hilfreichen wie auch von besonders schädlichen Verhaltensweisen herausgearbeitet werden. Die folgenden Abschnitte stellen einige häufig anzutreffende Verhaltensmuster vor und bewerten ihren Gebrauchswert in der Verhandlung.

8.2 **Verhalten am Verhandlungstisch** (Rackham & Carlisle)

Verhandlungsverhalten	Erfahrene Verhandler	Unerfahrene Verhandler
■ Irritierendes Verhalten	2.3	10.8
■ Gegenvorschläge	1.7	3.1
■ Angriff-Verteidigungsspiralen	1.9	6.3
■ Ansagen kurz vor:		
– Ablehnen	0.4	1.5
– alle anderen Verhalten ausser ablehnen	6.4	1.2
■ Aktives Zuhören		
– Verständnis klären	9.7	4.1
– Zusammenfassen	7.5	4.2
■ Fragen	21.3	9.6
■ Mitteilen eigener Stimmung und Eindrücke	12.1	7.8
■ Argumente verwässern	1.8	3.0

Werte in % pro Verhandlungsstunde

Irritierendes Verhalten

Es gibt eine Reihe von Aussagen, die nur wenig überzeugend, dafür aber sehr irritierend wirken. Wer sein eigenes Angebot etwa als *grosszügig* darstellt oder eine bestimmte Lösung *fair* oder *vernünftig* nennt, erreicht damit nur selten sein Ziel. Er verwirrt nur sein Gegenüber, denn die natürliche Reaktion auf Eigenlob ist es, zunächst das genaue Gegenteil der gemachten Aussagen anzunehmen. Während die meisten Verhandler es sorgfältig vermeiden, die andere Seite zu beleidigen oder schlecht zu machen, fällt ihnen der Verzicht auf Eigenlob offenbar viel schwerer. Doch was bringt es, wenn die Botschaft nicht ankommt, sondern stattdessen nur eine Anti-Haltung auslöst und bestenfalls Verwirrung stiftet? Nichts.

Unterbrechen mit Gegenvorschlägen

Weit verbreitet unter weniger erfahrenen Verhandlern ist die Technik des Gegenvorschlags. Ein Vorschlag der Gegenseite wird nicht aufgenommen, durchdacht und untersucht, sondern unmittelbar mit einem Gegenvorschlag abgeblockt. Genau so wird dieser Gegenvorschlag aber auch verstanden: als Instrument zum Abblocken des eigenen Vorschlags. Wer kooperativ verhandeln möchte, sollte stattdessen lieber auf jeden Vorschlag der anderen Seite eingehen. Selbst wenn der Gegenvorschlag gar nicht ablehnend gemeint war, kommt er zum falschen Zeitpunkt. Die andere Seite ist vollkommen mit ihrer eigenen Argumentation beschäftigt und ist für unseren Vorschlag nicht aufnahmebereit. Er könnte genaugenommen keinen schlechteren Zeitpunkt treffen. Ein weiterer Nachteil von Gegenvorschlägen ist die Verwirrung, die sie stiften können. Selbst wenn sie von der anderen Seite sachlich aufgegriffen werden, komplizieren sie den Fluss der Verhandlung. Wenn neue Gedanken und Informationen sich häufen, wird die Situation leicht unübersichtlich. Aus diesen Gründen vermeiden gute Verhandler den Einsatz von Gegenvorschlägen – es sei denn, sie wollten tatsächlich einen Vorschlag der Gegenseite abwürgen.

Eskalation der Beschuldigungen

Einen sehr ungünstigen Verlauf nehmen Verhandlungen häufig, wenn persönliche oder sachliche Angriffe und die darauf folgende Verteidigung der Gegenseite eskalieren und sich gegenseitig zu einem regelrechten Duell aufschaukeln. Eine solche Spirale der Konfrontation kann bereits durch eine harmlos wirkende Bemerkung ausgelöst werden, etwa: *Dafür können Sie uns nicht verantwortlich machen.* Indem sich der Verhandler einer Seite aus der Affäre ziehen will, greift er indirekt die andere Seite an. Das fordert eine heftige Reaktion heraus; die Eskalation beginnt. Jeder Schlag wird etwas stärker geführt als der vorherige, und die für eine integrative Einigung notwendige Atmosphäre der Kooperation ist schnell zerstört. Ungeübte Verhandler lösen eine solche Eskalation wesentlich leichter aus als erfahrene, ausserdem verlieren sie bei einer fast unmerklichen Steigerung ihrer Aggression eher die Kontrolle über die Situation. Ein guter Verhandler greift die andere Seite auch gelegentlich an, wenn seine Strategie dies erfordert. Dann schlägt er allerdings nur ganz gezielt zu – ohne Vorwarnung sowie mit Härte und Entschlossenheit. Er lässt dem Gegenüber keine Zeit zum Aufbau einer wirksamen Verteidigung; anschliessend kann die Situation mit einem geeigneten (und natürlich zuvor geplanten) Vorschlag sofort wieder entschärft werden.

Ansagen

Ein guter Verhandler ist immer ein guter Kommunikator. Es erstaunt daher nicht, dass er den technischen Einsatz der Sprache überdurchschnittlich gut beherrscht. Ein wichtiges Instrument der effektiven Kommunikation ist die vorherige Ansage des folgenden Verhaltens. Statt eine Frage einfach auf sein Gegenüber abzuschiessen, wird der geschulte Verhandler sie lieber mit einer Vorwarnung versehen (*Dürfte ich Ihnen eine Frage stellen – wieviel Stück könnten Sie sofort liefern?*) Nicht nur Fragen lassen sich mit einer Ansage versehen, auch zur Vorbereitung von Vorschlägen, Ergänzungen oder persönlichen Einschätzungen eignet sich diese Technik. Sie hat mehrere Vorteile: zunächst zieht sie die Aufmerksamkeit des Zuhörers auf die folgende Aussage. Sie erhöht mit ihrer vorherigen Einordnung auch die Klarheit dieser Aussage. Ausserdem verlangsamt die Ansage den Fluss einer vielleicht allzu schnell durchgepeitschten Verhandlung. Wie wir im vorherigen Kapitel gesehen haben, braucht jeder Mensch etwas Zeit, um neue Information zu verarbeiten. Schliesslich ist die Ansage eine sehr verbindliche Gesprächstechnik. Insbesondere konfrontative Verhandlungen erhalten leicht einen sehr schneidenden Ton, der mit dieser Technik etwas gemildert werden kann. Eine Ausnahme gibt es allerdings von der eben aufgestellten Regel: ein *ablehnendes* Verhalten sollte nicht angekündigt werden. In diesem Fall ist es besser, zuerst die Argumente in einem neutralen Licht zu präsentieren und daraus eine ablehnende Schlussfolgerung zu ziehen. Kommt die Ablehnung zuerst – und das ist bei unerfahrenen Verhandlern oft der Fall – dann gräbt sich die andere Seite sofort in eine Verteidigungsstellung ein. Die eigenen Argumente werden leichter überhört, weil der andere bereits über seinen Gegenangriff nachdenkt. Es kommt schneller zu der im vorigen Abschnitt beschriebenen Eskalation. Hinzu kommt ein grösserer Gesichtsverlust der Gegenseite, als wenn ihr zunächst mit guten Argumenten goldene Brücken zum Rückzug aus ihrem Vorschlag gebaut werden.

Aktives Zuhören

Eine weitere wirksame Gesprächstechnik ist das aktive Zuhören. Durch Verständnisfragen und kurzes Zusammenfassen des Gehörten verringert der geübte Verhandler die Gefahr von Missverständnissen. Das Gespräch wird klarer; beide Seiten sprechen von derselben Sache. Diese Gründe alleine würden schon ausreichen, um das aktive Zuhören so oft wie möglich einzusetzen; gute Verhandler tun dies auch. Darüberhinaus kann es jedoch noch zwei weiteren Zwecken dienen. Zum einen reflektiert die Zusammenfassung des Gehörten die Aussage wie ein Spiegel. Aus diesem Spiegelbild werden nicht nur etwaige Verständnisfehler oder Unklarheiten ersichtlich, es fordert ausserdem zu weiteren Erläuterungen heraus, denn schliesslich wird eine Reaktion erwartet. Indem der geschickte Verhandler die Position des Gegenübers zunächst widerspiegelt, prüft er also nicht nur sein eigenes Verständnis, sondern lädt die andere Seite zur Preisgabe weiterer Information ein. Zum anderen stellt aktives Zuhören und Nachfragen sicher, dass ein erzielter Abschluss auch tatsächlich in die Tat umgesetzt werden kann. Während ungeübte Verhandler heikle oder unklare Punkte gerne vermeiden, um einen Abschluss nicht zu gefährden, denkt der Profi bereits während der Verhandlung an die Schwierigkeiten, die bei der praktischen Umsetzung auftreten könnten. Sie sollten soweit wie möglich bereits vor dem Abschluss einer Verhandlung geklärt und ausgeräumt werden – selbst wenn diese darüber platzen sollte. Was ist schliesslich eine Vereinbarung wert, die bei genauerem Hinsehen nie zustande gekommen wäre? Der Verlierer wird sich zu Recht getäuscht fühlen, wenn sein Gegenüber ihn nicht auf absehbare Probleme aufmerksam gemacht hat. Nicht einmal der vielzitierte Staubsaugervertreter würde heute auf ein so kurzsichtiges Vorgehen zurückgreifen.

Fragen

Gute Verhandler scheuen sich nicht, viele Fragen zu stellen. Sie wollen möglichst viel über die Position und Absichten der anderen Seite erfahren, um das eigene Vorgehen darauf abzustimmen. Was wäre dafür geeigneter als Fragen? Neben der Informationsgewinnung sprechen noch eine Reihe weiterer Gründe für die ausgiebige Verwendung von Fragen in einer Verhandlung. Wer fragt, besitzt die Initiative. Er (oder sie!) ist am Zug und bestimmt Tempo wie Inhalt des Gesprächs. Auf eine zufriedenstellende Antwort folgt gleich die nächste Frage, und so weiter. Das hält die andere Seite auf Trab und verringert ihre Zeit zur Analyse der Situation. Gleichzeitig schafft es dem Fragenden zusätzlichen Raum zum Nachdenken und Planen des nächsten Zugs. Und noch ein letztes, nicht unwichtiges Argument für die Frage als Allzweckwaffe des Verhandlers: Fragen sind eine höfliche Alternative zur direkten Ablehnung eines Vorschlags. Durch zweifelnde Fragen gibt der Verhandler zu erkennen, dass ihn die Aussage der Gegenseite nicht überzeugt hat. Diese kann dann entweder neue Argumente vorbringen oder den Vorschlag ohne Gesichtsverlust fallenlassen.

Sensibel sein

Eine Verhandlung kann wie ein Pokerspiel sein, sie muss es aber nicht. Wir haben gesehen, dass ein guter Verhandler mit Informationen über seine wahren Absichten und Beschränkungen sehr vorsichtig umgeht. Dennoch kann es ausgesprochen nützlich sein, der anderen Seite im richtigen Moment interne Informationen zu übermitteln. Das schafft Vertrauen, ganz besonders wenn es sich um eine Beschreibung der eigenen Stimmungen handelt. Wenn die andere Seite unsere Absichten kennt (oder zu kennen glaubt), fühlt sie sich sicherer. Eine kooperative Zusammenarbeit wird wesentlich erleichtert, wenn sich die Partner gegenseitig einschätzen können. Ausserdem kann die Preisgabe der eigenen Stimmungen und Eindrücke in unklaren Situationen sehr hilfreich sein. Wissen wir nicht so recht, ob die andere Seite einen Vorschlag wirklich ernst meint, dann berichten wir ihr doch von unserer Unsicherheit und bitten sie um Unterstützung bei der Klärung der eigenen Position. Es sei denn, wir legten aufgrund der gewählten Strategie überhaupt keinen Wert auf eine Zusammenarbeit – dann ist das Zeigen der eigenen Stimmung eine Schwäche, die wir vermeiden sollten. Viele Verhandler – gerade im deutschsprachigen Raum – leiden auch unter einem Zwang, jede ihrer Bewegungen und Beweggründe erklären zu müssen. Das beschränkt nur die eigene Freiheit: sind die Geschichten einmal erzählt, kann man nicht plötzlich aus dem zuvor ausgemalten Bild springen. Besondere Vorsicht ist dann angebracht, wenn Fakten oder Gefühle erfunden wurden!

Zu viele Argumente

Wie viele Argumente benötigt ein Vorschlag, um überzeugend zu wirken? Möglicherweise nur eins, wenn es gut genug ist. Dennoch ist die Ansicht weit verbreitet, dass jeder vorgebrachte Punkt mit möglichst vielen guten Gründen belegt werden müsse. Das ist falsch. Erfolgreiche Verhandler konzentrieren sich auf ein gutes Hauptargument und bringen erst dann andere Argumente ins Spiel, wenn das erste nicht verfängt. Werden von vornherein mehrere Argumente angegeben, dann sind darunter bessere und schwächere. Keine Frage, dass sich ein versierter Gegner sofort auf das allerschwächste Argument einschiesst. Der Verhandler mit den vielen guten Gründen kämpft ein Rückzugsgefecht, wo es von der Sache her gar nicht nötig gewesen wäre. So verliert er ein Wortgefecht nach dem anderen, nur weil er seine guten Argumente mit schwächeren verdünnt hat. Eine falsche Wahl der Argumentationstaktik kann hier die gesamte Strategie zerstören. Wir bieten der anderen Seite möglichst wenig Angriffsfläche, wenn wir uns auf ein oder zwei wirklich starke Argumente beschränken.

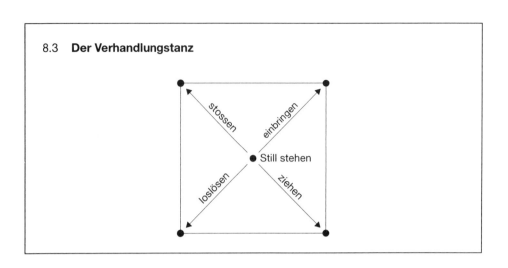

8.3 Der Verhandlungstanz

Der Verhandlungstanz

Die vorangegangenen Abschnitte haben eine Reihe von erfolgreichen oder ungeeigneten Verhaltensweisen bei der Verhandlung herausgegriffen und erklärt. Wir wollen die dabei gewonnenen Einblicke noch vertiefen, indem wir nun das konkrete Verhalten während der Verhandlung in den Zusammenhang der fünf Grundstrategien aus Kapitel 5 stellen. Mit ein wenig Phantasie lässt sich die Bewegung zwischen diesen fünf Positionen als Tanz beschreiben. Dieses Bild ist nicht so abwegig wie es zunächst erscheinen mag, schliesslich gibt es auch auf der körperlichen und geistigen Ebene einen regelrechten Energie- und Bewegungsfluss zwischen den Verhandlern. Vergessen wir bei aller wissenschaftlichen Analyse nicht, dass es um das intensive Zusammenspiel von Menschen in einer besonders dichten Situation geht!

Grafik 8.3 zeigt die fünf Grundschritte des eben vorgestellten Verhandlungstanzes. Wir können uns diesen Tanz natürlich auch als einen weichen, fliessenden Wettkampf zwischen zwei Partnern vorstellen – etwa wie bei der japanischen Kampfkunst *Aikido*. Dort geht es nicht so hart und konfrontativ zu wie mit der geballten Faust beim *Karate-Do* oder mit dem Holzschwert beim *Kendo*. Das Kräftemessen gleicht beim *Aikido* in der Tat einem Tanz, nur dass der Verlierer am Ende flach auf dem Boden liegt, während der Gewinner noch steht. Mit diesem Bild im Hinterkopf kehren wir nun zur Situation der Verhandlung zurück, zur klimatisierten Kampf-

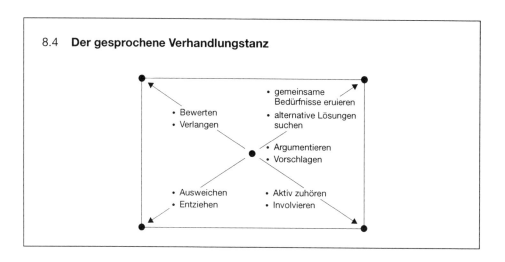

8.4 Der gesprochene Verhandlungstanz

fläche des Konferenzraums. Aus der Mittelposition (dem Kompromiss) kann der führende Verhandler versuchen, den anderen die distributiven Achse herunter zu drängen oder zu ziehen. Er kann sich (und damit den anderen) aber auch auf der integrativen Achse bewegen, indem er sich entweder dem Konflikt entzieht oder seine Kreativität und Zusammenarbeit einbringt und damit die des anderen herausfordert.

Die obenstehende Grafik 8.4 zeigt auf wie die physische Bewegung dieser Tanzschritte in geeignete Instrumente der verbalen Kommunikation übersetzt werden können.

Stossen

Stossen kann man mit der *Bewertung* der gegnerischen Vorschläge und Positionen (*Mir gefällt ... , aber ... halte ich für ungeeignet*). Auch eine *Forderung* (*Ich möchte gerne ...; Bitte seien Sie doch so gut und ...*) kann diesen Zweck erfüllen. Schliesslich können auch *Anreize und Druckmittel* eingesetzt werden (*Im Gegenzug für ... würde ich ...; Wenn Sie das tun, dann ...; Wenn Sie meinem Vorschlag nicht folgen, dann ...*). Hier handelt es sich um Verlangen, Fordern, Bewerten ohne unbedingtes Abstützen durch Sachlichkeit, Redlichkeit und Fachlichkeit!

Ziehen

Ziehen ist die natürliche Bewegungsrichtung von *Fragen* (*Erzählen Sie mir mehr über …; Bitte erläutern Sie mir …*); der Gefragte wird durch die blosse Tätigkeit des Antwortens in die Richtung der gewünschten Lösung gezogen. Entsprechend der zugrundeliegenden Strategie (Nachgeben) ist dies eine eher weiche Bewegung. Zum Fragen gehört natürlich auch das möglichst aktive *Zuhören*. Nachhaken und Zusammenfassen (*Habe ich Sie richtig verstanden; sagten Sie gerade, dass Sie …?*) erleichtert das Ziehen des Verhandlungspartners ebenso wie die eigene Deutung und Bewertung der gehörten Aussagen (*Jetzt müssen Sie sich aber … fühlen!*). Auch eine Enthüllung von Informationen oder persönlichen Eindrücken und Erfahrungen (*Etwas Ähnliches habe ich auch schon erlebt …*) zieht den anderen meist in unsere Richtung.

Einbringen

Wenn wir unsere Energien in eine konstruktive Zusammenarbeit einbringen wollen, müssen wir mit unserem Partner zunächst eine *gemeinsame Basis schaffen*. Dafür müssen wir ihn (oder sie) erst einmal kennenlernen, etwa indem wir seine Interessen herausfinden. Fragen sind hierzu notwendig, aber auch die Suche nach gemeinsamen Erlebnissen und Erfahrungen. Besonders geeignet für diese Aufgabe sind *sensorische und motorische Begriffe*, die also Sinneswahrnehmung und Bewegung beschreiben (*Geschmack, Geruch, Klang, Farbe, Form, Geschwindigkeit, …*). Eine entscheidende Rolle spielen *Phantasie und Kreativität*, denn schliesslich bewegen wir uns bei diesem Tanzschritt auf die Strategie der Zusammenarbeit zu. Neue Alternativen müssen jetzt geschaffen werden, die möglichst viele Erwartungen beider Seiten erfüllen.

Loslösen

Der Tanzschritt des sich Loslösens steuert geradewegs den Ausgang an. Allerdings soll gerade dieser Eindruck möglichst vermieden werden. Der *Rückzug* wird mit Humor und Scherzen, notfalls auch einmal mit schlechten Witzen aufgelockert. Die Spannung der Situation muss erst abgebaut werden; der Druck muss entweichen, bevor die Druckkammer geöffnet werden kann. Der Verhandler kann auch allen Aktivitäten der Verhandlung *ausweichen,* etwa indem er nicht mehr zuhört, andere ablenkt oder den Ort der Verhandlung verlässt – körperlich oder auch nur im Geiste.

Stillstehen

Der Stillstand ist eine häufig bemühte Figur bei unserem Verhandlungstanz: wenn keine der Seiten eine bessere Lösung weiss oder sich nicht beide darauf einigen können, kommt zumindest von einer Seite meist ein *Vorschlag* (*Ich schlage vor, dass wir* ...). Eine beliebte Technik ist auch die *sachliche Erörterung* der Vorzüge eines Kompromisses (*Aus den folgenden Gründen ... schlage ich ... vor*). Sie soll oft nur den Eindruck vermeiden, dass man sich nicht genügend Mühe gegeben habe, kann aber auch durchaus den Gegebenheiten entsprechen, wenn die Strategie des Mittelwegs tatsächlich die beste Wahl war.

Improvisieren

Ausser diesen grundlegenden Bewegungsformen gibt es beim Verhandlungstanz selbstverständlich auch Zwischenschritte, Pausen, Drehungen, Sprünge – was den beiden Verhandlungspartnern eben so einfällt. So werden sie öfter einmal improvisieren müssen, etwa wenn die Kapelle einen ihnen unbekannten Rhythmus spielt. Beide wechseln sich ausserdem mit der Führung ab, je nachdem, wer gerade die Oberhand hat. Der Verhandlungstanz ist dem Gesellschaftstanz also durchaus nicht unähnlich. Je nach Partner, Umgebung und Musik kann er langweilig sein, eine reine Pflichtübung – oder ein Vergnügen. Wie beim Tanz auf dem Parkett eines Ballsaals wird aber nur derjenige wirklich Freude daran finden, der alle Tanzschritte im Schlaf beherrscht – nur so kann er sich ganz seinem Tanzpartner widmen.

Literatur zu diesem Kapitel

Rockham, Neil; Carlisle, John: *The Effective Negotiatior,* Part I & II; Huthwaite Research Group, JEIT 2.6, 1978.

Dupont, Christophe: *La négociation: conduite, théorie, applications.* Dalloz, 1986.

Saner, Raymond: *Psychological Movement Patterns in Psychotherapy,* Human Movement Science 4, 67–86, Elsevier Publ. (North Holland), 1985.

9. Delegationsführung

Viele Verhandlungen in Politik und Wirtschaft werden nicht von einem einzelnen Verhandler, sondern von einer Gruppe geführt, der *Verhandlungsdelegation*. Das hat viele Vorteile: wichtiges Expertenwissen kann noch während der Verhandlung genutzt und die anfallende Arbeit auf mehrere Personen aufgeteilt werden. Das entlastet den Hauptverhandler und verschafft ihm mehr Bewegungsfreiheit. Vier, sechs, acht oder sechzehn Augen sehen ausserdem mehr als zwei. Und schliesslich wird statt dem Einzelverhandler häufig eine Delegation eingesetzt, weil von ihr mehr Kreativität und eine sorgfältigere Untersuchung der Alternativen erwartet wird. Ob diese Erwartungen bei der Verhandlung tatsächlich erfüllt werden, hängt jedoch davon ab, wie gut die besonderen Probleme der Delegationsführung gelöst wurden. Die Arbeit in der Gruppe unterscheidet sich für den Verhandler nämlich grundlegend vom Einzelkampf. Wer dies nicht hinreichend berücksichtigt, verspielt leicht den Erfolg. Dieses Kapitel soll den geübten Einzelverhandler auf die bestehenden Unterschiede und Aufgaben einer Team-Situation vorbereiten; es erörtert daher grundsätzliche Probleme bei der Aufstellung und Führung mehrköpfiger Verhandlungsdelegationen.

Delegationsführung

Eine gut funktionierende Gruppe entsteht nicht von ganz alleine. Sie muss zunächst aus einer ausgewogenen Mischung von geeigneten Personen mit einer möglichst grossen Bandbreite unterschiedlicher Fähigkeiten zusammengestellt werden. Die Mitglieder der Gruppe müssen Zeit haben, sich gegenseitig kennenzulernen (nicht erst *in* der Verhandlung!) und ihre Mitstreiter zu akzeptieren. Jeder sollte eine Rolle zugewiesen bekommen (oder von sich aus übernehmen), die zu seinen Fähigkeiten und seiner Persönlichkeit passt. Diese Rollen sollten – vielleicht anhand einer Simulation der bevorstehenden Verhandlung – gründlich eingeübt werden. Auftretende Konflikte und Schwierigkeiten können dann rechtzeitig angesprochen und ausgeräumt werden. Ausserdem muss die Kommunikation in der Gruppe klar geregelt und am besten ebenfalls eingeübt sein. Es ist die erste Aufgabe des Delegationsleiters, diese Schritte lange vor der eigentlichen Verhandlung zu ergreifen. In der Verhandlung selbst bleibt für diese Dinge keine Zeit mehr – dann stellt sich heraus, was die Gruppe wirklich wert ist. Dann zeigt sich auch, wieviel Zeit und Mühe der Delegationsführer für die Leitung und Steuerung seiner Gruppe aufwenden muss. Eine gute Verhandlungsdelegation hat das komplexe Zusammenspiel ihrer Mitglieder stets im Griff. Im Idealfall steuert sie sich selbst und hält dem Chefunterhändler damit den Rücken frei. Er sollte sich schliesslich um den Inhalt der Verhandlung kümmern und nicht um seine Mitarbeiter. Eine unausgewogene oder schlecht vorbereitete Delegation ist jedoch schlimmer als gar keine; sie unterstützt den Verhandler nicht, sondern belastet ihn nur. Andererseits muss sich auch der Delegationsleiter auf seine Aufgabe in der Verhandlung vorbereiten. Während wir die Einzelverhandlung mit einem kleinen Sportflugzeug vergleichen können, ähnelt jene mit grossen Delegationen auf beiden Seiten eher einem vierstrahligen Jumbo-Jet. Kein Zweifel, dass die Anforderungen an den Flugzeugführer sich stark unterscheiden. Während der Pilot der kleinen Propellermaschine sich bei schönem Wetter vor allem nach seiner Ortskenntnis und dem berühmten Hosenboden-Gefühl richten kann, muss der Flugkapitän einer Boeing 747 mit über 200 Tonnen Startgewicht eine Unzahl von Instrumenten beachten und zahlreiche Hebel bedienen. Jede seiner Bewegungen wirkt sich erst mit einer gewissen Verzögerung aus; ungleich träger als bei der Sportmaschine. Ausserdem hat der Jumbo-Kapitän noch einen Copiloten, einen Bordingenieur und einen Navigator in seiner Crew. Ihre Aufgaben unterscheiden sich, müssen aber gleichermassen erfüllt werden. Der Sportpilot wäre auf dem Sitz des Kapitäns heillos überfordert, weil er weder dem komplexen technischen System noch dem Einsatz seiner Crew gewachsen wäre. Er müsste für diese Aufgabe erst einmal richtig ausgebildet werden. Wir wollen diese Situation der Überforderung nun wieder auf die Verhandlung übertragen und mit der Ausbildung zum Delegationsführer beginnen.

Gleich zu Beginn erscheint es sinnvoll, die häufigsten Fehler der Delegationsführung aufzuführen – gleichsam als Abschreckendes Beispiel. Anschliessend werden wir auf die Erfolgsfaktoren effektiver Gruppen sowie ihre Aufgabenteilung eingehen. Zum Schluss dieses Kapitels soll das Beispiel von US-Präsident John F. Kennedy und seiner Führungsriege zeigen, dass selbst ein eingespieltes Team aus brillanten Köpfen den Erfolg gefährden kann, wenn sie keine eingebauten Kontrollmechanismen besitzt.

Häufige Fehler

Gescheiterte Verhandlungen haben wir – zumindest in den Nachrichten – schon öfter erlebt. Die übermüdeten Verhandler und ihre Mitarbeiter bahnen sich dann enttäuscht ihren Weg an den Fernsehkameras vorbei und gehen unverrichteter Dinge nach Hause. Ein solcher Misserfolg kann seine Ursachen in den Versäumnissen oder Fehlern der Delegationsführung haben. In den meisten Fällen haben solche Mängel jedoch weit weniger dramatische Folgen; ein Abschluss kommt dann zwar zustande, erreicht aber das zuvor gesteckte Ziel nicht. Was sind die häufigsten Fehler? Weit verbreitet ist eine zu *autokratische Führung* des Verhandlungsleiters. Er beteiligt seine Gruppenmitglieder nicht, sondern bevormundet sie; er befiehlt, statt zu delegieren. Wer seine Mitarbeiter aber wie Sklaven behandelt, braucht sich über eine allfällige *Auflehnung gegen die Autorität des Führers* nicht zu wundern. Eine solche Meuterei – möglichst noch offen am Verhandlungstisch – ist natürlich ein gefundenes Fressen für die Gegenseite. Auch eine *Auflehnung gegen Gruppenziele*, ob sie nun von einzelnen Mitgliedern oder einem grösseren Teil der Gruppe ausgeht, schwächt die Fähigkeit der gesamten Gruppe zur Verhandlungsführung. Besonders die offene *Solidarisierung eines Dissidenten* mit dem Gegner lässt sich leicht zum Nachteil der Gruppe ausnutzen. Einzelne Mitglieder der Gruppe trüben den Zusammenhalt vielleicht auch durch eine *Überempfindlichkeit gegenüber vermeintlichen Angriffen*, selbst wenn in Wirklichkeit niemand feindselige Gefühle gegen sie hegt. Die Delegation hat dann alle Hände voll zu tun, den Schaden zu begrenzen und die Gruppe neu zu organisieren; für die eigentliche Verhandlung bleibt zu wenig Energie übrig. Eine derart angeschlagene Gruppe kann nicht mehr im Sinne ihres Auftrags funktionieren.

Selbstverständlich kann sie dies auch nicht, wenn ihre Führung ihr *keine einheitliche Linie* vorgegeben hat oder diese Linie innerhalb der Gruppe nicht eingehalten wird. Eine effektive Delegation steht – zumindest nach aussen – wie ein Mann hinter ihrem Sprecher, dem leitenden Verhandler. Dieser sollte sich jedoch nicht dazu hinreissen lassen, *persönliche Loyalität gegenüber dem Führer* einzufordern; stattdessen sollte er den Zusammenhalt der Gruppe durch die Betonung gegenseitiger Verantwortlichkeit stärken. Das macht die Delegation unabhängiger von den Anweisungen ihres Führers und damit zugleich selbständiger, selbstkritischer und kreativer. Je stärker sich eine Gruppe nämlich auf die Person oder Autorität ihres Führers stützt, desto weniger eigene Initiative können wir von ihr erwarten. Die einzelnen *Gruppenmitglieder scheuen die Verantwortung* und verstecken sich lieber hinter ihrem Chef, als einmal selbst etwas zu entscheiden. Sie sind dann aber nur im engen Rahmen ihrer konkreten Anweisungen nützlich; wenn sie einmal keine Befehle erhalten – vielleicht weil der Verhandlungsführer zu beschäftigt ist – dann sind sie nicht viel mehr als Statisten. Auch solche werden zuweilen gebraucht, etwa wenn es (wie in China) vor allem darauf ankommt, dem Gegenüber durch eine starke Delegation viel Ehre und Gesicht zu verleihen. In diesem Kapitel gehen wir jedoch von einer aktiveren Aufgabe der Verhandlungsdelegation aus: sie soll den Verhandler bei der Erfüllung seines Auftrags tatkräftig unterstützen.

Erfolgsfaktoren

Diese Aufgabe stellt eine Reihe von Anforderungen an die Mitglieder und die Leitung eines Verhandlungsteams. Die sorgfältige Beobachtung erfolgreicher Gruppen in zahlreichen sozialwissenschaftlichen Studien hat eine Reihe von Erfolgsfaktoren ergeben. Sie werden in diesem Abschnitt als allgemeine Empfehlungen für die Delegationsführung wiedergegeben. Zunächst sollte man bei der Bildung einer Gruppe die *Mitglieder entsprechend ihren Fähigkeiten* einsetzen. Diese Erkenntnis ist nicht weiter erstaunlich, erfordert jedoch eine möglichst genaue Kenntnis der beteiligten Personen. Unklare Machtverhältnisse innerhalb der Gruppe sind unbedingt zu vermeiden, sonst beschäftigen sich die einzelnen Mitglieder mehr mit ihrer Stellung als mit ihrer eigentlichen Aufgabe. Das bedeutet für den Delegationsführer, dass die *eigene Autorität klar definiert* und gegenüber der Gruppe

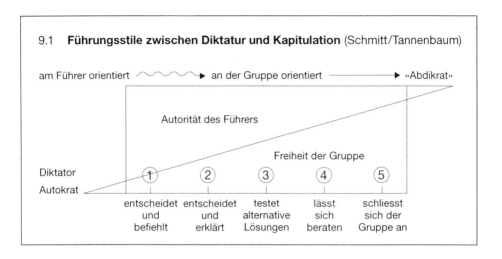

9.1 **Führungsstile zwischen Diktatur und Kapitulation** (Schmitt/Tannenbaum)

gegebenenfalls durchgesetzt wird. Das heisst nun keinesfalls, die Gruppe zu unterdrücken: *Entscheidungen dürfen diskutiert werden, doch der Chef hat das letzte Wort.* Anderenfalls ist die Gruppe vielleicht nicht handlungsfähig. Die Bandbreite der möglichen Führungsstile zwischen Diktatur und Kapitulation des Führers zeigt Grafik 9.1.

Bei der Betrachtung dieser fünf verschiedenen Führungsstile sollten kulturelle Unterschiede berücksichtigt werden. Während ein konsultativer Stil (Beispiel 4) eher in der angelsächsischen Welt anzutreffen ist, wäre er im romanischen, asiatischen oder südamerikanischen Kulturbereich fehl am Platze – dort ist der Stil eher traditionell und beschränkt sich eher auf die Beispiele 1 bis 3 in der Grafik. Bei der – möglichst offen geführten – Diskussion sollte der Führer als Schiedsrichter auftreten und darauf achten, dass die Gruppenmitglieder ihre *Differenzen auf sachlicher, nie auf persönlicher Ebene diskutieren.* Meinungen sollten niemals mit *richtig* oder *falsch* bezeichnet werden – niemand sollte sich als allwissender oder allmächtiger Richter aufspielen. Das bringt nichts, sondern schadet nur. Ausserdem ist unter allen Umständen dafür zu sorgen, dass die Gruppenmitglieder ihre *Differenzen hinter verschlossener Tür diskutieren.* Wir haben es im vorherigen Abschnitt bereits gesehen: der offene Streit in den eigenen Reihen lässt sich von der Gegenseite als Angriffspunkt benutzen. Zusätzlich zu dieser Regel sollte eine *klare Rollenverteilung und Sprachregelung am Verhandlungstisch* herrschen. Anderenfalls endet auch das beste Konzept im Chaos, wenn sich die einzelnen Mitglieder der Delegation unkoordiniert in die Verhandlung einmischen. *Experten sitzen grundsätzlich im Hintergrund;* sie werden bei Bedarf vom Verhandlungsführer konsultiert und reden nicht etwa vorne am Tisch mit, es sei denn nur für ganz kurze Momente. Sie sind zweifellos überlegen in ihrem Fachgebiet, aber nicht unbedingt in der Technik der Verhandlungsführung. Um auf das Beispiel mit den Flugzeugen aus dem vorigen Abschnitt zurückzukommen: ein Bordingenieur sollte bei der Landung nicht den Platz des Copiloten einnehmen, nur weil er etwas von Triebwerken versteht. Ein Sitzplatz im Hintergrund heisst jedoch keineswegs, dass sich die nicht direkt an der Verhandlung beteiligten Mitglieder einer Delegation ausruhen können: *alle Teilnehmer verfolgen die Verhandlung aufmerksam mit.* Jeder sieht einen anderen Aspekt der Verhandlung und kann seine Beobachtungen den anderen mitteilen. Ausserdem bleiben auf diese Weise alle Delegationsteilnehmer auf dem aktuellen Informationsstand. Ebenso gemeinsam wie sie zuhören, legen die Mitglieder erfolgreicher Gruppen auch eine *gemeinsame Anstrengung bei der Suche nach neuen Alternativen* an den Tag. Eine offene Auseinandersetzung über die bei der Verhandlung einzuschlagende Richtung gibt es am Verhandlungstisch nicht mehr; die *Prioritäten der Gruppe sind allen klar und gehen vor.* Es bedarf wohl kaum der Erwähnung, dass eine *eingespielte Gruppe* in der Regel besser abschneidet als eine zusammengewürfelte. Muss ein Verhandlungsteam neu zusammengestellt werden, empfiehlt sich daher vor dem Einsatz eine *Probe der Verhandlung.* Zu diesem Zweck werden glaubhafte Darsteller für die Gegenseite benötigt; es können dafür Mitarbeiter der eigenen Organisation oder speziell engagierte Berater eingesetzt werden.

Gruppenfunktionen

Eine andere Sichtweise stellt die einzelnen Funktionen der Gruppe und die Rollen ihrer Mitglieder in den Vordergrund. Sie ist zwar etwas theoretischer als die blosse Aufzählung von Fehlern und Erfolgsfaktoren, aber dennoch von praktischem Nutzen. Die von den Gruppen freigesetzten Energien lassen sich demnach in drei Kategorien einteilen:

Erfüllung des Auftrags:

Diese Funktion der Gruppe hängt direkt mit dem Gegenstand der Verhandlung zusammen. Es geht darum, Probleme zu erkennen, Informationen zu sammeln und zu verbreiten, Meinungen einzuholen und abzugeben oder die Machbarkeit von Vorschlägen zu prüfen.

Funktionsfähigkeit der Gruppe:

Diese Aktivitäten zielen darauf ab, die Gruppe zu erhalten und ihre Funktionsfähigkeit zu stärken. Dabei wird das Vorgehen der Mitglieder koordiniert und zwischen ihren Interessen vermittelt. Die mit Funktionen des Gruppenerhalts beschäftigten Mitglieder wollen Harmonie erzeugen, der Gruppe eine Richtung geben, den Austausch zwischen verschiedenen Ansichten und Meinungen erleichtern, anderen Gruppenmitgliedern Ermutigung zuteil werden lassen oder auch nur den Führer oder eine Mehrheit unterstützen.

Erfüllung persönlicher Machtbedürfnisse:

Auch die persönlichen Interessen und Machtbedürfnisse der einzelnen Gruppenmitglieder wollen befriedigt werden. Statt konstruktiv mitzuarbeiten, veranstalten manchmal einzelne Mitglieder eine Machtprobe und blockieren die Gruppe; sie nehmen nicht mehr am aktiven Verhandlungsgeschehen teil oder schweifen in ihren Beiträgen vom Thema der Verhandlung ab. Das vielleicht häufigste Verhalten in dieser Kategorie ist die Suche nach Anerkennung. Es geht dem betreffenden Teilnehmer dann nicht mehr um die Sache, sondern vor allem um die Würdigung seiner eigenen Person. Die dafür eingesetzte Energie geht für die zielgerichtete Problemlösung verloren und muss daher durch Aktivitäten zum Gruppenerhalt neutralisiert werden.

Wie sich diese drei Funktionen in einer gesunden Gruppe im Zeitverlauf verändern, zeigt Grafik 9.2. Je weiter die Zusammenarbeit fortschreitet, desto geringer wird die Bedeutung der persönlichen Machtbedürfnisse. Die Gruppe ist anhaltend produktiv, pflegt aber auch gezielt ihre Funktionsfähigkeit. Ihr Verhalten ist *vor allem an der Aufgabe orientiert, aber auftauchende sozio-emotionale Probleme [werden] nicht untersrückt oder als unwichtig abgetan, sondern durch gruppenorientiertes Eingreifen ständig bewältigt* (Müller 1992, S. 57).

9.2 Gruppenfortschritt im Zeitverlauf

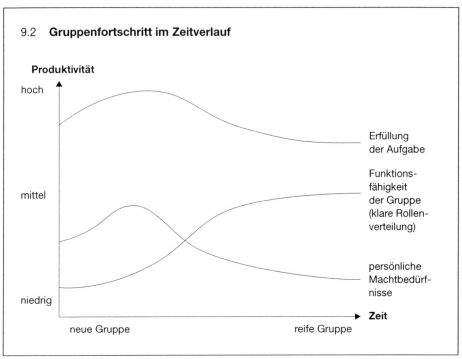

9.3 Verschiedene Rollen innerhalb einer Gruppe

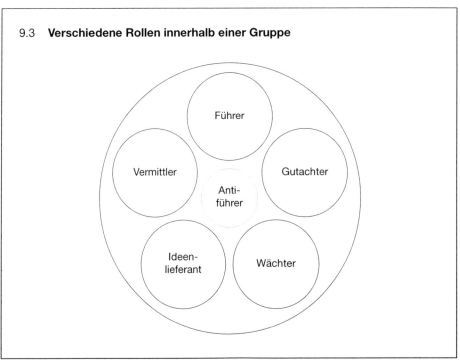

Rollen in der Gruppe

Im Verhalten jeder Gruppe lassen sich unterschiedliche Rollen erkennen, die ein mehr oder weniger fest umrissenes Aufgabengebiet umschreiben. Eine Gruppe ist besonders leistungsfähig, wenn diese Rollen von den jeweils am besten geeigneten Personen wahrgenommen werden und alle Mitglieder diese Aufgabenteilung akzeptieren. Die folgende Darstellung ist zu kurz für einen umfassenden Überblick, kann aber einen ersten Eindruck von den sich unweigerlich ergebenden Rollen vermitteln. Nur wer die Aufgabenverteilung seiner Gruppe versteht, kann mit ihr erfolgreich verhandeln. Ausserdem kann es für das eigene Vorgehen ausgesprochen nützlich sein, die internen Vorgänge der anderen Delegation zu durchschauen. Die wichtigsten Rollen seien daher kurz beschrieben. Der *Führer* ist der Kopf der Gruppe, der den Kurs vorgibt. Er muss nicht immer zugleich das formelle Oberhaupt der Gruppe sein. Bei einer Verhandlung sollte der offizielle Leiter einer Delegation jedoch in der Regel auch deren tatsächlicher Führer sein. Abweichungen davon wirken irritierend, sie können aber gerade aus diesem Grund von taktischem Interesse sein. Die Führungsrolle kann immer nur von einer Person gespielt werden, sonst entbrennt früher oder später ein Streit über Autorität und Macht. Es kann sich dabei ein *Anti-Führer* oder *Kopf der Opposition* herausbilden, der mit dem Führer rivalisiert. Derartige Konflikte innerhalb der Gruppe stehen der Erfüllung ihrer eigentlichen Aufgabe im Wege; sie müssen daher schnell, aber dennoch gründlich ausgeräumt werden. Eine Rolle, die sehr gut von mehreren Personen gleichzeitig gespielt werden kann, ist der *Ideenlieferant.* Er (oder sie) ist der kreative Kopf der Gruppe, der vor Ideen sprüht. Die Bewertung, Weiterentwicklung und Umsetzung dieser Ideen in die Praxis ist wiederum die Aufgabe anderer Gruppenmitglieder. Der *Gutachter* etwa untersucht alle Vorschläge sowie die Entwicklung der Lage und versorgt den Führer auf diese Weise mit wichtigen Informationen. Während alle diese Funktionen nebeneinander wahrgenommen werden, bewahrt ein *Wächter* die Gruppe vor Angriffen und überraschenden Treffern der Gegenseite. Er dient auch als Schleuse für Information, die von der Gruppe nach aussen verbreitet werden soll. Schliesslich sollte jede Gruppe mindestens einen *Vermittler* in ihren Reihen haben, der in schwierigen oder festgefahrenen Situationen einen Ausgleich der verschiedenen Ansichten und Positionen innerhalb der Gruppe sucht.

Wie wichtig es ist, die eigene Gruppe so zu organisieren, dass sie das gesamte Potential ihrer Mitglieder nutzt, zeigt der folgende Abschnitt.

Beispiel: John F. Kennedy und sein Team

Diese kurze Fallstudie (Janis 1971) zeigt am Beispiel von US-Präsident Kennedy und seinem Führungsteam, welche Gefahren gerade im berühmten und von vielen Unternehmen angestrebten *Wir-Gefühl* liegen. Kennedy nahm eine ganze Riege ebenso dynamischer wie brillianter Berater und Experten von den besten Universitäten des Landes mit ins Weisse Haus – Dean Rusk, Robert McNamara, Douglas Dillon, Robert Kennedy und Allen Dulles, um nur einige zu nennen. Diese innere Gruppe um den Präsidenten, der berühmte *think tank*, funktionierte hervorragend, und doch empfahl sie die kläglich gescheiterte Invasion an der Schweinebucht auf Kuba. Wie konnte es dazu kommen? Jeder macht Fehler – das wäre eine einfache Erklärung, doch in diesem Fall bietet sich eine andere Version an. Es gibt deutliche Hinweise darauf, dass die fatale Entscheidung der Invasion auf ein Versagen aller innerhalb der Gruppe vorhandenen Kontrollmechanismen zurückzuführen war. Janis (1971) führt mehrere Anzeichen für ein übertriebenes Gruppengefühl an, die – gepaart mit dem Stress der angespannten Situation – die Leistung der Gruppe bei der Entscheidungsfindung erheblich verringerte. Die von ihm beobachteten Symptome sind die folgenden:

- Die einzelnen Mitglieder fühlen sich durch den Zusammenhalt der Gruppe nahezu unbesiegbar. Sie gehen daher hohe Risiken ein, übersehen eindeutige Warnsignale und neigen zu übertrieben optimistischen Prognosen. Präsident Kennedys Team stützte seinen Plan zum Beispiel auf die wahnwitzige Annahme des Auslandsgeheimdienstes CIA, der Urheber der Invasion Kubas – nämlich die USA – würde der Öffentlichkeit dauerhaft verborgen bleiben.

- Warnsignale werden durch nachträgliches Zurechtbiegen der Tatsachen und Theorien übertönt. Harvard-Professor James C. Thompson beobachtete dieses Verhalten über Jahre hinweg im Weissen Haus. Wenn etwas schiefläuft, wird die Geschichte einfach geändert, und zuvor getroffene Entscheidungen bleiben von der Kritik unberührt.

- Die Gruppe hat selbstverständlich alle moralischen Werte auf ihrer Seite: *wir haben immer recht*. Ausgedrückt wird dies vor allem durch das Weglassen bestimmter Fragen und Kritikpunkte. Eine Rechtfertigung der eigenen Position steht einfach nicht zur Debatte. Die Stimmen im Weissen Haus gegen die Invasion Kubas verstummten allmählich von selbst.

- Auch der Umkehrschluss ist zulässig: wenn wir recht haben, *irren sich die anderen*. Ausserdem werden die Fähigkeiten der anderen Seite ebenso unterschätzt wie die eigenen überschätzt. So wurde die kubanische Luftwaffe als Faktor vernachlässigt – die paar alten B-26 Bomber würden von der Air Force schnell ausser Gefecht gesetzt. Die Realität sah dann doch etwas anders aus.

- Die Gruppe übt sozialen Druck auf diejenigen ihrer Mitglieder aus, die einen kritischen Standpunkt einnehmen. Jede vorsichtige und hinterfragende Untersuchung eines Problems wird somit systematisch unterdrückt. Kennedy äusserte zwar selbst wiederholt Zweifel an der Operation Schweinebucht, liess jedoch die CIA wichtige Sitzungen beherrschen. Jede abweichende Ansicht wurde in dieser Runde sofort attackiert und an die Mehrheit angepasst.

- Der soziale Druck führt auf Dauer dazu, dass die einzelnen Mitglieder sich bereits selbst kritischer Bemerkungen und Gedanken enthalten sowie andere zu unterdrücken. Die unkritische Saat des Gruppengefühls geht spätestens in diesem Stadium auf und trägt eine reiche Ernte.

- Bei Beschlüssen und schliesslich auch schon Diskussionen herrscht Einstimmigkeit – jedenfalls an der Oberfläche. Wenn ein Mitglied der Gruppe nichts sagt, wird das von den anderen als Zustimmung gewertet.

- Schliesslich fühlen sich besonders eifrige Mitglieder der allzu eng zusammengeschweissten Gruppe dazu berufen, andere – und besonders den Führer – von abweichenden Meinungen und sogar von Informationen abzuschirmen, die ein anderes Licht auf die übrigen Tatsachen werfen würde. Robert Kennedy war ein solcher Beschützer; er nahm andere Vertraute des Präsidenten einzeln beiseite und redete ihnen ins Gewissen.

Wie lässt sich eine solche Implosion der Gruppe – ihr Zusammenbruch nach innen – aber verhindern? Es gibt einige einfache Massnahmen, die dafür sehr geeignet erscheinen. Der Führer kann jedes einzelne Mitglied seiner Gruppe zu aktiver Kritik auffordern; ausserdem sollte er zu Beginn einer Diskussion neutral bleiben und niemals gleich seine Präferenzen verraten – die Gruppe könnte ihm sonst blind folgen. Die betreffende Organisation kann, soweit die Erwägungen der Sicherheit dies zulassen, externe Berater hinzuziehen, die der Gruppe nicht verpflichtet sind. Falls die Öffnung der Debatte nach aussen zu riskant erscheint sollte ein Mitglied der Gruppe den *advocatus diaboli* spielen, den Anwalt des Teufels. Schliesslich kann die Gruppe in einer gesonderten Sitzung alle Warnsignale eingehend untersuchen und daraufhin eine zweite Diskussionsrunde eröffnen.

Literatur zu diesem Kapitel

Janis, Irving: Groupthink. *Psychology Today Magazine,* November 1971, S. 43–46 und 74–76.

Müller, Werner: Verhalten in der Gruppe. *Management-III-Reader,* WWZ der Universität Basel 1992, S. 55–61.

10. Anspruchsgruppen und Öffentlichkeit

Verhandelt wird selten im luftleeren Raum. Selbst in ganz einfachen Fällen haben die Verhandler beider Seiten gewisse Rücksichten zu nehmen; ihre Positionen, Ziele, Strategien und Verhaltensweisen werden *von aussen* mitbestimmt. Wenn ich ein neues Auto kaufen möchte, werde ich auch die Wünsche meiner Frau berücksichtigen – sie wird vielleicht sogar Wert darauf legen, bei der Auswahl (also der Verhandlung zwischen mir und dem Autohändler) anwesend zu sein. Was im privaten Bereich schon schwierig genug sein kann, wird im beruflichen noch komplizierter. Der Einkäufer einer Warenhauskette kauft die 5'000 Paar Turnschuhe schliesslich nicht auf eigene Rechnung, sondern im Auftrag seiner Firma. Von dieser erhält er dafür einen mehr oder weniger begrenzten Handlungsspielraum. Je wichtiger das betreffende Geschäft ist, desto enger muss er sich mit höheren Entscheidungsträgern beraten und ihnen seine Vorschläge erst einmal *intern* verkaufen. Dies ist auch bei Diplomaten der Fall, die etwa ein Freihandelsabkommen vorverhandeln und dabei jeden Schritt mit ihrer Zentrale (und diese wiederum mit der jeweiligen Regierung) abstimmen müssen. Selbst ein Firmenpräsident oder Vorstandsvorsitzender kann auf Dauer nicht ganz unabhängig von seinem Aufsichts- oder Verwaltungsrat oder den Aktionären seines Unternehmens handeln. Je nach Umfang ihrer Beteiligung werden diese Gruppen den Geschäftsverlauf und die laufenden Kursnotierungen aufmerksam verfolgen und gegebenenfalls in die Geschäftsführung eingreifen – jedenfalls muss der leitende Manager jederzeit damit rechnen. Auch in der Privatwirtschaft werden wichtige Vereinbarungen also in vielen Fällen von internen Verhandlungen mit den wichtigsten Interessengruppen oder Auftraggebern der eigenen Seite begleitet. Grafik 10.1 zeigt, dass diese doppelte Interaktion tatsächlich aus minde-

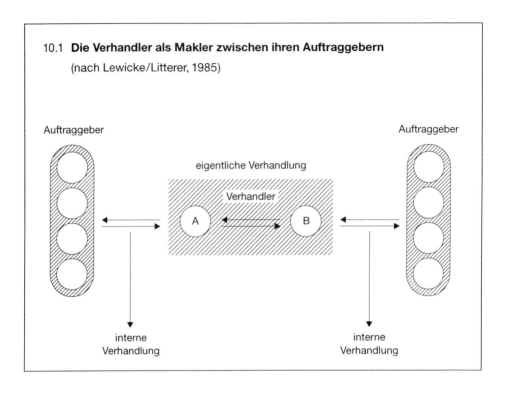

10.1 Die Verhandler als Makler zwischen ihren Auftraggebern

(nach Lewicke/Litterer, 1985)

stens drei Verhandlungen besteht, in der die beiden Verhandler als Makler zwischen zwei Auftraggebern oder Interessengruppen auftreten.

Die Berücksichtigung zusätzlicher Personen und Gruppen verändert die Lage des Verhandlers erheblich: die bilaterale Verhandlung wird zur multibilateralen, ohne dass eine weitere Vertragspartei formell beteiligt wird. Ihr Charakter ändert sich; es ist plötzlich, als sässen noch andere Teilnehmer mit am Konferenztisch. Das macht die Verhandlung wesentlich komplexer und schwieriger zu führen. Auf der anderen Seite können Auftraggeber und Publikum der Gegenseite in der Auseinandersetzung gezielt angesprochen und beeinflusst werden. Eine besondere Rolle bei gesellschaftlich, politisch oder wirtschaftlich bedeutsamen Verhandlungen spielen natürlich Öffentlichkeit und Medien; sie werden weiter unten in einem gesonderten Abschnitt behandelt. Insgesamt geht es in diesem Kapitel darum, die enorme Wirkung interessierter oder betroffener Gruppen auf das Verhalten der Verhandler sowie Verlauf und Ergebnis ihrer Verhandlung aufzuzeigen.

Die Anspruchsgruppen

Die meisten Handlungen und Entscheidungen von Unternehmen, Behörden, Verbänden oder Staaten, ja selbst von Privatpersonen, haben mehr oder weniger direkte Auswirkungen auf andere Menschen. Der Bau einer klassischen Chemiefabrik mit rauchenden Schornsteinen, um ein recht drastisches Beispiel anzuführen, droht Wohlbefinden und Gesundheit ihrer Anwohner zu beeinträchtigen. Diese werden also vermutlich dafür sorgen – mit oder ohne Unterstützung staatlicher Stellen – dass ihre Interessen spätestens bei den nötigen Bau- und Betriebsgenehmigungen hinreichend berücksichtigt werden. Vielleicht spielen diese Interessengruppen auch schon eine Rolle beim Grundstückskauf. Der multinationale Chemiekonzern sitzt dann nicht nur mit dem Landwirt Albert Meier, dem das gewünschte Grundstück gehört, am Verhandlungstisch, sondern indirekt auch mit den Umweltbehörden und -verbänden sowie eventuell mit aufgebrachten Bürger- oder Naturschutzgruppen. Sie vertreten die Interessen der Anwohner, der Natur, des Grundwassers, der nistenden Singvögel oder – um auch ein paar Beispiele der anderen Seite zu nennen – die Belange der örtlichen Mittelstandsvereinigung und der übrigen Grundbesitzer der Gemeinde. Alle führen gute Gründe an, warum die Fabrik nun gebaut (Arbeitsplätze, Gewerbesteuer, steigende Grundstückspreise, staatliche Fördermittel, …) oder eben nicht gebaut (Lebensqualität, Naturschutz, Schutz der kommenden Generationen, …) werden sollte. Sie sind unmittelbar vom Gegenstand der Verhandlung betroffen. Alle diese Gruppierungen machen daher unterschiedliche Ansprüche geltend – das Recht auf saubere Luft, gutes Trinkwasser, die Artenvielfalt, aber auch das Recht auf Arbeit, Wirtschaftswachstum oder spekulative Gewinne aus steigenden Bodenpreisen. Viele dieser Ansprüche mögen zunächst übertrieben klingen, vielleicht auch grenzenlos naiv oder vollkommen egoistisch – und doch sind die meisten nicht ganz von der Hand zu weisen. Manche erscheinen uns auf den ersten Blick sogar berechtigt. Ihre Vertreter und Unterstützer nennen wir deshalb auch *Anspruchsgruppen*. Das Wort *Anspruch* hat hier eine stärkere Bedeutung als *Interesse*; es lässt ausserdem auf eine gewisse Legitimität oder zumindest Macht schliessen. Die Ziele dieser einzelnen Gruppen, ebenso wie ihre Interessen, stehen dabei regelmässig im Konflikt oder Wettbewerb zueinander. Ob sich letztlich der Anspruch auf saubere Luft oder der auf dringend benötigte Arbeitsplätze durchsetzt, ist eine Frage der gesellschaftlichen Verhandlung. Auf ihren Mittelpunkt – also zum Beispiel das für die Baugenehmigung zuständige Gemeindeparlament – wirken nun die entgegengesetzten Kräfte der Anspruchsgruppen ein. Die Verhandler dort – etwa die Fraktionsvorsitzenden – sind an die jeweiligen Interessen und Positionen ihrer mit Macht zur Durchsetzung ausgestatteten Auftraggeber und Unterstützergemeinden gebunden. Natürlich können sie sich auch einmal eigenmächtig verhalten, doch dann drohen ihnen hinterher persönliche Konsequenzen wie die Abwahl oder Entfernung aus dem Amt, ein empfindlicher Karriereknick oder auch die gesellschaftliche Ächtung. Selbst die Androhung von Gewalt – also eines unkonventionellen Mittels der Verhandlung – kommt gelegentlich bei dieser internen Verhandlung zwischen Anspruchsgruppen und Verhandlern vor. Der strategische Spielraum der Verhandler wird durch diese von aussen vorgegebenen Positionen begrenzt. Ihre Aufgabe ist es nun, *innerhalb* dieser Beschränkungen eine möglichst kreative und integrative Einigung zu erzielen.

Interessierte Kreise

Ziehen wir den Kreis um den Verhandler noch etwas weiter, dann kommen nach den Mitgliedern der Verhandlungsdelegation, den Auftraggebern und Anspruchsgruppen schliesslich noch weitere, weniger unmittelbar betroffene Gruppierungen zum Vorschein. Wir wollen sie hier *interessierte Kreise* nennen. Es handelt sich dabei häufig um das allgemeine Publikum, auf das wir später noch ausführlicher eingehen werden. Bevor wir näher auf die interessierten Kreise eingehen, sollten wir uns anhand von Grafik 10.2 ihre Beziehung zu den Verhandlern und den unmittelbaren Anspruchsgruppen verdeutlichen.

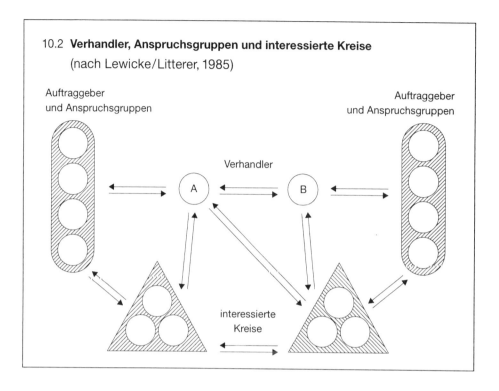

10.2 **Verhandler, Anspruchsgruppen und interessierte Kreise**
(nach Lewicke/Litterer, 1985)

Auftraggeber
und Anspruchsgruppen

Auftraggeber
und Anspruchsgruppen

Verhandler

A   B

interessierte
Kreise

Nehmen wir ein einfaches Beispiel: in einer Tarifrunde zwischen Arbeitgebern und Gewerkschaft geht es natürlich nicht nur um das unvermeidliche Pokerspiel zwischen den Verhandlern der beiden Tarifparteien. Die Matadore sind schliesslich nicht zum persönlichen Vergnügen gekommen, und das Ergebnis ihrer Verhandlung – wenn es von beiden Seiten als gültiger Tarifvertrag ratifiziert wird – regelt Arbeitsbedingungen und Einkommen von hunderttausenden oder gar Millionen von Arbeitnehmern sowie die Gewinn- und Dividendenaussichten für zahlreiche Kapitaleigner. Beide Seiten sind also unmittelbar vom Ausgang der Verhandlung betroffen und versuchen auch üblicherweise, einen entsprechend starken Einfluss auf sie zu nehmen. Die Schweiz kennt seit dem *absoluten Arbeitsfrieden* zwar keinen offenen Arbeitskampf mehr, aber in Deutschland kann dieser Einfluss von den Organisationen recht aggressiv ausgeübt werden. Streik und Aussperrung sind dort häufig benutzte Waffen der Tarifparteien; die Verhandler beider Seiten sitzen ausserdem gleichermassen auf einem Schleudersitz – bringen sie nicht den gewünschten Erfolg, dann brauchen sie spätestens bei der nächsten Verbandswahl erst gar nicht anzutreten. Diese Beziehung zwischen Auftraggebern und Verhandlern haben wir aber bereits im vorangegangenen Abschnitt gesehen. Nun kommen die interessierten Kreise hinzu, etwa die Gewerkschaften und Arbeitgeberverbände anderer Branchen. In der Druckindustrie sind die Verhältnisse zwar völlig anders als bei Metall, wenn aber die Tarifverhandlungen der einen unmittelbar auf einen sensationellen Abschluss der anderen Branche folgen, dann setzt dies schon ein Signal für die eigene Industrie. Dies gilt natürlich umso mehr, je näher die Gegebenheiten der jeweiligen Branchen beieinander liegen oder je mehr sie miteinander verflochten sind. So hat ein Tarifabschluss der metallverarbeitenden Industrie sicher auch Auswirkungen auf die Zulieferer der Autobranche. Die Mitglieder der entsprechenden Gewerkschaften, mindestens aber deren Funktionäre, und die betreffenden Unternehmensleitungen werden Verhandlungen einer anderen, aber verwandten Branche daher mit grossem Interesse, wenn auch keinem unmittelbaren Anspruch verfolgen. Das bedeutet nun keinesfalls, dass sie die Verhandlung passiv mitansehen müssen. Das genaue Gegenteil ist häufig der Fall, wenn sich Dritte in die (öffentliche) Diskussion um einen Tarifabschluss einmischen. Das kann bei der geschilderten Tarifrunde in Deutschland – je nach Bedeutung und Konjunkturphase – schon einmal der Bundesbankpräsident oder auch der Bundeskanzler sein, obwohl beide rein rechtlich mit den Tarifgesprächen nichts zu tun haben. Angriffspunkte einer solchen Einflussnahme von interessierten Kreisen sind dann nicht nur die Verhandler selbst, sondern vor allem deren Anspruchsgruppen (Arbeitgeber, Gewerkschaftsmitglieder, Aktionäre, …) sowie andere interessierte Kreise mit gleichen oder unterschiedlichen Interessen (Politiker, Wirtschafts- und Verbraucherverbände, Zulieferbranchen, …). Die Zahl der möglichen (und tatsächlichen!) Interaktionen steigt sprunghaft; die Aufgabe der Verhandler wird inmitten dieser konkurrierenden Aufträge, Ansprüche und Interessen sowie einer schier unübersichtlichen Kommunikation zwischen den einzelnen Gruppen immer schwieriger. Die Anforderungen steigen weiter, wenn die Verhandler und ihre Delegationen von den Medien auf die hell beleuchtete Hauptbühne der Öffentlichkeit gehoben werden. Jede wichtige Tarifverhandlung schafft wegen ihrer weitreichenden Bedeutung den Sprung in die Fernsehnachrichten; wenn sie besonders spektakulär ist, erhält sie trotz der todlangweiligen und immer gleichen Bilder aus verqualmten Sitzungszimmern sogar wochenlang das ansonsten schnell erlahmende Interesse der Zuschauer und Nachrichtenredakteure. Die Aufmerksamkeit von Millionen von Fernsehzuschauern sowie aller mehr oder weniger interessierten Kreise kann aber unmöglich ganz ohne Wirkung auf Verhalten, Strategie und Taktik der Verhandler bleiben. Der folgende Abschnitt beschäftigt sich daher mit der Frage, welche Rolle das grelle Licht der Fernsehlampen und das indiskrete Lauschen der Mikrofone für die Verhandlungsführung spielt.

Die Öffentlichkeit ...

Die Öffentlichkeit, sei sie nun in körperlicher Form oder nur durch die (zeitweise) Anwesenheit der Medien hergestellt, spielt bei vielen Verhandlungen mehrere verschiedene, wenn auch meist miteinander verknüpfte Rollen. Dabei ist es von Bedeutung, wie stark die allgemeine Öffentlichkeit oder ihre Untergruppen vom Ergebnis der Verhandlung betroffen sind. Ein Streik der Bediensteten bei Müllabfuhr oder Verkehrsbetrieben betrifft jedermann unmittelbar, während der Ausstand beim holzverarbeitenden Gewerbe dem Normalverbraucher über lange Zeit verborgen bleiben kann. Der Verhandlungsgegenstand sowie die Fähigkeiten des Verhandlers oder seiner Organisation entscheiden über den Einfluss der öffentlichen Aufmerksamkeit. In den folgenden Abschnitten werden die Rollen der Öffentlichkeit als Publikum des Verhandlers, als sein taktisches Instrument und als Gegner seiner Absichten unterschieden und anhand von kurzen Beispielen vorgestellt.

... als Publikum

Jeder verhält sich vor Publikum anders, als wenn er mit seinem Gegenüber unter vier Augen spricht. Eine Reihe von Experimenten und Untersuchungen (dargestellt in Lewicki/Litterer 1985, S. 218 ff) hat eindeutig ergeben, dass die meisten Verhandler die Zustimmung und Anerkennung ihres Publikums suchen. Dabei spielt bereits der allgemeine Applaus völlig fremder Zuschauer eine erstaunliche Rolle; als noch wichtiger hat sich allerdings die Meinung nahestehender Personen aus dem eigenen sozialen Umfeld herausgestellt. Besonders stark wirkte sich die (tatsächliche oder auch nur potentielle) Anwesenheit eines Vorgesetzten auf das Verhalten in der Verhandlung aus. Natürlich haben sich die Verhandler umso mehr angestrengt, je wichtiger die Zuschauer für sie persönlich waren. Das kam dem Ergebnis ihrer Verhandlung jedoch in vielen Fällen nicht zugute, denn als Richtschnur des Verhaltens dienten nicht mehr die sachlichen Erfordernisse des Auftrags, sondern die vermuteten Wünsche des Publikums. Mit manchmal verheerenden Folgen: statt einer kreativen und kooperativen Zusammenarbeit mit der anderen Seite gingen die beobachteten Verhandler eher blindlings in die Offensive und versuchten vor allem, *gut auszusehen*. Das Bild des harten Verhandlers, der keinen Zoll nachgibt und seinem Gegenüber auch noch die allerletzten Zugeständnisse abknöpft, schien in dieser Situation vorzuherrschen. Eine integrative Verhandlung ist unter solchen Voraussetzungen jedoch kaum möglich, also stellte sich bei den Experimenten regelmässig ein distributiver Verteilungskampf ein. In einer unbeobachteten Situation hatten sich dieselben Verhandler ganz anders verhalten; sie hatten die Lage nüchtern betrachtet und professionell verhandelt. Das Publikum hatte also einen erheblichen, in den meisten Fällen nachteiligen Einfluss auf das Ergebnis der Verhandlung. Kein Wunder also, dass viele wichtige Abkommen und Vereinbarungen möglichst unter Ausschluss der Öffentlichkeit ausgehandelt werden. Die Wahl eines unauffälligen Verhandlungsorts auf neutralem Boden oder in einem sehr unzugänglichen Gebiet bietet eine häufig gewählte Lösung. Ein gutes Beispiel ist die Rolle der Bank für Internationalen Zahlungsausgleich (BIZ) in Basel im Europäischen Währungssystem und seinen Vorläufern. Bis zur Einrichtung des Europäischen Währungsinstituts in Frankfurt (1995) wurden die meisten regelmässigen Treffen der europäischen Finanzminister und Notenbankchefs bei der BIZ in Basel abgehalten. Die Stadt steht normalerweise nicht gerade im Rampenlicht der internationalen Medien und bot daher einen diskreten und gleichzeitig zentral gelegenen Tagungsort – ideal für diesen Zweck. Auch die hermetische Abriegelung eines Konferenzzentrums kommt als Notlösung in Betracht, wenn die Entscheidungsfindung möglichst unabhängig von den Gesetzen der öffentlichen Meinung stattfinden soll. Mehr zur Rolle der Öffentlichkeit als Gegner der Verhandler bietet ein gesonderter Abschnitt weiter unten in diesem Kapitel.

... als Instrument

Die Öffentlichkeit zieht die Verhandlung also häufig von der sachlichen auf eine mehr gefühlsmässige und vielleicht unangemessene Ebene. Ein geschickter Verhandler kann jedoch aus der Not eine Tugend machen und das Publikum als taktisches Instrument seiner Verhandlungsstrategie einsetzen. Der Unterschied der vertraulichen zur öffentlich geführten Verhandlung liegt nämlich nicht nur im veränderten Verhalten der Unterhändler, das wir im vorangegangenen Abschnitt gesehen haben. Ein weiterer, oft noch wichtigerer Unterschied besteht in der Sichtbarkeit der Verhandlung für die Anspruchsgruppen beider Seiten. Je unmittelbarer ein Verhandler von seinen Auftraggebern und Unterstützern kontrolliert werden kann, desto enger ist er an deren Interessen und Weisungen gebunden; Zugeständnisse an die Gegenseite werden im eigenen Lager nicht gerne gesehen. Auf der anderen Seite besteht jede integrative Verhandlung aus Geben und Nehmen und erfordert dafür ein ausreichend weites Mandat. Ein guter Verhandler wird daher zunächst versuchen, seinen eigenen Spielraum zu erweitern, indem er mit seinen Verhandlungspartnern und Anspruchsgruppen jeweils getrennt und unter Ausschluss der Öffentlichkeit verhandelt – ob in einer förmlichen Sitzung oder bei einem Waldspaziergang, notfalls auch beim (natürlich rein zufällig!) gleichzeitigen Gang auf die Toilette. Wer die Geheimhaltung oder zumindest Vertraulichkeit seiner Gespräche unter Kontrolle hat, der sitzt nicht so leicht zwischen den Stühlen verschiedener Interessen, Ansprüche oder Anforderungen. Dasselbe gilt auch umgekehrt: wer die Öffentlichkeit von Verhandlungen und ihren Ergebnissen steuert oder beherrscht, der kann sie zu seinem eigenen Vorteil einsetzen. Die Öffentlichkeit – in den meisten Fällen vertreten durch die Medien – ist ein ausgezeichnetes Instrument, um die Anspruchsgruppen der Gegenseite zu beeinflussen. Sie kann indirekt Druck auf den Verhandler der Gegenseite ausüben und ihn damit zu Konzessionen oder auch zur Zusammenarbeit zwingen. Pressekonferenzen und die gezielte Indiskretion *gut unterrichteter Kreise* sind das häufigste Mittel, um entsprechende Botschaften auszusenden. Die tatsächlichen Adressaten der dort vorgetragenen Aussagen werden dabei nicht immer offen angesprochen. Ganz verschiedene Themen lassen sich geschickt so verknüpfen, dass die beabsichtigte Wirkung erzielt wird. Ein ausgezeichnetes Beispiel für dieses raffinierte Spiel über die Bande bietet der amerikanische Präsidentschafts-Wahlkampf: *Für politische Zwecke,* sagte der Abgeordnete David E. Bonior von der Demokratischen Partei aus Michigan, *gibt uns der Handelsstreit eine Gelegenheit, mit Deutschland und Korea hart umzuspringen. Dagegen sehen die Republikaner ganz schön schlaff aus, ehrlich.* (International Herald Tribune)

... als Gegner

Es gibt allerdings auch Situationen, in denen die Öffentlichkeit den Erfolg einer Verhandlung in Frage stellen kann. Solche Verhandlungen erfordern Geheimhaltung und sollten auch nur unter dieser Bedingung überhaupt geführt werden.

Beispiel: Kissinger in China

Ein prominentes Beispiel ist die geheime China-Reise von US-Sicherheitsberater Dr. Henry Kissinger im Juli 1971 (Kissinger 1979). Sie war der erste diplomatische Schachzug von Präsident Nixon zur 1972 vollzogenen Normalisierung der Beziehungen zwischen den USA und der Volksrepublik China. Unter den damals herrschenden politischen Bedingungen musste Kissingers Besuch bei Premier Tschou En-Lai unter strengster Geheimhaltung stattfinden. Der amerikanische Sicherheitsberater reiste unter einem Vorwand von Washington nach Pakistan, wo er unter konspirativen Umständen ein bereitgestelltes Flugzeug zu einem chinesischen Provinzflughafen bestieg. Unter dem Druck der Öffentlichkeit wäre diese delikate und äusserst riskante Mission kaum zu machen gewesen. Beide Seiten hätten bei einem Misserfolg dieses aussenpolitisch gewagten Manövers das Gesicht verloren. Nixons Dreiecksdiplomatie zwischen Washington, Moskau und Peking war genial im Konzept, aber riskant in der Durchführung. Unter dem Schutz der Vertraulichkeit geriet das überraschend freundliche und konstruktive erste Treffen zwischen Kissinger und Tschou jedoch zu einem vollen Erfolg. Beide Regierungen waren allerdings das Risiko eines Verrats eingegangen, denn auch die strengste Geheimhaltung kann schliesslich einseitig aufgehoben werden.

Geheimhaltung und Zensur

Ein weiteres Wort der Vorsicht sei zur Geheimhaltung noch angemerkt: in einem demokratisch verfassten Staat haben die Bürger grundsätzlich ein Recht auf Information. Die Pressefreiheit ist unter anderem dazu da, diesem Recht allgemeine Geltung zu verschaffen. Die Geheimhaltung so wichtiger Vorgänge wie der Annäherung an einen bislang verfeindeten Staat stellt einen erheblichen Eingriff in dieses Prinzip dar. Solche Beschränkungen der Information können nur ausnahmsweise und auch nur dann als legitim hingenommen werden, wenn ihr erwarteter Nutzen die Kosten des Verlustes an Freiheit übersteigt. Ein ähnlicher, aber noch weitergehender Eingriff in die Bürgerrechte ist die offene Zensur. Wir kennen sie vor allem aus totalitären Staaten, deren Regime sich nur durch eiserne Kontrolle der öffentlichen Meinung an der Macht halten können. Unter besonderen Umständen – und der Krieg ist regelmässig ein solcher – sehen sich jedoch auch freiheitlich-demokratische Staaten zuweilen zu aktiver Selbst-Zensur veranlasst.

Beispiel: CNN im Golfkrieg

Ein solches Beispiel bietet der Konflikt und spätere Krieg um Kuwait am Persischen Golf. Er wurde zwar nicht durch eine Verhandlung gelöst, doch die Öffentlichkeit spielte hier eine ähnliche Rolle wie bei einer Verhandlung. Die Medien waren am Persischen Golf erwünscht, solange sie nur das Bild eines mit hochtechnologischen Waffen perfekt geführten Krieges vermittelten. Diese Lektion hatten die Vereinigten Staaten aus dem Debakel in Vietnam gelernt: die Entscheidung über Krieg und Frieden und über die Bedingungen eines Rückzugs fallen an der amerikanischen Heimatfront. Das amerikanische Publikum – neben dem Präsidenten die wichtigste Anspruchsgruppe der Streitkräfte – sollte voll und ganz hinter diesem Einsatz stehen. Die Berichterstattung der Journalisten wurde daher über Korrespondentenpools und die gezielte Zulassung zu eigens dafür inszenierten Erkundungstouren sorgfältig gelenkt. Die Öffentlichkeitsarbeit am Golf war in dieser Beziehung ausgesprochen erfolgreich. Ein weiteres Problem stellte die neue Nachrichtentechnologie dar, die Bild und Ton per Satellit sofort in jedes Wohnzimmer, aber auch in die Kommandozentrale des Kriegsgegners Saddam Hussein übertragen konnte. Als Symbol der Live-Übertragung hat sich – übrigens durch seine herausragende Rolle im Golfkrieg – der weltweite Nachrichtensender *Cable News Network* (CNN) etabliert. Zwischen der Weltöffentlichkeit und den kriegführenden Regierungen bestand dabei ein grundsätzlicher Konflikt: aus der verständlichen Sicht der alliierten Militärs durfte keine Information gesendet oder auf anderem Wege verbreitet werden, die der irakischen Führung wichtige Informationen über räumliche Verteilung, Stärke oder Absichten der multinationalen Kräfte hätten liefern könnten. Die einzige Möglichkeit, dies sicherzustellen, war eine Zensur der Berichterstattung. Rund 1'000 Journalisten mussten ihre Berichte vor der Übermittlung einem Pressestab vorlegen; bei Live-Übertragungen stand immer ein Presseoffizier ausserhalb des Bildes neben der Kamera. Entsprechend schockiert war der Kommandeur der multinationalen Streitkräfte, General Schwarzkopf, als eine CNN-Korrespondentin live von einem Artillerieduell berichtete und dabei den Einsatzraum der 82. Luftlandedivision an einem strategisch wichtigen Frontabschnitt verriet. Der zuständige Presseoffizier hatte nicht so schnell vor die Kamera springen können, wie der Satz gesagt und per Satellit in alle Welt übertragen war. Aber selbst solche Schlupflöcher der Zensur waren schnell gestopft: die Korrespondentin wurde zur Abschreckung der anderen Journalisten umgehend nach Hause geschickt.

Beispiel: GM-Toyota

Den Abschluss dieses Kapitels über den Einfluss von Anspruchsgruppen und öffentlicher Meinung auf die Verhandlungsführung soll das Beispiel eines Joint-Venture-Vertrags zwischen den Autoherstellern General Motors (GM) und Toyota bilden. Es soll zeigen, wie die ohnehin schwierigen Verhandlungen zwischen Unternehmen aus den USA und Japan durch die Beteiligung verschiedener Interessen- und Anspruchsgruppen weiter kompliziert wurden (Weiss 1987). Die beiden Firmen, weltweit Nummer eins und drei in ihrer Branche, wollten ihre sehr verschiedenen Probleme mit einer Zusammenarbeit in den Griff bekommen. Zwei Ölkrisen hatten den Auto-Riesen GM erheblich angeschlagen; 1980 schrieb der Konzern zum ersten Mal seit 1921 rote Zahlen – und dann gleich 763 Millionen Dollar. Der amerikanische Markt für Kleinwagen wurde weitgehend von japanischen Unternehmen bedient, was bei Toyota zu satten Gewinnen führte – etwa in der Höhe der Verluste von GM. Doch die Japaner hatten keine rechte Freude an diesem Erfolg, denn die US-Handelspolitik reagierte immer heftiger auf den sprunghaften Anstieg der Autoimporte aus Nippon. GM brauchte eine neue Technologie für kostengünstige Kleinwagen, und Toyota wurde vom japanischen Aussenhandelsministerium MITI zum Aufbau einer eigenen Fertigung in den USA gedrängt. Beide suchten ihr Heil in einer strategischen Zusammenarbeit, die im Dezember 1981 mit einem ersten Treffen begann und 1984 den ersten gemeinsam in den USA produzierten Kleinwagen vom Band rollen liess. Noch vor dem ersten Treffen war es in beiden Unternehmen zu internen Verhandlungen gekommen; bei Toyota war ein Teil der Unternehmensleitung wegen der militanten Gewerkschaften in den USA und mangelnder Produktqualität skeptisch, und bei GM regte sich Widerstand gegen die demütigende Vorstellung, dass man *von den Japanern lernen* müsse. Nur etwa die Hälfte der insgesamt fast dreijährigen Verhandlungen wurde auf die eigentliche Zusammenarbeit zwischen beiden Firmen verwendet. In der restlichen Zeit verhandelten beide Seiten – unterstützt von einer beeindruckenden Riege prominenter Rechtsberater und ehemaliger Politiker – mit zahlreichen Anspruchsgruppen. Die wichtigsten unter ihnen waren das japanische Aussenhandelsministerium MITI, die Gewerkschaft *United Auto Workers* (UAW) und die Kartellbehörde *Federal Trade Commission* (FTC). Grafik 10.3 zeigt eine vereinfachte Darstellung der wichtigsten Interessen- und Anspruchsgruppen bei der Verhandlung zwischen GM und Toyota.

Die geplante – aber noch längst nicht verbindlich vereinbarte – Zusammenarbeit sollte ein stillgelegtes Werk von General Motors im kalifornischen Fremont wiederbeleben. Die Gewerkschaft war natürlich bestrebt, wieder ihre alte Position einzunehmen und zu diesem Zweck die zuvor entlassenen Arbeiter wieder einzustellen. Das Werk Fremont hatte vor seiner Stillegung allerdings die schlechtesten Leistungen aller GM-Werke aufzuweisen: 20% Abwesenheit vom Arbeitsplatz, minderwertige Produktqualität und hohe Lohnkosten. Dennoch konnte GM nicht an der mächtigen Gewerkschaft vorbei, die auch in allen übrigen Werken vertreten war. Die Verhandlungen mit dieser Anspruchsgruppe wurden daher der japanischen Seite übertragen; das beruhigte die besorgten Manager aus Toyota City ebenso wie es die Funktionäre beunruhigte und brachte so

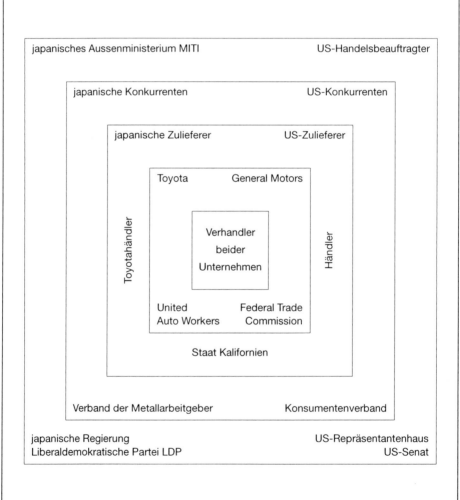

10.3 **Akteure, Anspruchsgruppen und interessierte Kreise**

(bei der Verhandlung zwischen GM und Toyota, nach Weiss, 1987)

japanisches Aussenministerium MITI   US-Handelsbeauftragter

japanische Konkurrenten   US-Konkurrenten

japanische Zulieferer   US-Zulieferer

Toyota   General Motors

Toyotahändler

Verhandler beider Unternehmen

Händler

United Auto Workers   Federal Trade Commission

Staat Kalifornien

Verband der Metallarbeitgeber   Konsumentenverband

japanische Regierung   US-Repräsentantenhaus
Liberaldemokratische Partei LDP   US-Senat

zusätzlichen Spielraum in die Verhandlungen. Die andere mächtige Anspruchsgruppe war die amerikanische Kartellbehörde FTC. Mit ihr verhandelte ein ehemaliger US-Arbeitsminister im Auftrag der beiden Konzerne. Die Behörde hatte Grund zu der Annahme, dass eine Zusammenarbeit von zwei der drei weltgrössten Autohersteller den Wettbewerb massiv beschränken und so eine gewisse Monopolmacht zu Lasten der Konsumenten ausüben könnte. Die FTC wurde in ihren Bemühungen verständlicherweise von den GM-Konkurrenzfirmen Chrysler und Ford unterstützt. Weitere Interessen gegen die Zusammenarbeit wurden über die FTC von Zulieferer- und Verbraucherverbänden vertreten; sie äusserten sich in einer Flut von Kartellklagen und Einsprüchen. Der Wille zur Zusammenarbeit der beiden Unternehmen – oder auch die strategische Notwendigkeit – waren jedoch stärker als alle Widerstände. Dennoch hat der Einfluss der verschiedenen Gruppierungen das Ergebnis der Verhandlung wesentlich beeinflusst und verzögert; hätten die Verhandlungspartner weniger Durchhaltevermögen gezeigt, wäre ein Abschluss vielleicht verhindert worden.

Literatur zu diesem Kapitel

Einen Überblick über die Rolle der Anspruchsgruppen bietet:

Lewicki, Roy / Litterer, Joseph: *Negotiation.* Homewood IL, Irwin 1985, insbesondere S. 209–237.

Quellen zu den in diesem Kapitel angeführten Beispielen:

Kissinger, Henry A.: *Memoiren, 1968–1973.* München, Bertelsmann 1979, insbesondere S. 764–837. Originaltitel: White House Years.

Schwarzkopf, General H. Norman: *It doesn't take a hero.* New York, Bantam 1992, insbesondere S. 344ff und 440ff.

Weiss, Stephen E.: *Creating the GM-Toyota Joint Venture: A Case in Complex Negotiation.* Columbia Journal of World Business, Summer 1987.

11. Komplexe Verhandlungen

Bilaterale Verhandlungen zwischen zwei Parteien standen bisher im Mittelpunkt unserer Betrachtung. Sie sind zwar der am weitesten verbreitete, jedoch nur der einfachste Fall. Wenn mehr als zwei Parteien im Spiel sind, sprechen wir von multilateralen Verhandlungen; von plurilateralen, wenn zugleich mit mehreren Parteien in verschiedenen Runden an mehreren Orten verhandelt wird. Eine einfache bilaterale Verhandlung wird bereits komplizierter, wenn jemand zum Beispiel vor dem Autokauf mehrere Angebote von verschiedenen Händlern einholt. Er verhandelt gleichzeitig mit mehreren Seiten über dieselben Dinge. Diese schon im Alltag übliche Vorsichtsmassnahme ist auch im Geschäftsleben oder in der öffentlichen Verwaltung anzutreffen. Dort gibt es sogar genaue Vorschriften darüber, wieviele Angebote mindestens einzuholen sind und auf welche Art und Weise mit den Anbietern verhandelt werden darf. Dennoch können wir auch hier kein multilaterales Forum erkennen, denn alle Verhandlungen finden, zeitlich und räumlich voneinander getrennt, bilateral statt. Richtig komplex werden Verhandlungen erst, wenn mehrere Parteien tatsächlich gleichzeitig im selben Raum sitzen und eine gemeinsame Lösung suchen. In der Privatwirtschaft ist dies etwa bei Konsortien und Kartellen der Fall, wenn sich mehrere Unternehmen oder Banken für ein bestimmtes Projekt zusammenschliessen oder absprechen (In der Schweiz sind Kartelle gesetzlich gestattet, solange sie die Volkswirtschaft nicht nachweisbar schädigen). Die besten Beispiele für mehrseitige Verhandlungen finden sich aber im Bereich der internationalen Beziehungen. Die Zahl und Bedeutung der internationalen Organisationen und Gesprächsforen ist seit dem Zweiten Weltkrieg und besonders in den vergangenen zwei Jahrzehnten sprunghaft gestiegen, sie liegt heute bei einigen hundert. Entsprechend ist der Schwerpunkt der Aussenpolitik vieler Staaten – besonders der kleinen und von der Aussenwelt abhängigen, etwa der Schweiz! – von den klassischen bilateralen Beziehungen ein gutes Stück in Richtung multilateraler Konferenzdiplomatie gerückt. Es sollte uns nicht weiter überraschen, dass auf diesem Parkett ganz andere Spielregeln gelten als bei der bilateralen Verhandlung. Zudem können die multilateralen Verhandler nicht auf eine ausgefeilte und überlieferte Tradition dieser Kunst zurückgreifen, weil die multilaterale Diplomatie eine so junge Disziplin ist. Bis auf gelegentliche internationale Konferenzen (die wichtigste unter ihnen war wohl der Wiener Kongress von 1815, der Europa nach Napoleon neu ordnete) gab es bis ins 20. Jahrhundert praktisch nur bilaterale Beziehungen. Die Geschichte kennt einfach keinen Machiavelli oder Sun Tze der komplexen Negotiation! Selbst die Grossmeister der europäischen Diplomatie im 19. Jahrhundert, Metternich und Bismarck, betrieben ihre komplexe Politik durch eine geschickte Kombination bilateraler Beziehungen. Das Entstehen multilateraler Organisationen – vom Völkerbund bis zur *World Trade Organisation* (WTO) – hat jedoch im Laufe der Jahre eine Menge praktischer Erfahrung auf diesem Feld hervorgebracht, die von den Sozialwissenschaften allmählich verarbeitet wird. Das vorliegende Kapitel soll diese Entwicklung in groben Zügen nachzeichnen und den Leser mit den wichtigsten Besonderheiten komplexer Verhandlungen vertraut machen. Weitere Details bietet die unten angegebene Literatur.

Multilaterale Verhandlung

Beginnen wir mit der multilateralen Verhandlung. Der Übergang von zwei auf mehrere Parteien und einer Vielzahl von Verhandlungsgegenständen führt uns in eine völlig neue Welt. Schon die Ausgangslage ist völlig unklar: wer vertritt welche Ziele? Mit welchen Mitteln? Nicht einmal die Spielregeln sind offensichtlich; vielleicht gibt es auch noch gar keine. Niemand weiss so recht, wie er den Fluss der Verhandlungen in einer oft recht planlos wirkenden Versammlung in eine bestimmte Richtung lenken oder auch nur beschleunigen kann. Es fehlt zunächst jede Struktur, die bei der bilateralen Verhandlung von vornherein vorgegeben ist. Dort ist einer zum Beispiel Käufer und der andere Verkäufer; beide müssen sich nur noch auf

11.1 Mögliche Interaktionen zwischen neuen Verhandlungsgruppen

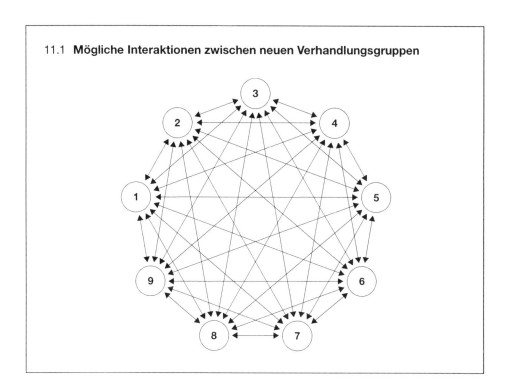

die Konditionen einigen. Ganz anders in einer multilateralen Runde: hier sind weder die Konflikte noch die Rollen vorgegeben, und beide wandeln sich ständig. Das liegt zunächst einmal an der enormen Anzahl der möglichen Interaktionen zwischen den Teilnehmern der Verhandlung (siehe dazu Grafik 11.1).

Jeder Teilnehmer wird im Verlauf der Verhandlung vermutlich verschiedene Rollen spielen, je nachdem mit wem er es gerade zu tun hat oder welches Thema behandelt wird. Die sozialwissenschaftliche Forschung (einen ausgezeichneten Überblick gibt Zartman 1994, insbesondere S. 1–10) unterscheidet fünf grundlegende Kategorien von Teilnehmern an multilateralen Verhandlungen: Führer, Manager, Interessenvertreter, Bremser und Mitläufer. Der **Führer** versucht stets, die Verhandlung anzutreiben und sie auf Kurs zu halten – natürlich auf einem für ihn günstigen Kurs. Deutschland hat diese Rolle zum Beispiel bei den Verhandlungen über die Europäische Währungsunion gespielt. Der **Manager** übernimmt ähnliche Funktionen, verfolgt aber weniger eigene Interessen als der Führer. Die Rolle der

Schweiz als Gastgeber und Sitz von internationalen Konferenzen und Organisationen – auf neutralem Boden! – wäre hier als Beispiel anzuführen. Der **Interessenvertreter** kümmert sich nur um die eng begrenzten Anliegen und Themen seiner Auftraggeber oder Anspruchsgruppen. Ein gutes Beispiel bietet Island, das sich bei den Treffen der Europäischen Freihandelszone EFTA meist im Hintergrund hielt – ausser, wenn es um den Handel mit Fischereiprodukten ging. Bei ihrem wichtigsten Anliegen wurde die kleine Vulkaninsel im Nordatlantik stets zu einem der bestimmenden Akteure. Der **Bremser** versucht nach Kräften, eine multilaterale Einigung zu verzögern oder zumindest zu verwässern. Er konzentriert sich dafür meist auf wenige Themen. Grossbritannien hat diese Rolle im europäischen Einigungsprozess häufig gespielt, zeitweise unterstützt von Frankreich. Der **Mitläufer** schliesst sich hingegen einer bestimmten Fraktion an oder enthält sich der Stimme und unterstützt damit letztlich das Zustandekommen einer Vereinbarung. Auch eine Enthaltung wirkt im multilateralen Rahmen wie eine Zustimmung, denn sie verhindert den Lauf der Dinge zumindest nicht. Das Abstimmungsverhalten der NATO-Alliierten (insbesondere der Bundesrepublik Deutschland) in der Vollversammlung der Vereinten Nationen ist ein gutes Beispiel: sie unterstützen fast immer die USA. Es versteht sich von selbst, dass multilaterale Verhandlungen besondere Anforderungen an die Kreativität aller Teilnehmer stellen, wenn es zu einer Konfliktlösung kommen soll. Eine weitere Besonderheit von multilateralen Verhandlungen ist die Art der Entscheidungsfindung. Statt fester Alternativen (etwa Blau, Gelb oder Rot) steht praktisch jede beliebige Farbschattierung zur Auswahl; jeder Teilnehmer gibt noch einen Farbtupfer dazu. Die Mischung – also das gemeinsame Abkommen – wird daher leicht zu einem umfangreichen und etwas undurchsichtigen Vertragswerk. Die Ergebnisse der 1993 abgeschlossenen (und 1994 unterzeichneten) Uruguay-Runde des Allgemeinen Zoll- und Handelsabkommens GATT sind zum Beispiel in 31 Bänden mit insgesamt 26'250 Seiten publiziert (WTO Publication Services, Genf). Am Beispiel dieses Abkommens wird ausserdem eine der wichtigsten Eigenschaften multilateraler Verhandlungen deutlich: im Gegensatz zur bilateralen Verhandlung geht es fast nie um die unmittelbare Verteilung von Gütern, sondern vielmehr um das Erstellen eines gemeinsamen Regelwerks.

Plurilaterale Verhandlung

Noch eine Stufe komplexer ist die plurilaterale Verhandlung. Dabei haben wir es nicht nur mit mehreren Parteien und Verhandlungsgegenständen zu tun, sondern ausserdem mit verschiedenen Foren und Tagungsorten. Beispiele für solche ausgesprochen unübersichtlichen Verhandlungen finden wir fast ausschliesslich im Bereich der internationalen Organisationen und Konferenzen. Die Mitglieder der Vereinten Nationen arbeiten zum Beispiel in über 100 Organisationen und Gremien mit verschiedensten Aufgabenstellungen zusammen. Es geht dabei um Sicherheit, Entwicklung, Umweltschutz, Flüchtlings-, und Katastrophenhilfe, Menschenrechte, den Schutz von Frauen und Kindern oder auch um so technische Dinge wie Normen zur Sicherheit von Flugzeugen und Kernreaktoren oder die internationale Vergabe von Funkfrequenzen. Die verschiedenen Unterorganisationen und Ausschüsse der Vereinten Nationen sitzen oder tagen in New York, Genf, Wien, Paris, Nairobi, Bangkok oder Washington, um nur die wichtigsten zu nennen; und dennoch hängen viele Themen und Entscheidungen miteinander zusammen. Die aktive Führung plurilateraler Verhandlungen ist vermutlich das schwierigste Geschäft auf diesem Sektor. Es übersteigt den Rahmen dieses Buches bei weitem und sollte hier nur der Vollständigkeit halber kurz angesprochen werden. Als kurzes Beispiel soll im folgenden Abschnitt das Allgemeine Zoll- und Handelsabkommen GATT herangezezogen werden.

Beispiel: WTO/GATT

Wir haben weiter oben bereits festgestellt, dass multilaterale (wie auch plurilaterale) Verhandlungen meistens die Aufstellung von Regeln zum Ziel haben. Beim Allgemeinen Zoll- und Handelsabkommen GATT gipfelte dieses Ziel 1994 in der Einrichtung der 50 Jahre zuvor in der Konferenz von Bretton Woods geplanten Welthandelsorganisation WTO, dem Gegenstück zum Internationalen Währungsfonds IMF in Washington. Selbstverständlich waren in diesen Regeln ganz erhebliche Aspekte der Verteilung inbegriffen – das ist wohl der Grund, warum die 1986 in Uruguay begonnene Runde ganze sieben Jahre gedauert hat.

11.2 Die Uruguay-Runde: wichtige Teilnehmer und ihre Positionen (St. Woolcock, RIIA 1990)

	USA	EG	Japan	neue Industrie-länder	Entwicklungs-länder
Marktzugang:					
Abbau von Zöllen	0	+	++	–	0
Abbau von Quoten etc.	+	0	+	–	0
Textilien	– –	–	0	++	++
Landwirtschaft	+	– –	– –	++	+
tropische Erzeugnisse	–	–	–	+	++
Regeln:					
Subventionen	+	+	0	–	0
Strafmassnahmen	0	0	+	+	++
Anti-Dumping	0	0	++	++	++
GATT-Artikel	+	+	+	0	–
Streitbeilegung	+	+	+	+	+
Neue Themen:					
Dienstleistungen	++	++	+	–	– –
Geistiges Eigentum (TRIPS)	++	+	+	–	– –
Investitionen (TRIMS)	+	+	++	–	– –

Zeichenerklärung: ++ starke Unterstützung, + Unterstützung, 0 neutral, – Ablehnung, – – starke Ablehnung

Grafik 11.2 zeigt die wichtigsten Teilnehmer der Uruguay-Runde und ihre Positionen zu einigen Kernpunkten. Auch diese nationalen oder regionalen Positionen mussten erst ausgehandelt werden – in den jeweiligen Regierungen und Parlamenten sowie innerhalb der Europäischen Gemeinschaften und der anderen regionalen Organisationen. Zusammen mit den grossen Verhandlungsrunden, die meist beim GATT-Sekretariat (heute: WTO) in Genf stattfanden, kamen regelrecht tausende von Verhandlungen in den einzelnen Hauptstädten zustande. Mit jedem Jahr, dass über der Handelsrunde verstrich, kamen wieder neue Regierungen an die Macht und veränderten nationale Positionen. Die grosse Runde musste sich ständig an solche Veränderungen anpassen und ihre Entwürfe entsprechend abändern. Bei einem so enormen Aufwand an Koordination, Flexibilität und Geduld grenzt es schon an ein Wunder, dass tatsächlich ein Abkommen zustande kam. Dieser Umstand ist wohl nur der Bedeutung des freien Welthandels (siehe Grafik 11.3) sowie der professionellen Leistung vieler unermüdlicher Unterhändler zu verdanken, deren unbenutzte Yachten auf dem Genfer See währenddessen Algen ansetzten.

11.3 Europa und Nordamerika

vor der Wahl zwischen Freihandel und Protektionismus

(nach: Center für International Economics 1990)

Geschätzte Veränderungen des Bruttoinlandprod. (in Mrd. $ von 1988)	Nordamerika liberalisiert den Handel			Nordamerika betreibt Protektionismus		
EG liberalisiert den Handel	EG Asien-Pazifik Nordamerika	211 63 124	**Welt-** **wirtschaft** **397**	EG Asien-Pazifik Nordamerika	37 7 7	Welt- wirtschaft 50
EG betreibt Protektionismus	EG Asien-Pazifik Nordamerika	42 38 53	Welt- wirtschaft 133	EG Asien-Pazifik Nordamerika	−132 −18 −64	**Welt-** **wirtschaft** **−214**

Allianzen und Grossmächte

Wie kommt es angesichts einer unüberschaubaren Menge von Teilnehmern, Themen und Interessen überhaupt zu einer Einigung? Das wichtigste Instrument, das dem Verhandler in einem solchen Rahmen zur Verfügung steht, ist die Bildung von Allianzen. Es sind dies interessengebundene
Abkommen, die zwei oder mehrere Parteien zum gemeinsamen Vorgehen
verpflichten. Allianzen sind stets vorübergehend: *Wir haben keine ewigen
Verbündeten, und ebensowenig haben wir ewige Feinde. Unsere Interessen sind
ewig und dauerhaft, und diesen Interessen zu dienen ist unsere Pflicht.* (Lord
Palmerston, 1848) Die Aufteilung der zahlreichen Einzelteilnehmer einer
Verhandlung in mehrere Allianzen oder Blöcke verringert die Zahl der unabhängig handelnden Einheiten oft dramatisch. Das vereinfacht die Kommunikation und Lösungsfindung erheblich, ja es macht sie in den meisten
Fällen überhaupt erst möglich. Den Kern solcher Allianzen bilden häufig
besonders grosse und mächtige Teilnehmer. Im politischen Bereich nennen wir sie Grossmächte: *Die Grossmächte vertraten einige Ziele in Übereinstimmung und andere im Konflikt mit anderen Staaten, und entsprechend ba-
lancierten sie in ihrer Politik die Mischung aus Zusammenarbeit und Wettstreit.*
(S. Talbott, 1991)
Es ist klar, dass diese Mächte den Kurs der Allianz vorgeben, auch wenn
sie gelegentlich auf ihre Partner gewisse Rücksichten nehmen müssen. Ein
Beispiel dafür ist schnell zur Hand: während der Ost-West-Konfrontation
von 1947 bis 1989 bestimmten die USA und (spätestens nach ihrem ersten
erfolgreichen Atomtest) die Sowjetunion als Supermächte mit ihren Allianzen die Weltordnung. Die Bewegung der *Blockfreien Staaten* hatte zwar
einigen Erfolg mit einer eigenen Allianz zwischen diesen beiden Lagern,
wurde aber letztlich mehr vom sowjetischen Block beeinflusst. Die Entstehung zweier sehr fester Allianzen führte also zu einer sehr einfachen
(wenn auch vom Risiko der nuklearen Zerstörung bedrohten) Lösung der
komplexen Nachkriegsordnung. Der multi- oder plurilaterale Konflikt
wurde auf einen bilateralen reduziert.

Leitung und Vorsitz

Ein weiteres Instrument der komplexen Verhandlung sind Leitung oder Vorsitz der betreffenden Konferenz. Der oder die Vorsitzende kann zwar üblicherweise nicht direkt zum Verhandlungsgegenstand Stellung nehmen, sie übt durch die Steuerung der Verhandlung aber ganz erheblichen Einfluss auf das voraussichtliche Ergebnis aus. Als Mittel steht ihr zunächst die Gestaltung der Tagesordnung zur Verfügung: Themen können vorgeschlagen, fallengelassen oder mit einer neuen Priorität versehen werden. Auch der Fluss der Verhanldlung lässt sich gut zu deren Steuerung einsetzen, etwa durch Pausen, Verzögerungen, provozierte Missverständnisse, Dauerreden oder die Verwendung einer (zum Beispiel für den Dolmetscher!) unverstandlichen Fachsprache. Die Einflussnahme auf einzelne Themen muss zwar indirekt erfolgen, aber viele der in Kapitel 6 aufgeführten Taktiken eignen sich auch für diesen Zweck hervorragend. Auch flankierende Massnahmen wie die rechtzeitige Anregung oder Förderung wissenschaftlicher Studien, die oft auch zum gewünschten Schluss kommen, sind hier sehr geeignet. Dies erfordert aber eine weite Voraussicht. Eine entscheidende Rolle bei der Entscheidungsfindung spielen die Abstimmungsregeln (einfach oder qualifizierte Mehrheit, geheime oder offene Abstimmung); sie können vom Vorsitzenden zwar meist nicht festgelegt, aber doch vorgeschlagen werden. Ein weiterer (allerdings schon nicht mehr ganz sauberer) Abstimmungstrick ist es, wichtige Gruppierungen zum richtigen Zeitpunkt abzulenken oder ihre Anwesenheit durch gleichzeitige Terminierung anderer Sitzungen zu verhindern. Schliesslich kann die Vorsitzende den Verlauf einer komplexen Verhandlung durch die Bildung von Ausschüssen oder die Formulierung ihrer Aufträge und Mandate beeinflussen. Es ist kein Wunder, dass sich zum Beispiel die Mitgliedsstaaten der Europäischen Union rechtzeitig und umfassend auf das Jahr ihres – jeweils rotierenden – Vorsitzes vorbereiten. Das ist der Zeitpunkt, um die Schwerpunkte der eigenen Politik durchzusetzen.

Beispiel: Vereinte Nationen

Ein gutes Beispiel dafür, welche herausragende Rolle ein informiertes und geschicktes Vorgehen bei komplexen Verhandlungen spielt, finden wir wiederum bei den Vereinten Nationen (VN). Worauf kommt es in dieser Organisation an? Wer im Rahmen der VN etwas erreichen will, muss zunächst die grundlegende **Taktik der Geschäftsordnung** durchschauen:

- Welche Abstimmungsregeln gibt es: einfache oder qualifizierte Mehrheit? Offen oder geheim? Wer besitzt ein Veto?
- Wer beschliesst die Tagesordnung, und wann wird sie jeweils aufgestellt und aktualisiert?
- Welche Rolle spielt der Vorsitzende? Welche Interessen vertritt er? Besitzt er ein Vetorecht?

Entscheidende Bedeutung hat auch die **Politik des Sekretariats**, denn es verwaltet die Ressourcen:

- Wer hat das Recht auf Einsichtnahme in Akten und Dokumente? Wie kann man es erwerben oder inoffiziellen Einblick in die wichtigsten Papiere erhalten?
- Wer hat Zugang zu wichtigem Stabspersonal?
- Welche Haushaltsmittel gibt es im ordentlichen oder ausserordentlichen Budget? Wer entscheidet darüber und wann? Wie sieht der regelmässige Haushaltszyklus aus?

Lohnend ist es auch, sich über **strukturelle Abhängigkeiten** zu informieren:

- Aussenstellen: wer bestimmt das Budget? Wer bekommt Gehälter oder Honorare, und wer besitzt die Technologie?
- Projekte und Beraterverträge: Wie werden sie vergeben, und durch wen? Wieviel wird jeweils bezahlt?

Ohne diese Informationen und Kenntnisse verliert sich der einzelne Verhandler leicht im Dickicht bestehender Interessen und Koalitionen; er ist eine leichte Beute ihrer oft ausgefeilten Machtmittel und Abwehrmechanismen. Der Vergleich ist berechtigt: je komplexer eine Verhandlung, desto mehr gleicht sie einem Dschungel. Wer dort überleben will, muss sich auf seine Umwelt möglichst gut einstellen.

Literatur zu diesem Kapitel

Andersen, Uwe / Woyke, Wichard, *Handwörterbuch Internationale Organisationen*, Opladen, Leske + Budrich, 1995.

Raiffa, Howard, *The Art & Science of Negotiation*, Harvard University Press, Cambridge MA, 1982.

Zartman, William [ed.], *International multilateral negotiation: approaches to the management of complexity*, San Francisco, Jossey-Bass 1994.

12. Wahrnehmung und Kommunikation

Bisher war viel von der Verhandlung die Rede, aber nur wenig vom Verhandler selbst. Als Ergänzung zu Kapitel 8, in dem das Verhalten vor und während der Verhandlung näher betrachtet wurde, soll an dieser Stelle kurz auf die Kommunikationsfähigkeit des Verhandlers eingegangen werden. Insbesondere interessiert uns, wie er sich selbst einschätzt und von anderen wahrgenommen wird. Es zeigt sich in der Praxis der Verhandlungsführung immer wieder, dass eine Über- oder Unterschätzung der eigenen Fähigkeiten zu schweren Fehlern oder gar einem Misserfolg führt.

Persönliche Eigenschaften

Die vorherigen Kapitel sollten bereits einen Eindruck davon vermittelt haben, welche persönlichen Eigenschaften ein Verhandler besitzen sollte. Er sollte ein guter Kommunikator sein, Information also schnell und wirksam aufnehmen und an andere aussenden können. Es sollte mit anderen Menschen gut zurechtkommen, aber dennoch über eine möglichst grosses Repertoire verschiedener – auch unfreundlicher – Verhaltensweisen verfügen. Natürlich hat jeder Mensch bestimmte Veranlagungen – der eine ist eher kommunikationsfreudig, ein anderer reagiert dagegen eher verschlossen. Diese persönlichen Neigungen oder Verhaltensweisen unterstützen bestimmte strategische Positionen besser als andere – etwa Zusammenarbeit mehr als Drängen, Nachgeben mehr als Vermeiden. Ein wirklich guter Verhandler kann jedoch soweit von seinen Neigungen absehen, dass er – wie ein guter Schauspieler – alle Rollen gleichermassen spielen kann. Die Wahl seines Kommunikationsstiles hängt dann ausschliesslich von der Situation ab und nicht von seinen persönlichen Einschränkungen. Auf diese Weise ergibt sich – gemessen an der Vielfalt der Anforderungen – eine

---

12.1 «Das Beste» Verhandlungsprofil

1. Absicht – Wirkung (Konvergenz)

2. Einsetzen von Verhalten je nach situativen Gegebenheiten
3. Niedrige Werte des unbewussten Ausweichens

---

maximale Übereinstimmung von Absicht und Wirkung. Grafik 12.1 zeigt, wie die gezielte Überwindung persönlicher Vorlieben die Wirkung der eigenen Verhaltensweise erhöht.

Will ich zum Beispiel Druck ausüben und eine dominante Position dem Gegenüber bekanntgeben, dann muss ich mich dementsprechend verhalten, das heisst meine Worte und meine Körpersprache sollten bestimmt, fordernd, bewertend sein und nicht abgeschwächt werden durch viel unbestimmtes *vielleicht* und *aber*. Ähnliches beim Zuhören: es unterstützt die Position der Zusammenarbiet und das Erarbeiten gemeinsamer, innovativer Lösungen. Dazu muss ich meine Forderung *bestimmt* mitteilen, aber zur gleichen Zeit auf den anderen eingehen durch Fragenstellen, Zuhören oder Zusammenfassen. Nur so können die Bedürfnisse beider Seiten auf den Verhandlungstisch gelegt werden; nur so kommt es zu einer integrativen Löung.

Wahrnehmungslücken

Ganz unabhängig davon, welche persönlichen Eigenschaften ein Verhandler nun einmal besitzt, sollte er sie zumindest genau kennen. Nichts ist gefährlicher, als sich selbst falsch einzuschätzen. Wir sprechen in diesem Zusammenhang auch von Wahrnehmungslücken und -verzerrungen. Grafik 12.2 zeigt dies am Beispiel der in Kapitel 5 aufgezeigten fünf strategischen

12.2 Bewertung und Verhandlungsverhalten (Selbstbewertung)

	Drängen	Zusammen- arbeiten	Kompromiss	Ausweichen	Nachgeben
5					
4					
3					
2					
1					
0					

Kluft zwischen Selbsteinschätzung (☆) und Einschätzung durch Andere

Verhaltensweisen. Die Skala auf der linken Seite reicht von 0 (sehr schwach ausgeprägt) bis 5 (stark ausgeprägt).

Während der Verhandler in unserem Beispiel seine Neigung zur Zusammenarbeit korrekt einschätzt, liegt er bei allen anderen Positionen mehr oder weniger neben der Fremdeinschätzung durch andere. Seine Wahrnehmung des eigenen Verhaltens weist deutliche Lücken auf – ein Hinweis darauf, dass eine kritische Selbstbeobachtung angebracht wäre. Jede dieser Lücken stellt eine Gefahr dar, da die Kluft zwischen eigener und fremder Einschätzung zu Missverständnissen führen kann, die wiederum das diffizile Vertrauen schädigen könnten. Der eine meint zum Beispiel, er hat zugehört, während sein Gegenüber den Eindruck hat, dass seine Worte überhaupt nicht aufgenommen wurden. Ja, er könnte sogar zum Schluss kommen, dass seine Vorschläge bewusst vom anderen ignoriert wurden.

Ein weiteres Problem, unter dem überraschend viele ansonsten gute Verhandler leiden, ist eine Verzerrung in der Wahrnehmung der anderen Seite. Grafik 12.3 zeigt das Ergebnis einer sozialwissenschaftlichen Untersuchung von 66 leitenden Managern.

Während die Manager im Durchschnitt ein sehr kooperatives und kompromissfähiges Bild von sich zeichneten, sahen sie die Gegenseite (die anderen Manager in der untersuchten Gruppe) mit ganz anderen Augen. Zusammenarbeit oder Kompromiss sei mit den anderen nicht zu machen, denn die seien auf eine harte Konfrontation und notfalls den Rückzug aus

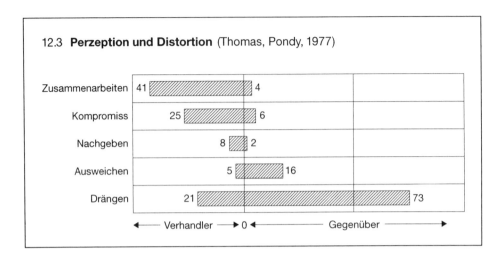

12.3 **Perzeption und Distortion** (Thomas, Pondy, 1977)

einer Verhandlung festgelegt. Dieses verzerrte Profil spiegelt ein Feinbild wider, das ganz objektiv gesehen keiner genauen Prüfung standhält. Auch die falsche Einschätzung der anderen Seite kann in einer Verhandlung gefährlich werden. Wir erinnern uns an den chinesischen Strategen Sun Tze aus Kapitel 2 und ziehen unsere Lehre: Kenne dich selbst wie deinen Gegner!

Verhaltensprofil

Das im vorigen Abschnitt eingeführte Raster lässt sich auch hervorragend zur Darstellung eines Verhaltensprofils benutzen. In Grafik 12.4 ist dazu die Fremdeinschätzung in verschiedenen Situationen übereinander eingezeichnet.

Ein solches Profil kann sehr unterschiedlich aussehen. Ist es allgemein sehr flach, dann verhält sich der Verhandler wie die in Kapitel 7 im Abschnitt über das *Johari-Fenster* beschriebene Schildkröte: er bewegt sich in alle Richtungen nur sehr zögerlich. Das ist für die Verhandlung auf Dauer ungeeignet. Zwei typische Verhandler-Profile sind in der Grafik eingezeichnet: ein konsistentes und ein variables. Das konsistente, sich wiederholende Profil spiegelt eine eher festgelegte Verhaltensweise des Verhandlers wider. Die Beobachtungen aus mehreren Situationen bestätigen sich gegenseitig; der Verhandler verhält sich immer sehr ähnlich. Eine solch fest-

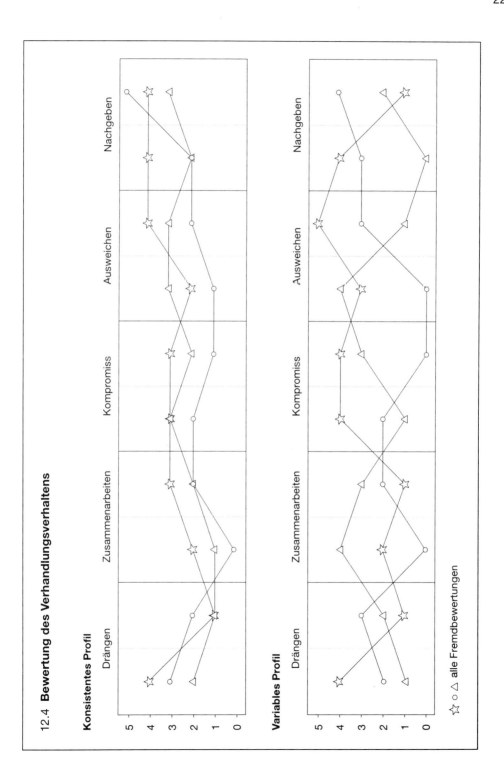

12.4 Bewertung des Verhandlungsverhaltens

Konsistentes Profil

Variables Profil

gelegte Wahl der Verhaltensweisen erleichtert zwar die Bildung einer gemeinsamen Vertrauensbasis. Sie kann der Gegenseite aber auch als Angriffspunkt dienen, weil ein Verhandler mit einer immer gleichen Kombination von Verhaltensweisen leicht berechenbar wird. Ausserdem kann es kaum eine optimale Strategie darstellen, auf völlig verschiedene Situationen stets mit den gleichen Verhaltensweisen zu reagieren. Ganz anders präsentiert sich der Verhandler mit einem variablen, je nach Situation veränderlichen Profil. Er verfügt über die gesamte Bandbreite von Verhaltensweisen und wählt in jeder Situation die jeweils am besten geeignete aus. Je flexibler er in der Wahl seiner Verhaltensweisen ist, desto besser – mit einer bereits weiter oben angemerkten Ausnahme. Ein guter Verhandler sollte das unbewusste *Ausweichen* seltener einsetzen als ein schlechter Verhandler. Bewusstes sich Zurück- oder Entziehen kann je nach Situation eine äusserst effektive Verhaltensweise sein. Das unbewusste sich Entziehen, der sogenannte *starre Blick ins Leere*, ist hingegen schädlich. Er verunsichert und verärgert das Gegenüber. Entsprechend sollte sein Verhaltensprofil in diesem Feld weniger ausgeprägt sein als in den anderen. Auch in dieser Beziehung ist es sehr hilfreich, sich selbst genau zu kennen. Es bringt schliesslich nichts, eine Strategie zu wählen, die man in der Verhandlung nicht überzeugend durch dementsprechende Verhaltensweisen vertreten kann.

Literatur zu diesem Kapitel

Thomas, W./Pondy, L.: Toward an Intent Model of Conflict Management Among Principal Parties. *Human Relations* 30, 1977, S. 1094.

13. Stress

Wir kennen ihn alle, den Stress. Der Terminkalender ist eng beschrieben und reicht oft bis in den Abend hinein. Auch am Samstag ist er nicht leer – mit etwas Glück vielleicht am Sonntag. Wer etwas kann, hat immer zu tun. Doch es ist nicht die viele Arbeit, die uns stört. Sie macht noch keinen Stress, auch wenn viele bedauernswerte Zeitgenossen nach eigener Einschätzung ständig *im Stress* sind. Der wirkliche Stress, selbst von der Schulmedizin längst als Ursache vieler Krankheiten anerkannt, kommt vielmehr vom andauernden Druck – Zeitdruck, Leistungsdruck, Erfolgsdruck, Anpassungsdruck an eine neue Umgebung oder an neue Anforderungen. Schon im ganz normalen Berufsalltag sind diese Faktoren häufig zugegen und machen uns das Leben schwer. Spätestens in der ungleich intensiveren Situation der Verhandlung brechen sie dann alle auf einmal über uns herein. Schon bei der Anreise zum Verhandlungsort – heute ist es Bern, morgen vielleicht Brüssel, Moskau, Peking oder Chicago. Wir reisen gerne, aber so oft? Dann noch die letzten Vorbereitungen (habe ich alles?!), die Spannung vor dem ersten Treffen und natürlich die Verhandlung selbst. Auch wenn sie einmal nicht bis tief in die Nacht geht, erfordert sie doch hohe Konzentration und anhaltende Anspannung. Gerade der verlockende Vorschlag, den die Gegenseite um drei Uhr morgens aus der Tasche zieht, ist der gefährlichste. In der Freude über die unerwartete Wendung lesen wir den Text nicht – und erleben später vielleicht eine böse Überraschung. Und dann das Warten – auf den Rückruf aus der eigenen Hauptstadt, auf den Verhandlungspartner oder auch nur auf einen Stapel Fotokopien, wenn es in der Stadt nur ein einziges Kopiergerät gibt. Plötzlich geht es dann weiter, von null auf hundert Stundenkilometer in fünf Sekunden. Über die Köpfe der Verhandler hinweg haben sich die Zentralen auf eine Lösung verständigt, die in drei Tagen unterschriftsreif sein soll. Gibt es einmal eine geplante Pause, dann geht man zusammen essen und bespricht nebenbei, wie es denn weitergehen soll, eben ein Arbeitsessen. Richtige Entspannung gibt es kaum, meistens auch nicht gerade leichte Kost. Hinzu kommt der eine oder andere edle Tropfen oder – Gott bewahre uns! – ein altes, tief in der betreffenden Landeskultur verwurzeltes Trinkritual. Der geehrte Gast muss dann mit jedem in der Runde anstossen – in Russland mit Wodka, in Japan mit Sake und in China mit Hirse- oder Bambusschnaps. Diese Trinksitten sind in der Regel nicht einmal als hinterlistige Falle gedacht; der Verhandlungspartner möchte vielleicht nur einmal ein Gefühl von einem bekommen. Schweres Essen, Alkohol und Nikotin, im schlimmsten Fall auch noch Beruhigungs- oder Aufputschmittel – zusätzlich zu den erhöhten Anforderungen der Verhandlungssituation hat der Kreislauf jetzt gut zu tun. Hinzu kommt die starke nervliche Belastung: die Zeit ist knapp und die Erwartungen an uns sind hoch. Kein Wunder, wenn wir abends nicht richtig schlafen können oder morgens vor der Dämmerung aufwachen, obwohl wir doch todmüde sind. Verhandler – ein Stressjob? Das ganz bestimmt. Es gibt allerdings Wege, den Stress in einem erträglichen, ja sogar nützlichen Rahmen zu halten; dieses Kapitel soll einige von ihnen aufzeigen. Es kann jedoch nur eine erste Einführung in die buchstäblich überlebenswichtige Kunst des Stressmanagements bieten und ist sicher kein Ersatz für die aktive Teilnahme an einem guten Stress-Seminar. Nur unter der persönlichen Betreuung eines Psychologen oder Arztes lassen sich auf die einzelne Person zugeschnittene Mechanismen zur Stressbewältigung vermitteln.

Beispiel: Verhandungsalltag

Dieser Abschnitt führt uns am Beispiel eines österreichischen Diplomaten vor Augen, wieviel Einsatz auch der eigenen Gesundheit viele Verhandlungsberufe erfordern. Er schildert einen Tag im Leben von Botschafter Manfred Scheich, der 1991 als Chefunterhändler der Freihandelszone EFTA mit den Europäischen Gemeinschaften (EG) über den Vertrag zum Europäischen Wirtschaftsraum verhandelte. Auch wenn es weitaus dramatischere Beispiele nächtelanger Marathon-Verhandlungen gibt, scheint uns gerade ein typischer Fall wie dieser zur Illustration geeigneter. Manfred Scheich beginnt also seinen Arbeitstag ganz normal um punkt acht Uhr morgens. Um diese Zeit verlässt er ohne Frühstück sein Hotel in Brüssel und wird von einem Dienstwagen in die EFTA-Vertretung gefahren. Dort trinkt er um halb neun gemeinsam mit Kollegen einen Kaffee aus dem Plastikbecher – die erste von unzähligen Tassen an diesem Tag. Viertel vor neun bespricht er sich mit seinen österreichischen Kollegen und dem EFTA-Generalsekretär Georg Reisch, bevor er eine vorbereitende Sitzung der EFTA-Delegation eröffnet und leitet. Dort wird bis halb elf Uhr die Position der EFTA gegenüber der EG in den Fragen des Tages abgestimmt – die schwierigsten Verhandlungen sind oft die im eigenen Lager. Bis zum Centre Borchette, dem Ort der Verhandlungen, sind es fünf Minuten mit dem Auto. Nur fünfzehn Minuten nach Abschluss der internen Sitzung in der Vertretung wird das Treffen mit der EG eröffnet. Die Delegationen sitzen sich an einem breiten Konferenztisch gegenüber, selbstverständlich in nichtöffentlicher Sitzung. Beim Mittagessen um kurz nach ein Uhr lockern sich die Fronten etwas auf, bevor es um drei Uhr in die zweite Runde der Verhandlungen geht. Um fünf Uhr nachmittags stellen sich EFTA-Unterhändler Scheich und EG-Verhandler Horst Krenzle in einer kurzfristig verschobenen Pressekonferenz den Journalisten. Zur Vorbereitung ihrer Statements blieben nur ein paar Minuten auf dem Gang. Nach einer knappen Stunde wird die allgemeine Fragerunde geschlossen; einige Journalisten führen noch eingehendere Interviews mit den Verhandlern. Manfred Scheich kehrt um 18.20 Uhr in die EFTA-Vertretung zurück und telefoniert eine Stunde mit verschiedenen Gesprächspartnern in Wien. Seine Regierung will umgehend über den Verlauf der Verhandlungen informiert werden; der gute Draht zur Hauptstadt hält dem Diplomaten dafür tagsüber den Rücken frei. Um halb acht treffen sich einige der wackeren Streiter des Tages zu einem gemeinsamen Abendessen. Selbstredend ist die Verhandlung ein immer wiederkehrendes Gesprächsthema, auch wenn sich alle bemühen, auch einmal über angenehmere Dinge zu reden. Dennoch muss noch Dampf abgelassen werden; auch Missverständnisse können jetzt geklärt und festgefahrene Positionen durch die Pflege persönlicher Beziehungen gelockert werden. Das Essen geht bis kurz nach elf Uhr; Manfred Scheich lässt sich in sein Hotel fahren. Dort sieht er die letzten Spätnachrichten aus Wien oder Zürich im Kabelfernsehen, lächelt über seinen absichtlich relativ nichtssagenden Auftritt und spricht noch ein paar Notizen auf Band. Am nächsten Morgen geht es wieder um punkt acht los; zum

Schlafen bleiben noch sechseinhalb Stunden. Die Spitzenvertreter der
Schweiz bei den Verhandlungen mit den Europäischen Gemeinschaften
(etwa Bundesrat Jean-Pascal Delamuraz oder Staatssekretär Franz Blankart) traf es oft noch härter: nicht wenige Verhandlungsrunden in Brüssel
zogen sich bis drei oder vier Uhr morgens hin.

(nach: Horst Pilger, *One day in the life of a chief negotiator*,
EFTA-Bulletin 2/91, S. 10–12)

Diplomaten und Stress

Diplomaten wie Manfred Scheich stehen unter einer ganz besonderen Art
von Stress. Ihre schwierige und oft vielschichtige Rolle auf dem diplomatischen Parkett stellt sie vor zusätzliche Probleme, die zu den üblichen
Stressfaktoren wie Arbeitsbelastung und Zeit- oder Erfolgsdruck noch hinzukommen. Die erste dieser besonderen Anforderungen ist die **Mehrdeu-
tigkeit**. Diplomaten müssen vage bleiben, um Grauzonen und Spielräume
zur Problemlösung zu schaffen. Sie sollen in den meisten Fällen die Konfrontation vermeiden und stattdessen die Kooperation suchen. Diese Haltung umfasst nicht nur ein vorsichtiges, diplomatisches Ausweichen, sondern durchaus auch aktives Vorwegnehmen; sie macht den Diplomaten
flexibler, um sich an unweigerlich auftretende Änderungen der Lage anpassen zu können. Klare Aussagen sind häufig fehl am Platze, und die geistige Kodierung und Dekodierung vieldeutiger Botschaften ist ungleich
anstrengender als die deutliche Sprache. Wer etwas gerne ganz offen sagen
möchte, dies aber nicht darf, gerät unter Stress. Das gilt auch für eine zu
vermeidende frühe Festlegung: jedes *ja* oder *nein* schlägt Türen zu, die in
der Diplomatie besser noch offen bleiben sollten. Ausserdem müssen meist
noch Entscheidungsträger auf beiden Seiten konsultiert werden; vielleicht
setzt auch ein neu berufener Minister oder Staatssekretär plötzlich ganz
neue Prioritäten. Als weitere Ursache für den besonderen Stress in dieser
Branche kommen **Rollenkonflikte** hinzu. Ein hochrangiger Diplomat wie
Botschafter Scheich muss oft als Sprecher auftreten. Als Vertreter seiner
Regierung oder Organisation hält er häufig Reden und Ansprachen vor
einem anspruchsvollen internationalen Publikum – Reden, die er oft nicht
selbst geschrieben hat, die vielleicht ganz andere Ansichten als die seine
vertreten. Auf der anderen Seite kommt nach den offiziellen Reden noch

die Arbeit in der Botschaft, in Arbeitsgruppen und Komitees – ein Mannschaftssport. Dort darf er eigene Positionen zwar vorsichtig vertreten, aber nicht durchsetzen; schliesslich soll die Lösung möglichst kreativ sein und das Potential der Gruppe ausschöpfen. Eine weitere Rolle des Diplomaten ist die Interessenvertretung (das berühmte Lobbying während der Kaffeepausen) sowie die Informationsgewinnung. Bei allen Gelegenheiten knüpft er Kontakte mit Vertretern befreundeter wie verfeindeter Staaten. Die offiziellen Positionen beider Seiten sind dann jeweils bekannt; es geht bei solchen Treffen darum herauszufinden, welche Vorschläge oder Alternativen von der anderen Regierung positiv aufgenommen würden. Die Vielzahl dieser Anforderungen ist ein Stressfaktor, dem allerdings auch viele Top-Manager mit ähnlich breit gestreuten Aufgaben unterliegen. Hinzu kommt noch ein spezifisches Problem von Diplomaten: der **gefühlsmässige Schwebezustand**. Sie leben jeweils nur ein paar Jahre in einem Land und müssen es oft schon wieder verlassen, wenn sie gerade die wichtigsten Zusammenhänge begriffen haben. Aus Zeitmangel, aber auch aus ihrem Auftrag heraus müssen sie die persönliche Nähe zu dienstlichen Bekanntschaften – das ist die überwiegende Mehrheit der Kontakte im Ausland – begrenzen, um jede Ausnutzung der Freundschaft für die Zwecke des anderen Staates zu vermeiden. In den Zeiten des gespannten Ost-West-Konflikts waren westliche Diplomaten und Geschäftsleute insbesondere in Ländern des Warschauer Vertrags in abgeschlossenen Siedlungen untergebracht, die sie scherzhaft *Kolonien* nannten. In vielen Hauptstädten mit fremder Kultur und einem ausgeprägten Staatsapparat ist dies heute noch so. Ein Leben ohne wirkliche Aussenkontakte ist aber wie ein Flug durch dicken Nebel – man hat immer etwas Angst, dass gleich ein Berg vor dem Fenster auftaucht. Diplomaten sollen den persönlichen Kontakt also gleichzeitig suchen und vermeiden. Das erzeugt im besten Fall ein konstruktives Spannungsfeld, im schlimmsten Fall eine Belastung durch zusätzlichen Stress.

Stress und Produktivität

Bevor wir uns den medizinischen Aspekten der Stressentstehung, -wahrnehmung und -bewältigung zuwenden, soll in diesem Abschnitt noch einigen verbreiteten Missverständnissen vorgebeugt werden. Stress ist nicht

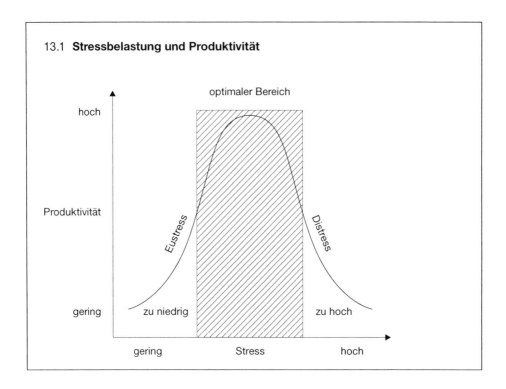

13.1 **Stressbelastung und Produktivität**

in jedem Fall schädlich. Im Gegenteil: wir brauchen ein gesundes Mass an Stress, um uns aufzuwärmen (Eustress) und überhaupt zur Leistung anzutreiben. Bis zu einem gewissen Punkt, der von Mensch zu Mensch verschieden ist, steigt die Produktivität mit zunehmender Stresseinwirkung. Wir können an diesem Punkt, der in Grafik 13.1 hervorgehoben ist, vom *optimalen Stress* sprechen.

Steigt die Stressbelastung jedoch über dieses Plateau hinaus weiter an, dann nimmt die Produktivität wieder ab. Zu viel Stress verringert die körperliche Leistungsfähigkeit erheblich. Wer über diesen Punkt oft und lange hinausgeht, riskiert nicht nur den Verhandlungserfolg, sondern auf Dauer seine eigene Gesundheit (Distress). Wir haben also ein Interesse daran, die Belastung möglichst im optimalen Bereich zu halten. Das wird während einer Verhandlung zwar nur selten möglich sein, aber es stellt ein sinnvolles Ziel dar. Im Zeitablauf der Verhandlung schwanken Stressbelastung und Konzentration erheblich, wie Grafik 13.2 zeigt.

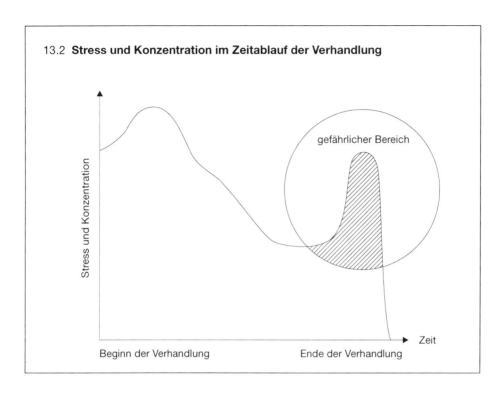

13.2 **Stress und Konzentration im Zeitablauf der Verhandlung**

gefährlicher Bereich

Stress und Konzentration

Zeit

Beginn der Verhandlung   Ende der Verhandlung

Die Verhandlung beginnt mit Erwartungen und Ängsten; mit Aufregung und Nervosität. Diese ebenso stimulierende wie entnervende Spannung weicht nach dem ersten Kontakt mit dem Verhandlungspartner etwas und räumt das Feld – möglicherweise nach einem Wechselbad der Gefühle in schwierigen Phasen der Verhandlung – allmählich der Ermüdung. Dann kommt es zum Warten (Stand-by-stress). Die ersten Positionen wurden mitgeteilt, eine Lösung ist nicht möglich. Beide Seiten informieren ihre Vorgesetzten in der Zentrale, zum Beispiel in der Hauptstadt. Am Verhandlungstisch passiert nichts. Man wartet auf neue Instruktionen, Mandatserweiterungen. Stunden vergehen, manchmal Tage. Man langweilt sich, verliert das Interesse, beschäftigt sich mit anderen Geschäften und verliert die Verhandlung ein wenig aus den Augen. Dann kommt plötzlich das lang erwartete erweiterte Mandat. Dazu wird dem Unterhändler mitgeteilt, dass beide Hauptstädte sich einig sind, dass eine Lösung so schnell als möglich, warum nicht über Nacht, erarbeitet werden soll! Der Unterhändler muss sich schnell wieder in's Dossier einarbeiten. Der Befehl ist klar, kommen

13.3 Stress und Gefühle in den einzelnen Phasen der Verhandlung

Phase	Gefühle	Massnahmen
Vor der Verhandlung	Beunruhigung Ängste und Befürchtungen Aufregung	■ eigene Bedürfnisse, Ziele und Angebote genau ermitteln ■ nach Alternativen und Lösungen suchen ■ Strategie und Taktik auswählen und planen
Phase I: Eröffnung der Verhandlung	Anspannung Beunruhigung Erregung	■ freundliche Atmosphäre schaffen ■ persönliche Beziehung aufbauen ■ Mandat der Gegenseite genau ermitteln
Phase II: konstruktive Konfrontation	Aggression Frustration Wut	■ eigene Positionen klar auf den Tisch legen ■ Positionen der anderen Seite genau ermitteln ■ Mittel der distributiven Verhandlungstaktik anwenden
Phase III: Problemlösung	Erschöpfung Zweifel Ungeduld Hoffnung	■ nach beiderseitig akzeptablen Lösungen suchen ■ Bedürfnisse und Ziele aller Beteiligten neu bewerten ■ Mittel der integrativen Verhandlungstaktik einsetzen, die Vertrauen und Zusammenarbeit bewirken
Phase IV: Abschluss	Begeisterung/Enttäuschung Freude/Traurigkeit Befriedigung/Bitterkeit	■ letzte Zugeständnisse einräumen und Kompromisse schliessen wo immer möglich ■ Lösungsvorschlag machen und Vertrag entwerfen ■ Unterzeichnen oder ehrenvoll zurückziehen

Sie morgen mit einer Lösung zurück! Die Unterhändler setzen sich wieder an den Tisch, und los geht's. Jetzt aber nicht bis acht Uhr abends. Nein, bis eine Lösung erarbeitet ist, was oft verhandeln durch die Nacht bedeutet. Wer hält durch? Wer verfällt dem Stress und begeht Fehler?

Bei der Problemlösung tritt häufig eine Mischung aus Hoffung, Zweifel und Ungeduld auf, die zum Schluss – je nach Ergebnis – in ungehemmte Begeisterung oder Enttäuschung umschlagen kann (siehe dazu auch Grafik 13.3).

Unabhängig vom Ausgang der Verhandlung bringt die allerletzte Phase regelmässig eine sehr hohe Stressbelastung mit sich. Das ist besonders gefährlich, denn unter Stresseinwirkung schrumpft unsere Wahrnehmung der Welt; die Menge der in Betracht gezogenen Möglichkeiten wird unweigerlich kleiner. Die zuvor sorgsam aufgebauten Alternativen mit vielen Graustufen zwischen Schwarz und Weiss werden auf viel zu einfache Rezepte komprimiert, die eigene Lieblingslösung immerzu wiederholt. Gei-

---

13.4 **Häufige Fehler unter Stresseinwirkung**

- Zu viel preisgeben

- Unnötigen Kompromissen (treffen wir uns doch in der Mitte …) zu früh zustimmen

- Keinen oder nur unzureichenden Zeit- und Themenplan erstellen

- Von allen geliebt werden wollen

- Zu früh mit Rückzug aus der Verhandlung drohen

- Taktik der anderen Seite nicht im Voraus abschätzen

- Konflikten und notwendiger Konfrintation aus dem Weg gehen

- In einer scheinbar ausweglosen Sackgasse enden

- Keine Liste von verhandelbaren und nicht verhandelbaren Themen erstellen

- Gemeinsame Interessen und neue Lösungswege übersehen

stige Starrheit macht sich breit, Flexibilität und Kreativität gehen verloren. Selbst sehr gute Diplomaten fallen während dieser letzten Phase in ihrer Leistung erheblich zurück. Wenn die Gegenseite dann um drei oder vier Uhr morgens einen fertig vorbereiteten Entwurf für eine Einigung aus der Tasche holt, ist die Versuchung oft zu gross. Der Verhandler wird Opfer seiner Stressbelastung und macht Fehler (siehe Grafik 13.4).

Stress und Symptome

Wir merken es, wenn wir gestresst sind. Doch wie lässt sich der Stress genau einschätzen? Welche Warnsignale haben wir zur Verfügung? Es gibt eine Reihe von untrüglichen Symptomen einer erhöhten Stressbelastung. Die wichtigsten sind in Grafik 13.5 zusammengefasst. Allerdings hat jeder Mensch eine unterschiedliche Stresstoleranz und reagiert auf Belastung verschieden. Mancher blüht erst auf, wenn der andere bereits zusammenklappt. Jeder sollte sich daher selbst genau beobachten und kritisch einschätzen lernen.

13.5 Symptome einer erhöhten Stressbelastung

mental	körperlich	gefühlsmässig
■ hin- und her-springende Logik Angstzustände	■ Erschöpfung	■ Reizbarkeit
	■ Kopfschmerzen	■ Gefühlsausbrüche
	■ Schweissausbrüche	■ Ungeduld/Panik
■ sinkende Konzentrationsfähigkeit	■ Müdigkeit oder Schlaflosigkeit	■ Negatives Kompensieren durch Alkohol, Nikotin, Essen, Medikamente, Drogen oder Sex
■ Hang zu Vereinfachungen	■ Appetit geringer oder höher als sonst	
■ Verwirrung	■ Magenbeschwerden und -geschwüre	
	■ Durchfall	
	■ Depression	

Auf der **kognitiven Ebene** äussert sich Stress durch ein sprunghaftes Hin- und Herwechseln zwischen verschiedenen Gedanken und Themen. Der *rote Faden* eines Gedankengangs geht verloren, wenn die Konzentrationsfähigkeit des Verhandlers nachlässt, er ist verwirrt und neigt zu übertriebenen Vereinfachungen. Ständige Bedenken, Zweifel und im Extremfall sogar Angstzustände weisen deutlich auf eine zu hohe Stressbelastung hin.

Auch die **körperliche Verfassung** leidet unter dem Stress: Müdigkeit, Abgeschlagenheit und Kopfschmerzen sind ganz typische Anzeichen dafür, die zu allem Überfluss oft auch noch mit Schlaflosigkeit gepaart sind. Der Appetit steigt bei manchen Menschen unter Stress an, bei anderen lässt er erheblich nach. Gelegentliche Schweissausbrüche sind eine weitere Reaktion des Körpers, ebenso wie Magenschmerzen (im Extremfall Magengeschwüre), Verdauungsstörungen oder Hautausschläge. Eine schon recht drastische, aber oft verkannte Auswirkung ist auch häufiges Zahnfleischbluten. Verlängerter Stress kann sogar zu Depressionen führen.

Starke Auswirkungen hat der Stress auch auf den **Gemütszustand** des Menschen. Er wird leicht reizbar und neigt zu Gefühlsausbrüchen. Ungeduld und Panik sind unter Stress ebenso häufig anzutreffen wie Unentschlossenheit. Viele stark belastete Führungskräfte greifen schnell zu negativen Bewältigungsmechanismen – dem Konsum von Essen, Alkohol, Nikotin, Medikamenten oder Drogen. Auch Sex spielt hier eine Rolle, wobei eine schnelle Affäre unter dem Druck der Situation die Lage nur noch unkontrollierbarer machen kann. Auch Beruhigungs- oder Aufputschmittel sind trügerische Freunde, besonders wenn man schliesslich die einen Pillen nimmt, um die anderen zu kontrollieren. Der einzige richtige Ausweg ist die Vermeidung und positive Bewältigung von Stress. Davon handelt der folgende Abschnitt.

Stressbewältigung

Wir haben in den vorangegangenen Abschnitten gesehen, wie Stress entsteht und welche Auswirkungen er auf Gesundheit und Leistungsfähigkeit des Verhandlers hat. Das Erkennen dieser Zusammenhänge sowie eine kritische Selbsterkenntnis und -kontrolle ist entscheidend für die positive Bewältigung der bei einer Verhandlung unweigerlich auftretenden Stressbelastung. Zum Erlernen konkreter Bewältigungsmechanismen sei der

Leser auf die reichlich vorhandene Literatur zu diesem Thema verwiesen. Noch weit bessere Erfolge lassen sich durch individuelle Beratung, etwa bei einem Stress-Seminar, erzielen. In diesem Abschnitt sollen nur einige wichtige Anhaltspunkte gegeben werden, wie man den Stress aktiv unter Kontrolle halten oder abbauen kann. Die vielleicht wichtigste Massnahme gegen Stress ist es, ein Mindestmass an Schlaf einzuhalten. Wieviel Stunden Schlaf das genau bedeutet, muss jeder für sich persönlich herausfinden. Dann sollte die Einnahme von Essen und Alkohol unbedingt im Griff behalten werden. Es ist verlockend, aus einer angespannten Situation in die Genüsse eines reich gedeckten Tisches oder gut bestückten Weinkellers zu fliehen, doch die Freude ist meist nur von kurzer Dauer, wenn sich der Körper für die zusätzliche Belastung rächt. Man sollte hingegen die Kunst der Pause beherrschen, wann immer möglich ausspannen, etwa bei einem Spaziergang, bei Musik, Sport, oder Meditation. Auch längere Flugreisen eignen sich hervorragend dazu – dort klingelt immerhin kein Telefon. Für den langfristigen Erhalt des eigenen Wohlbefindens und der Leistungsfähigkeit kann es entscheidend sein, mit zuverlässigen Kollegen und Freunden über wichtige Erlebnisse zu sprechen und über seine eigentlichen Bedürfnisse nachzudenken. Natürlich sind dabei stets die Fragen der Vertraulichkeit und Sicherheit zu beachten, und mancher Kollege stellt sich später mehr als Rivale denn als Freund heraus. Ein echter Freund, das kann nicht genug betont werden, ist deshalb unersetzlich. Aber es sind auch die ganz praktischen Details einer Verhandlung, die über die Stressbelastung des Verhandlers entscheiden. Ein wichtiger Punkt ist der Informationsfluss mit der Zentrale – er muss unter allen Umständen aufrechterhalten und abgesichert werden. Wer alles selbst aus Malawi machen muss, keinen Vertreter für seine Anliegen in der Hauptstadt oder dem Firmensitz hat, der die Entscheider am Telefon oder in der Sitzung aufspürt und zu einer Entscheidung bewegt, der muss einen erheblichen Anteil seiner Energie auf solche lästigen und eher technischen Details verwenden. Eine angemessene logistische Unterstützung in der Zentrale ist daher genauso wichtig wie die am Verhandlungsort. Im Vergleich zu einer guten Organisation bleibt nur eine Alternative übrig: Stress.

Literatur zu diesem Kapitel

Kirsta, Alix: *The book of stress survival: how to relax and live positively.* London, Unwin Paperbacks 1986.

Lindemann, Hannes: *Das erfolgreiche Anti-Stress Programm.* München, Orbis Verlag 1994.

Saner, Raymond: *Manifestation of Stress and its Impact on the Humanitarian Work of the ICRC Delegate.* Political Psychology, Vol. II, No. 4, 757–765, 1990.

14. Zwischen den Kulturen

Zum Abschluss dieses Buches und damit zugleich als Ausblick auf einen eigenen Themenkreis aus dem unmittelbaren Umfeld soll im letzten Kapitel die Rolle kultureller Einflüsse auf die Verhandlungsführung betrachtet werden. Anhand zahlreicher Fallstudien haben wir die Bedeutung der Kultur bereits in den übrigen Kapiteln wiederholt hervorgehoben. Als Ergänzung dieser verstreuten Beispiele soll das Thema hier noch einmal zusammenfassend behandelt werden. Eine systematische Untersuchung kultureller Faktoren muss jedoch aus Platzgründen zum Gegenstand einer gesonderten Arbeit werden.

Kultur und Verhandlung

Für die Zwecke der Verhandlungsführung interessiert uns vor allem die Begegnung zwischen verschiedenen Kulturen. Unser eigener Kulturkreis ist uns schliesslich vertraut; auch wenn wir ihn nicht ständig bewusst erleben, so funktionieren wir doch problemlos in der uns gewohnten Umgebung. Schwierig wird es erst, wenn wir diese vertraute Umgebung verlassen und in fernen Ländern oder mit Menschen aus anderen Kulturen verhandeln. Sehr vieles, was uns daheim so vertraut und selbstverständlich erscheint, ist dann plötzlich ganz anders und fremd. Der feste Boden wird uns gleichsam unter den Füssen entzogen; wir stehen auf schwankendem Grund. Selbst wenn wir die Technik der Verhandlungsführung perfekt beherrschen und in unserem Land sehr erfolgreich sind, können wir unter solchen Voraussetzungen kläglich scheitern. In den vergangenen zwei Jahrzehnten hat die Professionalität europäischer Geschäftsleute und Diplomaten – gerade in bezug auf fernöstliche Länder und Märkte – jedoch erheblich zugenommen. Das Bewusstsein der Problematik ist mit Anzahl und Qualität der auf diesem Gebiet (zum grossen Teil jedoch nur in englischer Sprache) erschienenen Bücher gestiegen. Dieses Kapitel soll einen bescheidenen Beitrag zu dieser erfreulichen Entwicklung leisten, indem es dem fortgeschrittenen Verhandler die oft entscheidende Bedeutung des kulturellen Faktors eindringlich nahelegen möchte. Ebenso wie beim vorherigen Kapitel wird eine vertiefende, möglichst aktive Beschäftigung mit dem Themenkreis empfohlen. Bevor wir von den Problemen beim Zusammenspiel verschiedener Kulturen sprechen, sollten wir jedoch zunächst einmal klären, was wir hier überhaupt unter Kultur verstehen.

Was ist Kultur?

Eine so umfassende Frage kann im Rahmen dieser wenigen Seiten kaum umfassend beantwortet werden. Ganze Bibliotheken ausgezeichneter Bücher zu diesem Thema sind im Laufe der Jahrhunderte erschienen. Vor diesem Hintergrund kann unser Ziel an dieser Stelle allenfalls sein, eine brauchbare Arbeitsdefinition anzubieten. Nach Hofstede (1981) ist *Kultur ein kollektives Programm des menschlichen Geistes*, also so etwas wie eine länderspezifische Software für den Menschen. Auf diese Weise erhält ein körperlich auf der ganzen Welt nahezu identisches Modell in jedem Kulturkreis eine besondere Prägung. Der Vergleich zum Computer, der ja eine seelenlose Maschine ist, mag auf den ersten Blick ein wenig roh, vielleicht sogar ungeeignet klingen. Bei allen Einwänden ist der Vergleich von Kultur und Software jedoch nützlich, wenn wir ihn nicht allzu eng fassen. Nehmen wir ein einfaches Beispiel: der deutsche Normalverbraucher wäre etwa mit der japanischen, chinesischen oder auch nur der griechischen Version seines gewohnten Textverarbeitungsprogramms überfordert – selbst wenn er damit nur deutschen Text schreiben wollte. Missverständnisse, Fehler, je nach Geduld auch das Scheitern des mutigen Versuchs wären sozusagen vorprogrammiert. Nach dem Erwerb einiger Grundkenntnisse in der jeweiligen Landesversion könnte er mit der fremdsprachlichen Software jedoch fast wie mit seiner gewohnten umgehen.

Dieses kurze Kapitel ist vor allem dazu gedacht, den Leser rechtzeitig auf die Schwierigkeiten aufmerksam zu machen, die ihn in kulturellem Neuland erwarten, ihn aber gleichzeitig zu ermutigen, diese Hürden zu überwinden.

Also noch einmal unsere Frage: was ist Kultur? In einer etwas menschlicher gefassten Definition ist es die *Fähigkeit, mit kleinen Gesten grosse Aussagen zu vermitteln.* Das klingt nicht so technisch, meint aber eigentlich genau dasselbe: einen sozialen Code, der den Mitgliedern einer gemeinsamen Kultur als sehr wirksames Mittel der Kommunikation dient. Er geht weit über das hinaus, was landläufig als *Kultur* bezeichnet wird, also Sprache, Literatur, Kunst, Musik, Geschichte, Gebräuche, Sitten und Moralvorstellungen, oder auch die besonders von Touristenbüros oft und gerne vorgeschobene Folklore. Weit weniger sichtbar, aber ebenso ein Teil der kulturellen Identität eines Volkes oder Stammes sind etwa:

- **Körpersprache:** man vergleiche die ausladende Gestik eines Italieners mit der Zurückhaltung eines Japaners oder dem stets freundlichen Lächeln eines Chinesen!

- **Prioritäten:** leben, um zu arbeiten (Deutschland, Japan, Südkorea)? Arbeiten, um zu leben (Spanien, Italien, Brasilien)? Welche Rolle spielt die Religion (islamische Welt)?

- **Rollenerwartungen:** welche Rolle spielt etwa die Frau in der Gesellschaft? Weib und Mutter (arabische Welt) oder gleichrangige Kollegin (Skandinavien)?

- **Persönliche Beziehung:** spielt sie im Geschäftsleben die entscheidende Rolle (Asien, arabische Welt) oder so gut wie gar keine (Deutschland)?

- **Kontaktaufnahme und Bindung:** offiziell und förmlich oder locker beim Bier nach Feierabend (unterschiedlich nach Ländern wie auch nach sozialen Schichten)?

- **Vom *Sie* zum Vornamen:** Beim ersten Gespräch (USA) oder nur unter alten Schulfreunden (Japan, Frankreich)?

- **Einstellung gegenüber Vorgesetzten:** ist der Chef ein kleiner Gott (Frankreich) oder ein Kollege mit fachlicher Autorität (Schweiz, Deutschland)?

- **Führungsstil und Ansätze zur Problemlösung:** Befehl/detaillierte Anweisung (Frankreich) oder gemeinsame Lösungsfindung (Deutschland, Schweiz)?

- **Motivation:** rührt sie aus der Firma (Japan) oder aus der Familie (China)? Oder beides (Südkorea)? Allgemein: was treibt die Menschen in einem Kulturkreis an (Kapitel 3)?

- **Einstellung zur Arbeit:** Protestantische/buddhistische Arbeitsethik (Deutschland, Schweiz, Japan) oder notwendiges Übel zum überleben (Karibik)?

- **Leistungsbereitschaft:** bis zum Umfallen (Südkorea, Singapur) oder nur bis zur Mittagspause (Tropische Länder)?

- **Arbeitstempo:** locker (viele tropische Länder) oder im Akkord (Südkorea)?

- **Berufliches Selbstverständnis:** Berufsstolz und Zugehörigkeit zu einer Innung oder Zunft (Deutschland), Klassentrennung *blue collar / white collar* (England) oder uniforme Mitglieder einer Arbeitsbrigade (Russland)?

- **Einhaltung von Verpflichtungen:** Nibelungentreue (Deutschland), Vertragstreue (Schweiz) oder weitgehende Gleichgültigkeit (Serbien im Jugoslawien-Krieg)? Werden Verträge unter veränderten Umständen neu verhandelt (China) oder sind sie stets *zu erfüllen* (römisches Recht)?

- **Einstellung gegenüber Planung:** muss unbedingt eingehalten werden (technokratische Lösung) oder folgt die Planung veränderten Bedürfnissen (der Mensch ist wichtiger)?

- **Kommunikationsstil:** wie gehen die Menschen miteinander um? Höflich und freundlich (Asien) oder kühl und geschäftsmässig (Deutschland, Schweiz)? Wird überwiegend schriftlich (Nordeuropa, USA) oder mündlich (Asien, Arabien, Afrika) kommuniziert?

- **Verhandlungsstil:** welche der fünf Positionen (Kapitel 5) herrschen vor? Kommt es leicht zur Konfrontation oder überwiegen Konsens und Kompromiss?

Diese Verhaltensweisen, das sollte hier angemerkt werden, fallen auch den Angehörigen eines bestimmten Kulturkreises nicht über Nacht zu. Sie werden ihnen jedoch regelrecht in die Wiege gelegt: im Laufe der Erziehung, von der frühen Kindheit über die Schulzeit bis zu Berufsausbildung, Studium und darüber hinaus wird jeder Mensch von seinen Verwandten, Freunden, Lehrern, Kollegen, Vorgesetzten und Mitmenschen umgeben und geformt. Diese allmähliche Sozialisierung erstreckt sich über viele Jahre, wobei der prägende Einfluß mit dem Alter abnimmt. Es ist daher kaum je möglich, außer der eigenen Kultur noch eine zweite oder dritte vollständig anzunehmen – es sei denn, man habe das Glück, zugleich oder nacheinander in verschiedenen Kulturen aufzuwachsen. Die unzähligen Schwierigkeiten, die eine solche zweifache Identität während ihrer Prägung mit sich bringt, werden durch den erweiterten Horizont im späteren Leben aber oft mehr als ausgeglichen. Für einen Aussenstehenden ist die Auseinandersetzung mit einer anderen Kultur so ähnlich wie das Erlernen einer schwierigen Fremdsprache – langwierig und mühsam, aber am Ende meist sehr lohnend.

Zwischen den Kulturen

Wir haben Kultur im vorherigen Abschnitt als wirksames Mittel der Kommunikation zwischen Angehörigen eines Kulturkreises bezeichnet. Es wird sofort verstanden und erspart daher viele Erklärungen. Die Kehrseite dieser enormen Leistungsfähigkeit *innerhalb* eines Kulturkreises ist ihr zumindest teilweises Versagen *ausserhalb*. Wer den Code nicht versteht, kann an der Kommunikation nicht effektiv teilnehmen. Er passt nicht in das soziale Umfeld, wird dort nicht akzeptiert, kurz: er funktioniert nicht richtig. Das beginnt mit der Sprache (wer spricht in Europa schon fliessend Mandarin oder Urdu?) und hört mit dem harmlosen, aber über die kulturelle Zugehörigkeit entscheidenden Pausengespräch über Baseball (in den USA) auf. Vieles, aber nicht alles, lässt sich durch gründliches Studium der inzwischen auch vereinzelt auf dem deutschen Buchmarkt erhältlichen Einführungen in einzelne Landeskulturen sowie länderspezifischer Benimm-Schulen erlernen.

Auch dann gibt es noch zahlreiche Fallstricke und technische Schwierigkeiten im Umgang (und erst recht bei der Verhandlung) mit Menschen anderer Nationalität. Grafik 14.1 zeigt, was zwischen den Kulturen so alles auf der Strecke bleiben kann. Es fängt ganz harmlos (aber vielleicht verhängnisvoll!) mit den technischen Schwierigkeiten der sprachlichen **Über-**

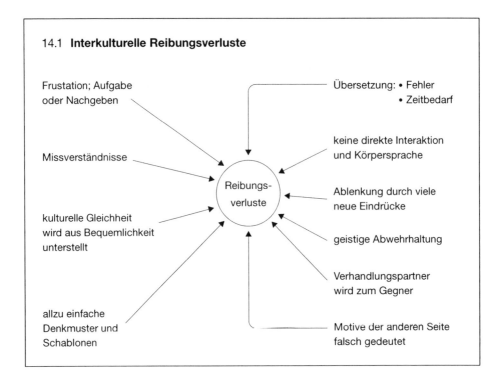

14.1 Interkulturelle Reibungsverluste

Frustation; Aufgabe oder Nachgeben

Missverständnisse

kulturelle Gleichheit wird aus Bequemlichkeit unterstellt

allzu einfache Denkmuster und Schablonen

Reibungsverluste

Übersetzung: • Fehler • Zeitbedarf

keine direkte Interaktion und Körpersprache

Ablenkung durch viele neue Eindrücke

geistige Abwehrhaltung

Verhandlungspartner wird zum Gegner

Motive der anderen Seite falsch gedeutet

setzung an. Auch sehr gute Dolmetscher machen zuweilen Fehler, besonders wenn sie knietief in nur selten benötigter Fachterminologie waten müssen. Vor allem benötigen sie aber Zeit für ihre anspruchsvolle Tätigkeit. Das heißt im Klartext: jede Rede, jede Aussage und Stellungnahme braucht mindestens doppelt soviel Zeit wie sonst. Es gibt auch **keine direkte Interaktion** zwischen den Verhandlungsführern, wenn sie beide auf den Dolmetscher angewiesen sind oder jedenfalls so tun als ob. Das reduziert nun aber die Wahrnehmung der feinen Nuancen, der **körpersprachlichen Aussagen**, die natürlich vom Dolmetscher nicht mitübersetzt werden können – und es ermüdet. Der in der Kultur fremde Teilnehmer – also wir, wenn wir auf Reisen sind – ist ja ohnehin schon **abgelenkt** von den vielen neuen Eindrücken und emotional aufgekratzt. Vielleicht haben wir auch längst eine **geistige Abwehrhaltung** aufgebaut, um uns vor der Fülle an unverständlicher Information zu schützen, die über uns hereinbricht. Der **Verhandlungspartner wird zum Gegner**, weil wir ihn nicht verstehen. Unter solchen Voraussetzungen deuten wir die **Motive der anderen Seite**

vielleicht ganz falsch und übersehen gemeinsame Interessen. Eine solche Haltung erleichtert die Verhandlung jedoch nicht gerade; schliesslich kommt es darauf an, auch die leisesten Zeichen zu erkennen und zu einer Zusammenarbeit zu kommen. Unter dem Druck der Situation geben wir uns auch leicht **allzu einfachen Denkmustern** und Schablonen hin – vielleicht tut dies auch die Gegenseite. Es wird dann vorschnell angenommen oder unbewusst unterstellt, dass der andere letztlich ja **gar nicht so verschieden** sei. Das mag zutreffen, es kann aber auch völlig falsch und nur die bequemste Erklärung sein. Da wir nicht beide auf dieselbe Kultur, denselben Code zurückgreifen können, sind **Missverständnisse** vorprogrammiert. Sie machen nicht nur die Verhandlung sehr mühsam, sondern ihre eigene Ursache noch schlimmer: **frustriert** von vielen Rückschlägen werden wir (oder der Partner) der interkulturellen Auseinandersetzung müde und **geben auf – oder nach.**

Sprache und Kommunikation

Ein einfaches Beispiel, wie unterschiedlich die ungeschriebenen *Spielregeln* verschiedener Kulturkreise sein können, bietet das Sprachverhalten während der Verhandlung. Grafik 14.2 zeigt einen eindrucksvollen Vergleich zwischen typischen Verhandlern aus den USA, Japan und Brasilien. Während sich die nordamerikanischen Gesprächspartner mit ihren Beiträgen meist genau abwechselten, waren bei ihren japanischen Kollegen regelmässige Sprechpausen festzustellen, ohne daß dies als ungewöhnlich oder als Zeichen einer schlechten Verständigung gesehen werden müsste. Das Schweigen ist in Japan einfach ein wichtiger Bestandteil jeder Unterhaltung. Das genaue Gegenteil war in Brasilien zu beobachten: dort unterbrachen sich die Gesprächspartner regelmässig und fielen sich gegenseitig ins Wort. Das ist dort nicht etwa unhöflich; das entstehende Durcheinander ist sogar durchaus gewollt. *Wir brauchen den Lärm einfach*, sagte uns dazu kürzlich ein karibischer Diplomat brasilianischen Ursprungs mit einem entwaffnend herzlichen, aber lauten Lachen. Für Mitteleuropäer, die in dieser Beziehung eher amerikanischen Standards entsprechen, ist das zumindest gewöhnungsbedürftig.

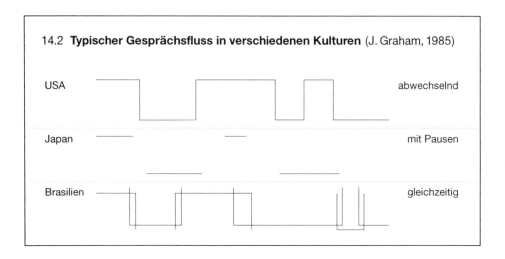

14.2 **Typischer Gesprächsfluss in verschiedenen Kulturen** (J. Graham, 1985)

Die eben zitierte Studie (Graham 1985) hat das Verhalten von Verhandlern dieser drei Nationalitäten eingehend untersucht. Grafik 14.3 zeigt einen Vergleich einiger taktischer Elemente der Gesprächsführung:

Schweigen: Während die bei der Verhandlung beobachteten Japaner häufig schwiegen, blieben die Amerikaner selten und die Brasilianer nie ganz still.

Unterbrechen: Erstaunlicherweise gab es trotz der Schweigeperioden auch bei den Japanern gegenseitige Unterbrechungen und Überlappungen im Gesprächsfluss; die Amerikaner sprachen sogar etwas seltener gleichzeitig, doch die Brasilianer dafür fast dreimal so oft.

Anstarren: Der direkte Blick ins Gesicht des Gegenüber ist in Japan schon fast unhöflich, wenn er in Anstarren übergeht. Er wird aber zum geistigen Kräftemessen sowie zur Überprüfung von Verständnis und Reaktion des Gegenübers ab und zu eingesetzt. Amerikanische Verhandler sehen sich nach dieser Studie ein Drittel der Zeit direkt an, und brasilianische sogar über die Hälfte.

Berühren: Die freundliche Berührung des Geschäftspartners ist in Japan und den USA tabu. Sie findet so gut wie nicht statt. Ganz anders in Brasilien, wo die kulturelle Norm ein Gespräch ohne Berührung als schneidend kalt und wenig kooperativ einstufen würde.

14.3 **Schweigen, Unterbrechen, Anstarren und Berühren**
   bei der Verhandlung in verschiedenen Kulturen (J. Graham, 1985)

Taktische Verhaltensweise	Japan	USA	Brasilien
Schweigen (Anzahl der Pausen von mehr als 10 Sekunden in 30 Minuten)	5,5	3,5	0
Unterbrechen (Anzahl der Überschneidungen im Gesprächsfluss in 10 Minuten)	12,6	10,3	**28,6**
Anstarren (Minuten des direkten Blickkontakts in 10 Minuten)	**1,3**	3,3	5,2
Berühren (Anzahl der Berührungen in 30 Minuten, ohne Begrüssung)	0	0	4,7

Ein weiterer Teil der genannten Studie hat die Verwendung bestimmter Aussagearten untersucht. Einige Ergebnisse sind in Grafik 14.4 wiedergegeben.

Besonders bemerkenswert in dieser Aufstellung ist der Einsatz des *Nein*. Die japanischen Verhandler sagten kaum einmal geradeheraus *nein*, so wie dies auch im japanischen Sprachgebrauch üblich ist. Man meint vielleicht schon ganz klar *nein*, will es aber nicht so deutlich sagen – der andere könnte sonst das Gesicht verlieren. Abmildernde Formulierungen wie: *vielleicht* oder besser: *wir werden darüber nachdenken* werden von westlichen Verhandlungspartnern immer noch gelegentlich für bare Münze genommen, dabei heissen sie für den japanischen Gesprächspartner ebensoviel wie ein deutliches *nein* – nur höflicher ausgedrückt im gemeinsamen kulturellen Code. In Japan wird das sofort richtig verstanden; man bedankt sich ebenso höflich für das geäusserte Interesse … und geht. Extreme Deutlichkeit legten die brasilianischen Verhandler an den Tag, die im Schnitt alle 22 Sekunden ganz deutlich *Nein* sagten. Dabei waren sie, wie die übri-

14.4 **Die Rolle des Nein und anderer Aussagen im Gesprächsverhalten verschiedener Kulturen** (J. Graham, 1985)

Taktische Verhaltensweise	Japan	USA	Brasilien
Versprechen	7	8	3
Drohung	4	4	2
Empfehlung	7	4	5
Warnung	2	1	1
Belohnung	1	2	2
Bestrafung	1	3	3
Werturteile	4	2	1
Verpflichtung	15	13	8
Enthüllung	34	36	39
Frage	20	20	22
Anweisung	8	6	14
Nein	**5,7**	**9**	**83,4**
Profitniveau der Eröffnung (maximal 80)	61,5	57,3	75,2
Erste Konzessionen	6,5	7,1	9,4

(durchschnittliche Anzahl in 30 Minuten)

gen Ergebnisse zeigen, durchaus bereit, Abstriche von ihrer hohen Anfangsforderung zu machen.

Der Einsatz der Sprache und Körpersprache wird in verschiedenen Weltgegenden also sehr unterschiedlich, ja manchmal gegensätzlich gehandhabt. Wer sich mit solchen elementaren Regeln nicht rechtzeitig vor der Verhandlung (also nicht erst im Flugzeug, obwohl das immer noch besser ist als nie!) vertraut macht und sie befolgt, der wird mitunter unverständliche, aber meist starke Reaktionen seiner Partner erleben. Umgekehrt lassen sich diese Regeln, wenn man sie kennt, natürlich auch aus taktischen Erwägungen gründlich verletzen. Die Wirkung wird ebenso heftig ausfallen wie bei völliger Ignoranz – mit dem Unterschied, dass sie in diesem Fall genau geplant ist und die Verhandlung in die gewünschte Richtung lenkt, welche das auch immer sein mag.

Beispiel: Japan

Als eines von vielen möglichen Beispielen fremder Kulturen sei in diesem Kapitel nur eines herausgegriffen: Japan. Auch wenn andere Länder und Regionen – etwa China oder die arabische Welt – uns vielleicht ebenso fremd sind, ist Japan seit seinem Aufschwung zur wirtschaftlichen Supermacht zu einem Symbol geworden. In Japan erfolgreiche Geschäfte zu machen, gilt auch heute noch als besonders schwierig. Zu recht, auch wenn China kulturell gesehen keinesfalls leichter zu erschliessen ist. Vieles ist in beiden Kulturen auch ähnlich, lässt sich die japanische doch zu einem erheblichen Teil auf chinesische Ursprünge zurückführen. Noch eines macht Japan für unsere Zwecke besonders interessant: die Lebensverhältnisse in Japan sind denen in Deutschland oder der Schweiz durchaus vergleichbar, wenn man einmal von der grösseren räumlichen Enge und den daraus folgenden Boden- und Mietpreisen absieht. Fast alles, was der europäische Geschäftsreisende gewohnt ist, bekommt er auch in Tokio – und noch vieles mehr. Der verbleibende Unterschied – und der ist immer noch gewaltig! – lässt sich also hauptsächlich auf kulturelle Unterschiede zurückführen. Die sprachliche Barriere, die als erste Hürde zu nehmen ist, kommt natürlich hinzu; man kann sie jedoch im weitesten Sinne der Kultur zurechnen. Was macht eine Verhandlung in Japan nun so schwierig?

Zunächst ist es einmal der für unsere Begriffe ungewöhnlich lange Zeithorizont japanischer Unternehmen und ihrer Beschäftigten. Im Vordergrund wird zwar der anspruchsvollste und am schnellsten nach neuen Produkten verlangende Konsumgütermarkt der Welt bedient: nämlich der eigene. Schon ein kurzer Spaziergang durch das Tokioter Elektronikviertel *Akihabara* oder durch die öffentlichen Prototypen-Schauräume von Sony zeigt dies deutlich. Im Hintergrund denken die Manager der grossen Konzerne aber weit langfristiger als ihre europäischen und erst recht ihre amerikanischen Kollegen. Auf die Schnelle sind in Japan daher kaum Geschäfte zu machen – es sei denn, das vorgebrachte Verhandlungsangebot ist gerade das fehlende Puzzlestück im grossen Bild der langfristigen Strategie. Dann sind Wunder möglich, es tauchen plötzlich junge, perfekt Englisch sprechende und den Umgang mit westlichen Gästen gewohnte Manager auf und räumen alle kulturellen und sprachlichen Barrieren beiseite. *Die japanische Sprache und Kultur sind die bedeutendsten Handelshemmnisse dieses Landes,* sagt der Basler Unternehmer und Industriepolitiker Georg Endress. Er weiss, wovon er spricht: sein Engagement im Lande Nippon begann Anfang der 70er Jahre mit einer kleinen Minderheitsbeteiligung, die sich erst im Laufe von zwei Jahrzehnten zur erfolgreichen eigenen Tochterfirma entwickelte. Ebenso langfristig sind auch die japanischen Manager orientiert: sie knüpfen ihre wichtigsten Kontakte während der Schul- und Studienjahre, über Verwandte, den örtlichen Abgeordneten oder die Firmenmitgliedschaft im Golfclub. (Frauen spielen im Geschäftsleben übrigens so gut wie keine Rolle, allenfalls als Sachbearbeiterin oder weit häufiger als *Office Lady (OL),* einer Mischung aus Sekretärin und lebender Bürodekoration.) Alles braucht seine Zeit und erfordert unglaublich viel persönlichen Einsatz. Das Ergebnis ist jedoch ein Netz absolut verlässlicher Partner. An diesem Netz und seinen Auswirkungen darauf wird alles gemessen, was mit dem Ausland (also mit uns) verhandelt wird. Mit ein paar Tagen oder auch Wochen Aufenthalt in Tokio, Osaka oder Nagoya ist in einem solchen Umfeld kaum etwas zu machen – warum sollte man ausgerechnet Ihnen trauen, wo man doch selbst mit seinen Landsleuten so wählerisch ist? Wenn der *Deal* vielleicht sogar einen alten Schulfreund oder Kommilitonen von der renommierten privaten Keio-Universität aus dem Feld schlagen könnte? Viel wichtiger als die konkrete Vertragsverhandlung ist daher in den allermeisten Fällen die Herstellung einer persönlichen Beziehung mit dem Verhandlungspartner. Alles andere kommt später und findet ohne diese Vertrauensbasis ohnehin nicht statt. Eine interessante Anleitung zur Verhandlung als persönliche Begegnung ist der sogenannte *Miai*-Stil (Saito/Fukunaga 1991). *Miai* ist ein ritueller, von einem Heiratsvermittler oder einer sonstigen Respektsperson (beispielsweise dem Abteilungsleiter oder gar Direktor der eigenen Firma) hergestellter Kontakt zwischen Heiratswilligen. Es geht darum, sich auf sehr ehrenhafte Weise kennenzulernen, ohne aber gleich konkrete Pläne oder Zusagen machen zu müssen. Beide Kandidaten sollen trotz der notwendigerweise gespannten Situation versuchen, etwas über Charakter, Stil und geistigen Hintergrund des anderen herauszufinden. Vor allem müssen sie aber versuchen, gefühlsmässig eine gemeinsame Ebene zu finden. Ohne Sympathie wäre kein Fortschritt möglich, sie hätten kein Interesse an einer weitergehenden Beziehung. Sympathie oder Antipathie entstehen jedoch meist gleich bei der ersten Begegnung. Jeder versucht deshalb, von Anfang an einen möglichst vorteilhaften Eindruck von sich zu vermitteln – freundlich, aber doch formell (so wie das stilvoll arrangierte Treffen!). Die sorgfältige Wahl der Sprache gehört ebenso dazu wie der ernste und beständige Versuch, das Interesse des anderen zu wecken. Der Umgang miteinander muss zunächst weich und geschmeidig sein; keiner von beiden darf sich zu früh auf Positionen festlegen, will er den möglichen Erfolg nicht gefährden. Es geht in dieser Phase noch nicht um Entscheidungen, sondern nur um das gegenseitige Kennenlernen. Konkrete Vorschläge oder Angebote sind daher fehl am Platze, ebenso der Versuch, den anderen mit Argumenten zu überzeugen. In einer derart geführten Verhandlung – denn nichts anderes ist das arrangierte Treffen der Heiratskandidaten schliesslich – geht es vor allem um die Gefühle der Beteiligten. Besonders in Japan, aber nicht nur dort, wären westliche Verhandler mit einem solchen Vorgehen gut beraten. Geschäfte und Verträge werden schliesslich von Menschen gemacht, und Menschen haben Gefühle, Werte und Selbstachtung. Wer das versteht und es sich – im Wortsinn – zu Herzen nimmt, der wird nicht nur als Mensch, sondern auch als Verhandler geschätzt.

Literatur zu diesem Kapitel

Binnendijk, Hans: *National Negotiating Styles*. Department of State Publishers, USA, 1987.

Graham, John, L.: *Brazilian, Japanese and American business negotiations*. Journal of International Business Studies, 14, 47–61, 1983.

Hall, Edward T. / Hall, Mildred Reed: *Understanding cultural differences: keys to success in West Germany, France, and the United States*. Yarmouth, Maine 1989.

Saner, Raymond: *Negotiating with American Business Partners: Some Advice for Non-American Negotiators*. Global Management Tomorrow, March/April 1983.

Saito-Fukunaga, Mitsuko: *Observations on the Style of Japanese Negotiations*. International Christian University, Tokyo, April 1991.

Literatur

Atkinson, Gerald G. M., *The Effective Negotiator.* The Practical Guide to the Strategies and Tactics of Conflict Bargaining, Quest Research Publications, Great Britain, 1975.

Axelrod, Robert, *The Evolution of Cooperation,* Basic Books Inc., Publishers, New York, 1984.

Bazerman, Max H. & Lewicki, Boy J., *Negotiating in Organizations,* Sage Publications, Beverly Hills, 1983.

Binnendijk, Hans, *National Negotiating Styles,* Department of State Publishers, USA, 1987.

Brown, David, *Managing Conflict at Organizational Interfaces,* Addison- Wesley Publishing Company, Massachussets, 1983.

Calero, Henry & Bob Oskam, *Negotiate for What you Want,* Thorsons Publishing Group, Great Britain, 1983.

Camps, Miriam & William Diebold, Jr., *The New Multilateralism. Can the World Trading System be Saved?,* Council on Foreign Relations, Inc., New York, 1983.

Capaldi, Nicholas, *The Art of Deception,* Prometheus Books, New York, 1979.

Carpenter, Susan & W. J. D. Kennedy, *Managing Public Disputes,* Jossey-Bass Publishers, San Francisco, 1988.

Chambon, Albert, *Mais que font ces diplomates entre deux cocktails?,* Editions A. Pedone, Paris, 1983.

Oho, Chin- Ning, *The Chinese Mind Game. The Best Kept Trade Secrets ofthe East,* AMC Publishing, Beaverton, Oregon, 1988.

Clausewitz, Carl von, *Vom Kriege,* Reinbek/Hamburg, Rowohlt, 1987.

Cohen, Herb, *You can Negotiate Anything,* Bantam Books, New York, 1980.

Coleman, Charles J., *Managing Labor Relation in the Public Sector,* Jossey-Bass Publishers, Oxford, 1990.

Conflict Management Group, *A Bibliography on Conflict Research* and Publications of the CMG Members, Western Kentucky University, USA, 1987.

Coulson, Robert, *Business Mediation – What you need to know,* American Arbitration Association, USA, 1988.

Craig, Cordon, *Force and Statecraft Diplomatic Problems of our Time*, Oxford University Press, Inc., New York, 1983.

Daniels, Gene & Kenneth Gagala, *Labor Guide to Negotiating Wages and Benefits*, Reston Publishing Company, Inc., Reston, Virginia, 1985.

De Bono, Edward, *Conflicts: A Better Way to Resolve Them*, Cox & Wyman Ltd, Reading, Great Britain, 1985.

De Callières, Francois, *The Art of Diplomacy*, Holmes & Meier Publishers, Inc., New YorK, 1983.

Deutsch, Morton, *The Resolution of Conflict. Constructive & Destructive Process*, Yale University Press, New Haven and London, 1973.

Diebold, Jr., William, *Bilateralism, Multilateralism and Canada in US Trade Policy*, Ballinger Publishing Company, Cambridge, MA, 1988.

Dundas, Cart W., *Practical Steps in Negotiating Maritime Boundaries Agreements. A Guide to Small States*, Technical Assistance Group, Commonwealth Fund for Technical Cooperation, 1991.

Dupont, Christophe, *La Négotiation: Conduite, Théorie, Application*, 2ème édition, Dalloz, 1986.

Escher, Regina, *Friedliche Erledigung yon Streitigkeiten nach dem System der Vereinten Nationen*, Schulthess Polygraphischer Verlag AG, Zürich, 1985.

Feltham, R.G., *Diplomatic Handbook*, 5th edition, Longman, New York, 1982.

Filley, Alan C., *Interpersonal Conflict Resolution*, Scott, Foresman and Company, Glenview, 1975.

Fisher, Glen, *International Negotiation. A Cross-Cultural Perspective*, Intercultural Press Inc., USA, 1980.

Fisher, Roger & Ury, William, *Getting to Yes*. Negotiating Agreement without Giving In, Penguin Books, USA, 1983.

Folberg, Jay & Alison Taylor, *Mediation. A Comprehensive Guide to Resolving Conflicts without Litigation*, Jossey-Bass Publishers, San Francisco, 1984.

Frei, Daniel, *Assumption and Perception in Disarmament*, United Nations IDIR, New York, 1984.

Ganapati, Shastri, *Kautilya Arthashastra*, Bharatiya Vidya Prakashan, New Delhi, 1984.

Glasl, Friedrich, *Konfliktmanagement*, Paul Haupt, Bern/Stuttgart, 1980.

Gottlieb, Marvin & William J. Healy, *Making Deals. The Business of Negotiating*, New York Institute of France, New York, 1990.

Gracian, Baltasar, *L'Homme de Cour*, Editions Champ Libre, Paris, 1980.

Graham, John L. & Yoshihiro Sano, *Smart Bargaining. Doing Business with the Japanese*, Ballinger Publishing, Cambridge MA, 1984.

Hanan, Cribbin & Beman, *Sales Negotiation Strategies*, AMACOM, New York, 1911.

Hendon, Donald & Hendon, Rebecca A., *How to Negotiate Worldwide*, Gower Publishing Company Ltd., Great Britain, 1989.

Holland, Harrison M., *Managing Diplomacy. The United States and Japan*, Hoover Institution, Stanford, CA, 1984.

Huff, Darrell, *How to Lie with Statistics*, Penguin Books, UK, 1985.

Ikle, Fred Charles, *How Nations Negotiate*, Harper & Row, New York, 1987.

Ilich, John, *Power Negotiating*, Addison-Wesley Publishing Co., Inc., New York, 1980.

Jandt, Fred E., *Win-Win Negotiating. Turning Conflict into Agreement*, John Wiley & Sons, New York, 1985.

Jolibert, Alain & Mood Tixier, *La Negotiation Commerciale*, Presses Universitaire de France, Paris, 1984.

Kahn, Robert L. & Mayer Zald, *Organizations and Nation-States. New Perspectives on Conflict and Cooperation*, Jossey-Bass Publishers, San Francisco, 1990.

Karrass, Chester L., *Give & Take. The Complete Guide to Negotiation*, Thomas K. Cromwell, Publishers, New York, 1974.

Kennedy, Gavin, *Everything is Negotiable. How to negotiate and win*, Hutchinson Business, Great Britain, 1985.

Kennedy, Paul, *Strategy and Diplomacy. 1870-l945*, Fontana Press, Glasgow,1983.

Khawam, René R., *Le Livre des Ruses. La Strategie Politique des Arabes*, Phebus, Paris, l976.

Kindler, Ph. D., Herbert S., *Managing Disagreement Constructively*, Crisp Publications, Inc., California, 1988.

Kissinger, Henry A.: *Diplomacy*. New York, Simon & Schuster 1994.

Kremenyuk, Victor [ed.], *International Negotiation. Analysis, Approaches. Issues*, Jossey-Bass Publishers, San Francisco, 1991.

Loll, Arthur S., *Multilateral Negotiation and Mediation Instruments and Methods*, Pergamon Press, New York, 1985.

Launay, Roger, *La Négociation*, Presses Universitaire de France, Paris, 1984.

Lax, David & James Sebenius, *The Manager as Negotiator. Bargaining for Cooperative and Competitive Gains*, The Free Press, New York, 1986.

Leritz, Len, *No-Fault Negotiating. A Practical Guide to the New Dealmaking Strategy that lets both Sides Win*, Wamer Books, New York, 1987.

Lewicki, Boy & Joseph Litterer, *Negotiation*, Richard D. Irwin, Inc., Illinois, 1985.

Lewin, Kurt, *Resolving Social Conflict*, Harper & Row Publishers, Inc., Great Britain, 1948.

Ludwig, Mario, *Krafte und Kreise .Essays zur Kulturgeschichte*, Verlag Th.Gut + Co., Stafa, 1974.

Maddux, Robert, *Successful Negotiation. Effective «Win-Win» Strategies & Tactics*, Crisp Publications Inc., California, 1988.

March, Robert M., *The Japanese Negotiator. Subtlety and Strategy Beyond Western Logic,* Kodansha International, Tokyo, 1988.

March, P. D. V., *Contract Negotiation Handbook,* 2nd edition, Gower Press Ltd., Great Britain, 1914.

Mastenbroek, Willem, *Verhandeln: Strategie, Taktik, Technik,* Frankfurt/Main, Frankfurter Allgemeine Zeitung; Wiesbaden, Gabler, 1992.

Mautner-Markof, Frances, *Process of International Negotiations,* Westview Press, Boulder CO, 1989.

Mills, Harry A., *Negotiation. The Art of Winning,* Gower, UK, 1991.

Moore, Christopher W., *The Mediation Process. Practical Strategies for Resolving Conflict,* Jossey-Bass Publishers, San Francisco, 1987.

Moron, Robert T., *Getting your Yen's Worth. How to Negotiate with Japan Inc.,* Gulf Publishing Company, Houston TX, 1985.

Mornson, William F., *The Pre-Negotiation Planning Book,* John Wiley & Sons, New York, 1985.

Murray, Rau & Sherman, *Process of Dispute Resolution. The Role of Lawyers,* The Foundation Press, Inc., Westbury NY, 1989.

Musashi, Miyamoto: *Das Buch der fünf Ringe* (Originaltitel: *Gorin no Sho,* 1645). Düsseldorf, Econ 1996.

Nicolson, Sir Harold: *The Evolution of Diplomatic Method,* London, Constable & Co. Ltd., 1954, sowie Ders.: *Diplomacy,* London: Oxford University Press, 1963. Neu aufgelegt Washington: Institute for the Study of Diplomacy, Georgetown University, 1988.

Nierenberg, Gerard I., *The Art of Negotiation,* Simon & Schuster, New York, 1981.

Nierenberg, Gerard, *The Complete Negotiator,* Souvenir Press, New York, 1987.

Noll, Peter & Bachmann, Hans Rudolf, *Der kleine Machiavelli.* Handbuch der Macht fur den alltäglichen Gebrauch, Pendo, Zürich, 1987.

Northrup, Herbert & Richard Rowan, *Industrial & Labor Relations Review:* Multinational Bargaining Approaches in the Western European Flat Glass Industry, Cambridge University Press, New York, 1976.

Paret, Peter, *Makers of Modern Strategy: from Machiavelli to the Nuclear Age,* Princeton University Press, New Jersey, 1986.

Pe, Cecilio & Alfredo Tadiar, *Katarungang Pambarangay: Dynamics of Compulsory Conciliation,* UST Press, Manila, 1979.

Pneuman, Boy & Margaret E. Bruehl, *Managing Conflict. A Complete Process-Centered Handbook,* Prentice Hall, Inc., New Jersey, 1982.

Pruitt, Dean & Jeffrey Rubin, *Socila Conflict. Escalation. Stalemate and Settlement,* Random House, New York, 1986.

Pruitt, Dean G., *Negotiation Behavior,* Academic Press, 1981.

Pye, Lucian, *Chinese Commercial Negotiating Style*, Oelgeschlager, Gunn & Hain Publishers, Inc., Cambridge MA, 1982.

Rahim, M. Afzalur, *Managing Conflict in Organizations*, Praeger, New York, 1986.

Raiffa, Howard, *The Art & Science of Negotiation*, Harvard University Press, Cambridge MA, 1982.

Reineke, Wolfgang, *Das Verhandlung-Brevier: Verhandlungstechniken für Manager*, Datakontext-Verlag, 1985.

Rubin, Jeffrey Z., *Dynamics of Third Party Intervention: Kissinger in the Middle East*, Praeger Publishers, New York, 1981.

Rummel, Rudolphe., *Understanding Conflict and War. The Dynamic Psychological Field*, John Wiley & Sons, New York, 1975.

Saner, Raymond, «Machtsbalans en onderhandelingsgedrag – Wat de geschiedenis ons leert» («What History Teaches Us about Negotiation Behaviour»), *Negotiation Magazine*, The Hague, Vol. IV, No. 2, June 1991.

Saner, Raymond, «Ru He Yu Mei Guor Ren Tzuo Shang Yee Tan Pan» («How to Conduct Business Negotiations with Americans»), *Commercial Times*, Taipei, May 3, 1989.

Saner, Raymond, «Testez votre talent à négocier», *Le Temps Stratégique*, Genève, Juin 1986.

Saner, Raymond and Yiu, Lichia, «Chung fain GATT – Hou Men Bian Te He Chung Liang Hen», («Return to GATT: Negotiation Strategies»), *Commonwealth*, Taipei, Vol. 102, Nov. 1989.

Saner, Raymond and Yiu, Lichia, «La Negociacion: Tendecias contemporaneas», *GATT Publications*, Geneva, 1986.

Schelling, Thomas C., *The Strategy of Conflict*, Harvard University, Cambridge MA, 1980.

Schregle, Johannes, Negotiating Development: Labour relations in southern Asia, *International Labour Organization*, Geneva, 1982

Schweitzer, Sydney C., *Winning with Deception and Bluff*, Prentice-Hall, Inc., New Jersey, 1979.

Scott, Bill, *The Skills of Negotiation*, Gower Publishing Company Ltd., Great Britain, 1981.

Sebenius, James K., *Negotiating the Law of the Sea:* Lessons in the Art and Science of Reaching Agreement, Harvard University Press, Cambridge MA, 1984.

Snyder Glenn & Diesing, Paul, *Conflict Among Nations:* Bargaining, Decision Making and System Structure in International Crisis, Princeton University Press, Princeton NJ, 1977.

Steel, Murphy and Russill, *It's a Deal. A Practical Negotiation Handbook*, McGraw-Hill Book Company, London, 1989.

Stephenson G. M. & C. J. Brotherton, *Industrial Relations. A Social Psychological Approach*, John Wiley & Sons, New York, 1979.

Sun Tze: *Die Kunst des Krieges* (Originaltitel: Sun-Tze Bing Fa, etwa 490 v. Chr). Herausgegeben und eingeleitet von James Clavell. München, Droemer 1988.

Tang, Rosalie L., *Business Negotiation with the Japanese,* Lexington Books, Lexington MA, 1984.

Tjosvold, Dean & David Johnson, *Productive Conflict Management Perspectives for Organizations.* Minnesota, 1989.

University of California, Berkeley, Conflict and Coexistence in Belgium, The Dynamics of a Culturally Divided Society, *Institute of International Studies,* Berkley, California, 1981.

University of Michigan, Alternative Environmental Conflict Management, Alternative Approaches: A Citizen's Manual, *The University of Michigan,* Ann Arbor, Michigan, 1986.

Vegetius, Flavius Renatus, *Epitomia Bel Militaris. Das gesamte Kriegswesen,* Verlag Sauerlander, Switzerland, 1986.

Wall, Jr., James A., *Negotiation: Theory and Practice,* Scott, Foresman and Company, London, England, 1985.

Walton, Richard E., *Interpersonal Peacemaking: Confrontation and Third Party Consultation,* Addison-Wesley Publishing Company, Massachussets, 1969.

Zagare, Frank C., *GAME THEORY. Concepts and Applications:* Quantitative Applications in the Social Sciences, Sage Publications, Beverly Hills, 1984.

Zartman, William & Berman, Maureen, *The Practical Negotiator,* Yale University Press, New Haven, 1982.

Zartman, William [ed.], *International multilateral negotiation:* approaches to the management of complexity, San Francisco, Jossey-Bass 1994.

Dr. Raymond Saner
Dr. Lichia Yiu
Dr. Bettina Mindt

Schnittstellen-Management in der Weiterbildung

Kommunikation, Information und Einbezug der Einspruchsgruppen in der schweizerischen Bundesverwaltung

IX + 170 Seiten, 35 Abbildungen
kartoniert Fr. 54.– / DM 60.– / öS 438.–
ISBN 3-258-05631-5

Das erfolgreiche Gestalten einer wirksamen Weiterbildung ist immer mehr zu einem unabdingbaren Teil aller Veränderungsstrategien geworden und zwar in der Privatwirtschaft wie auch im öffentlichen Sektor. Je stärker und schneller sich die Umwelt wandelt, je rascher der technologische, wirtschaftliche und gesellschaftliche Veränderungsdruck zunimmt, desto wichtiger wird es, Veränderungen erfolgreich zu meistern. Das dementsprechend notwendige Dazulernen gehört zum Alltag des Managers wie auch des Beamten. Je wirksamer dieser Lernprozess durch Weiterbildung unterstützt wird, desto besser wird die Wettbewerbsfähigkeit der Firmen und der Verwaltungen.

Entscheidend für die Wirksamkeit aller Weiterbildungsmassnahmen ist das Zusammenwirken aller beteiligten Parteien, insbesondere das Kommunikations- und Informationsmanagement, bzw. das Schnittstellen-Management, zwischen den verschiedenen Anspruchsgruppen. So wird in diesem Buch unter anderem die Rolle der einzelnen Bundesämter, der Weiterbildungsanbieter und der Weiterbildungsnachfrager innerhalb der Bundesverwaltung dargestellt, analysiert und kommentiert.

Das Buch richtet sich an alle Personen, die in der öffentlichen Verwaltung und der Weiterbildung tätig sind oder von Weiterbildungsmassnahmen betroffen sind, sei dies als unmittelbar Betroffene oder als interessierte Aussenstehende und Nutzniesser.

Verlag Paul Haupt Bern · Stuttgart · Wien

PD Dr. Friedrich Glasl

Konfliktmanagement

Ein Handbuch für Führungskräfte und Berater

«Organisatiosentwicklung in der Praxis» Band 2
5., erweiterte Auflage, 464 Seiten, 13 Tabellen, 39 Grafiken
gebunden, Fr. 108.– / DM 120.– / öS 876.–
ISBN 3-258-05563-7

Aus Urteilen zu vorangegangenen Auflagen:

«Gleich vorweg: Endlich ist die Neuauflage dieses Handbuches mit wesentlichen Verbesserungen wieder lieferbar. Das Standardwerk möchten wir nämlich allen Trainern, Weiterbildnern, Beratern und Personalentwicklern ganz besonders ans Herz legen…»
Deutsche Bibliothek

«It is really a brilliant book – I know of no other that covers this field so thoroughly and impressively. I learnt a lot from reading it – and there are not many books in German that I manage to get through to the end of! I am sure it has already become the standard text in the German languague.»
Prof. Dr. D.T. Jones

«Das Buch bietet dem theoretisch orientierten Leser eine umfassende Orientierung über den Wissens- und Erfahrungsstandard. Wegen seiner gründlichen Beschäftigung mit dem Phänomen «Konflikt» muss das Buch bereits heute zu den Standardwerken der deutschsprachigen Konfliktforschung gezählt werden.»
Management-Forum

Verlag Paul Haupt Bern · Stuttgart · Wien